AVALIAÇÃO EMANCIPATÓRIA NA EDUCAÇÃO DE JOVENS E ADULTOS

UM CAMINHO A SER CONSTRUÍDO DA EXCLUSÃO À EMANCIPAÇÃO

Editora Appris Ltda.
1.ª Edição - Copyright© 2024 da autora
Direitos de Edição Reservados à Editora Appris Ltda.

Nenhuma parte desta obra poderá ser utilizada indevidamente, sem estar de acordo com a Lei nº 9.610/98. Se incorreções forem encontradas, serão de exclusiva responsabilidade de seus organizadores. Foi realizado o Depósito Legal na Fundação Biblioteca Nacional, de acordo com as Leis nos 10.994, de 14/12/2004, e 12.192, de 14/01/2010.

Catalogação na Fonte
Elaborado por: Dayanne Leal Souza
Bibliotecária CRB 9/2162

M386a 2024	Martins, Izaura Naomi Yoshioka Avaliação emancipatória na educação de jovens e adultos: um caminho a ser construído da exclusão à emancipação / Izaura Naomi Yoshioka Martins. – 1. ed. – Curitiba: Appris, 2024. 329 p. : il. color. ; 23 cm. (Coleção Educação, Tecnologias e Transdisciplinaridades). Inclui referências. ISBN 978-65-250-6186-3 1. Educação de jovens e adultos. 2. Avaliação. 3. Avaliação emancipatória. I. Martins, Izaura Naomi Yoshioka. II. Título. III. Série. CDD – 374

Livro de acordo com a normalização técnica da ABNT

Appris editora

Editora e Livraria Appris Ltda.
Av. Manoel Ribas, 2265 – Mercês
Curitiba/PR – CEP: 80810-002
Tel. (41) 3156 - 4731
www.editoraappris.com.br

Printed in Brazil
Impresso no Brasil

Izaura Naomi Yoshioka Martins

AVALIAÇÃO EMANCIPATÓRIA NA EDUCAÇÃO DE JOVENS E ADULTOS

UM CAMINHO A SER CONSTRUÍDO DA EXCLUSÃO À EMANCIPAÇÃO

FICHA TÉCNICA

EDITORIAL	Augusto Coelho
	Sara C. de Andrade Coelho
COMITÊ EDITORIAL	Marli Caetano
	Andréa Barbosa Gouveia - UFPR
	Edmeire C. Pereira - UFPR
	Iraneide da Silva - UFC
	Jacques de Lima Ferreira - UP
SUPERVISOR DA PRODUÇÃO	Renata Cristina Lopes Miccelli
ASSESSORIA EDITORIAL	William Rodrigues
REVISÃO	Pâmela Isabel Oliveira
PRODUÇÃO EDITORIAL	Adrielli de Almeida
DIAGRAMAÇÃO	Andrezza Libel
CAPA	Julie Lopes
REVISÃO DE PROVA	Jibril Keddeh

COMITÊ CIENTÍFICO DA COLEÇÃO EDUCAÇÃO, TECNOLOGIAS E TRANSDISCIPLINARIDADE

DIREÇÃO CIENTÍFICA	Dr.ª Marilda A. Behrens (PUCPR)	Dr.ª Patrícia L. Torres (PUCPR)
CONSULTORES	Dr.ª Ademilde Silveira Sartori (Udesc)	Dr.ª Iara Cordeiro de Melo Franco (PUC Minas)
	Dr. Ángel H. Facundo (Univ. Externado de Colômbia)	Dr. João Augusto Mattar Neto (PUC-SP)
	Dr.ª Ariana Maria de Almeida Matos Cosme (Universidade do Porto/Portugal)	Dr. José Manuel Moran Costas (Universidade Anhembi Morumbi)
	Dr. Artieres Estevão Romeiro (Universidade Técnica Particular de Loja-Equador)	Dr.ª Lúcia Amante (Univ. Aberta-Portugal)
	Dr. Bento Duarte da Silva (Universidade do Minho/Portugal)	Dr.ª Lucia Maria Martins Giraffa (PUCRS)
	Dr. Claudio Rama (Univ. de la Empresa-Uruguai)	Dr. Marco Antonio da Silva (Uerj)
	Dr.ª Cristiane de Oliveira Busato Smith (Arizona State University /EUA)	Dr.ª Maria Altina da Silva Ramos (Universidade do Minho-Portugal)
	Dr.ª Dulce Márcia Cruz (Ufsc)	Dr.ª Maria Joana Mader Joaquim (HC-UFPR)
	Dr.ª Edméa Santos (Uerj)	Dr. Reginaldo Rodrigues da Costa (PUCPR)
	Dr.ª Eliane Schlemmer (Unisinos)	Dr. Ricardo Antunes de Sá (UFPR)
	Dr.ª Ercilia Maria Angeli Teixeira de Paula (UEM)	Dr.ª Romilda Teodora Ens (PUCPR)
	Dr.ª Evelise Maria Labatut Portilho (PUCPR)	Dr. Rui Trindade (Univ. do Porto-Portugal)
	Dr.ª Evelyn de Almeida Orlando (PUCPR)	Dr.ª Sonia Ana Charchut Leszczynski (UTFPR)
	Dr. Francisco Antonio Pereira Fialho (Ufsc)	Dr.ª Vani Moreira Kenski (USP)
	Dr.ª Fabiane Oliveira (PUCPR)	

Aos educandos da EJA, que inspiram a luta.

A todos que se engajam junto nessa luta em defesa do direito à Educação de Jovens e Adultos.

Ao meu marido e filho.

AGRADECIMENTOS

Muitas pessoas participaram da construção deste livro, seja pelas informações, pelas orientações, pelo apoio técnico, pela parceria na pesquisa ou mesmo por uma palavra de incentivo e por muitas outras maneiras. Não cheguei sozinha. É hora de agradecer e dizer que, de alguma forma, estão presentes nesta obra. A vocês, o meu agradecimento e a minha reverência. Muito obrigada.

Ao Prof. Dr. Antonio Chizzotti, pelo incentivo, ensinamentos, disponibilidade, paciência e dedicação.

À professora Jarina Rodrigues Fernandes, pela disponibilidade de momentos de esclarecimento de dúvidas, pelo apoio, pelo exemplo, pela potência.

Ao meu filho, Vítor Yoshioka Martins, e meu marido, Vicente Martins Pinheiro, pela compreensão, pelo apoio e contribuição nos diversos momentos deste estudo.

Uma contribuição para deixarmos de ser ninguéns...

Os ninguéns

As pulgas sonham em comprar um cão, e os ninguéns com deixar a pobreza, que em algum dia mágico de sorte chova a boa sorte a cântaros; mas a boa sorte não chova ontem, nem hoje, nem amanhã, nem nunca, nem uma chuvinha cai do céu da boa sorte, por mais que os ninguéns a chamem e mesmo que a mão esquerda coce, ou se levantem com o pé direito, ou comecem o ano mudando de vassoura.

Os ninguéns: os filhos de ninguém, os dono de nada.
Os ninguéns: os nenhuns, correndo soltos, morrendo a vida, fodidos e mal pagos:
Que não são embora sejam.
Que não falam idiomas, falam dialetos.
Que não praticam religiões, praticam superstições.
Que não fazem arte, fazem artesanato.
Que não são seres humanos, são recursos humanos.
Que não tem cultura, têm folclore.
Que não têm cara, têm braços.
Que não têm nome, têm número.
Que não aparecem na história universal, aparecem nas páginas policiais da imprensa local.
Os ninguéns, que custam menos do que a bala que os mata.

(Eduardo Galeano)

PREFÁCIO

A edição de um livro sobre a educação de adultos, tema recorrente no sistema de educação brasileiro, abre novas esperanças de que as desigualdades sociais flagrantes podem ser denunciadas e superadas pela pertinaz audácia de educadores que afrontam as contradições históricas e sociais adversas da educação brasileira. A educação dos adultos é reveladora das renitentes desigualdades históricas do sistema de educação nacional: a proclamação formal da igualdade universal ao direito à educação é necessária e indispensável para garantir os direitos fundamentais em um estado democrático, pois, sem um fundamento jurídico basilar de universalidade dos direitos humanos, o Estado não tem guarida no concerto internacional. A garantia formal e jurídica do direito universal da educação é uma conquista histórica, que transformou profundamente a sociedade contemporânea e tornou-se agenda de todos os estados políticos constituídos, abarcou todos os membros do estado organizados com repercussões em todos os indivíduos e todas as classes e frações de classe da sociedade moderna. A Constituição Brasileira garantiu o direito à educação como direito de todo cidadão aos benefícios e frutos de uma Educação Básica, gratuita, dispensada por um sistema nacional de educação. E mais: que todos os alunos possam e devam estar fora do processo produtivo com a garantia dos bens necessários para poder e dever frequentar uma escola organizada, provida de todos os meios indispensáveis ao bem-estar cotidiano, e tenham todos os meios de vida e de estudo necessários ao seu bem-estar, permanecendo fora do processo produtivo.

A educação de adultos é reveladora da subsistência das desigualdades reais que afetam um sistema democrático: as condições materiais e sociais, extremamente desiguais, que pesam sobre muitas vidas humanas, subtraem de muitos cidadãos, crianças e jovens, o direito fundamental, assegurado pela Constituição, de estar na educação escolar, durante a infância e a juventude.

É notável que muitos adultos, reconhecendo o prejuízo histórico de não ter tido condições de frequentar uma escola regular, matriculem-se em curso de alfabetização de adultos, suportando o peso do trabalho diário e sobrepondo grandes esforços à sua vida trabalhadora, para adquirir o direito fundamental de aprender os conhecimentos básicos para participar ativamente da vida social.

A pesquisa sobre educação de adultos permanece como um tema recorrente de investigação para balizar políticas públicas que garantam a todos a educação na idade certa e os esforços de pesquisadoras, como revela a pesquisa de Izaura, atesta o empenho de educadores em integrar na cultura escrita muitas pessoas que, por motivos diversos, mas, sobretudo, por condições materiais adversas tiveram esse direito negado.

A pesquisa de Izaura tem o mérito de retomar a questão da avaliação na educação de jovens e adultos a fim de assegurar que a avaliação seja emancipatória: auxilie cada aluno jovem, adulto ou idoso encontrar a oportunidade de recriar os meios de se inserir na cultura escrita, indispensável para sua autoformação e realização social,

O problema da avaliação merece uma atenção particular na educação e, na educação de adultos, é um tema de particular relevância. O viés meritocrático do sistema de ensino tende a privilegiar o sucesso do aluno a partir dos acertos formais às respostas aos conhecimentos ministrados, traduzidos em uma escala de dez números: quanto maior os acertos de uma escala de zero a dez, maior o sucesso. Esse processo avaliativo é falacioso: presume que a reprodução formal de conhecimentos ensinados seja garantia de um aprendizado eficaz; privilegia o ensino em detrimento da aprendizagem e supõe que a quantificação dos acertos é um processo justo e adequado de avaliação. Em contraposição a essa concepção, a pesquisa se propõe a construir uma avaliação emancipatória nos cursos de Educação de Jovens e Adultos no município de São Bernardo do Campo, como meio indispensável para garantir a elevação intelectual, cultural e social de educandos adultos, portadores de uma experiência duradoura e significativa de vida. Sem essa perspectiva de avaliação, a autora reconhece que "a escola pode reproduzir a exclusão do mesmo jeito que eles foram excluídos do ensino regular".

A proposição de uma avaliação emancipatória exige uma análise crítica da concepção de avaliação mensuradora em favor de uma prática que parta do reconhecimento do cabedal cultural de quem aprendeu com a vida. Esse processo pressupõe uma reconstrução com os educadores dessa modalidade de ensino para que a participação ativa de todos os educadores construa uma política de educação libertadora de um sistema de educação municipal. A pesquisa revela a dimensão do problema nacional e municipal da Educação de Adultos e, sobretudo, a criação de um processo de avaliação emancipadora do município de São Bernardo do Campo, por meio de uma pesquisa participante que envolveu os professores da rede municipal de educação.

A obra de Izaura é, pois, um atestado da possiblidade de construção de um processo de avaliação emancipatória nos cursos de Educação de Jovens e Adultos e revelou as dificuldades, os meios e o resultado da construção desse processo avaliativo emancipador. O rigor teórico e metodológico da pesquisa e inserção participante dos educadores e os resultados alcançados servirão de exemplo para muitas pesquisas que tiverem o mesmo objetivo da autora: construir um processo de avaliação emancipatória na Educação de Jovens e Adultos.

Ao acompanhar todo o percurso de realização do doutoramento de Izaura, sou testemunha do seu empenho permanente no estudo, da pertinácia na investigação dos caminhos a descobrir e dos cuidados em expor seus esforços e descobertas. Ela e seu livro são exemplos que podem incentivar muitos pesquisadores a prosseguir em seu percurso de doutoramento.

Prof. Dr. Antonio Chizzotti
Professor associado da Pontifícia Universidade Católica de São Paulo

APRESENTAÇÃO

As pessoas formam-se pelo trabalho, atividade humana que tanto transforma a natureza (e o homem) quanto transforma quem a executa. Porém, quando o trabalho é com a educação, a formação tem uma conotação especial, visto que se trata de formar seres humanos. Não há trabalho mais importante que esse, pois todos os demais partem dele.

O meu primeiro contato com a Educação de Jovens e Adultos foi como professora de Língua Portuguesa no antigo supletivo do Serviço Social da Indústria (Sesi). Naquela época, atuava, como a própria nomenclatura trazia, na suplência, sem consciência do que seria a Educação de Jovens e Adultos. Aprendi sobre o processo de aprendizagem do educando jovem e adulto, o reconhecimento e o respeito a esse público, mas também tive inquietações em relação às dificuldades de aprendizagem que alguns educandos traziam. Nunca me esqueci do Sr. Luís, um educando de EJA que não costumava se pronunciar nas aulas, mas que no dia de sua formatura tomou a palavra e fez um relato: contou que no serviço ocorreu de ter falecido um empregado da firma em que trabalhava, assassinado ou por acidente, e o fato foi publicado no jornal. Luís, que não sabia ler, pediu para um colega, que estava com o jornal, falar da reportagem. Este respondeu que só sabia ler para si mesmo. Com isso, relatou toda a dificuldade que passa uma pessoa analfabeta e agradeceu pela oportunidade. Como é viver num mundo letrado sem saber ler e escrever? Por que há pessoas analfabetas ainda? Foi o **primeiro grande momento** de conscientização do que era a EJA.

Como professora no município de Mauá, onde atuei como professora de EJA, lembro-me de um educando que relatou em sala que passou pelo portão da escola por três anos sem coragem de entrar para fazer a matrícula, até que se decidiu. Por que tanto receio e medo da escola? Foi o **segundo grande momento** de conscientização do que era a EJA. Nessa mesma prefeitura, trabalhando um período com formação e acompanhamento das salas de EJA, teve o momento de participar dos Conselhos de Classe. Havia mais salas de 1º ano do ensino médio, do qual 20% eram promovidos; já nos conselhos do 3º ano, eram menos salas e acontecia o contrário: cerca de 20% eram reprovados. Como fazer com que educadores e educandos compreendam que a EJA é um direito? Foi o **terceiro grande momento** de conscientização do que representa a EJA.

Por fazer parte desse lugar, tive contato com o Fórum de EJA, verdadeira escola política para mim, pois conheci pessoas que eram do chão da sala de aula, educandos, lideranças de movimentos, estagiários, professores universitários, representantes de ONG, entre outros que discutiam de forma horizontal sobre a EJA em nível estadual, regional e nacional, nos encontros, seminários, plenárias, elaborando propostas, em ações de luta em defesa da EJA. Esses encontros traziam um alinhamento de concepção de educando, educador, escola, currículo de EJA, bem como políticas públicas voltadas ao acesso e permanência, como a chamada pública, financiamento, entre outros. Foi o **quarto grande momento** de conscientização sobre a EJA.

Esse contexto incentivou-me a organizar um projeto de pesquisa de mestrado na Pós-Graduação de Educação: Currículo, da PUC-SP, sobre a evasão na EJA pelas vozes dos educandos, intitulado **Breve Panorama da Educação de Jovens e Adultos: um olhar sobre o Município de Mauá**, sob a orientação da professora Isabel Franchi Cappelletti. Esse trabalho evidenciou que, embora houvesse avanços na política de oferta de EJA, ainda havia uma distância para efetivar o acesso, a permanência e o sucesso escolar. Foi o **quinto grande momento** de conscientização sobre a concepção de EJA.

Quando fui convidada a assumir a chefia da Educação Profissional, dentro da Divisão de Educação de Jovens e Adultos, foi um período em que aprendi muito com a equipe. Lá estava o que é construir, na prática, um currículo pautado na concepção crítico-libertadora, com todos os desafios que se fazem presentes numa gestão pública. É possível fazer Educação Popular numa EJA institucionalizada? Foi o **sexto grande momento** de conscientização do que é a EJA.

Com o sentimento de débito para algumas questões que levantei no mestrado, continuei o estudo com foco na falta de sucesso escolar no doutorado, com a tese intitulada "Avaliação na Educação de Jovens e Adultos em São Bernardo do Campo: um caminho a ser construído da exclusão à emancipação". A maioria dos municípios tem uma média de reprovação considerável. Então, de que adianta trazermos o educando, darmos estrutura, termos a preocupação de números de matrículas e frequência, se ainda não conseguimos alinhar tudo isso com o sucesso escolar?

Com essas questões, convido ao meu **sétimo grande momento**, em que compartilho com você os meus estudos.

LISTA DE SIGLAS

BDTD	Biblioteca Digital Brasileira de Teses e Dissertações
BNCC	Base Nacional Comum Curricular
CAGECPM	Ciclo de Autogestão do Conhecimento Presencial e Modular
Capes	Coordenação de Aperfeiçoamento de Pessoal de Nível Superior
CEAA	Campanha de Educação de Adolescentes e Adultos
CNAEJA	Comissão Nacional de Alfabetização e Educação de Jovens e Adultos
CNE	Conselho Nacional de Educação
Confintea	Conferência Internacional de Educação de Adultos
Crub	Conselho de Reitores das Universidades Brasileiras
Deja	Departamento da Educação de Jovens e Adultos
Dieese	Departamento Intersindical de Estatísticas e Estudos Socioeconômicos
Dres	Diretorias Regionais de Educação
ECA	Estatuto da Criança e do Adolescente
EJA	Educação de Jovens e Adultos
Emeb	Escola Municipal de Educação Básica
Enem	Exame Nacional do Ensino Médio
FNDE	Fundo Nacional de Desenvolvimento da Educação
Fundeb	Fundo de Manutenção e Desenvolvimento da Educação Básica e de Valorização dos Profissionais da Educação
HTP	Horário de Trabalho Pedagógico
HTPC	Horário de Trabalho Pedagógico Coletivo
Inaf	Indicador de Alfabetismo Funcional
Inep	Instituto Nacional de Estudos e Pesquisas Educacionais Anísio Teixeira
Mobral	Movimento Brasileiro de Alfabetização

Mova	Movimento de Alfabetização
MST	Movimento dos Trabalhadores Rurais Sem Terra
Nepso	Nossa Escola Pesquisa sua Opinião
PAC	Programa de Alfabetização e Cidadania
Pamja	Programa Municipal de Jovens e Adultos
PAS	Programa Alfabetização Solidária
PBA	Programa Brasil Alfabetizado
PEAT	Programa de Educação do Adolescente para o Trabalho
Pisa	*Programme for International Student Assessment*
Planfor	Plano Nacional de Qualificação Profissional
Pnad	Pesquisa Nacional por Amostra de Domicílios
PNE	Plano Nacional de Educação
PNLD-EJA	Programa Nacional do Livro Didático para a Educação de Jovens e Adultos
PPP	Projeto Político-Pedagógico
Proeja	Programa de Integração da Educação Profissional com a Educação Básica na Modalidade de Educação de Jovens e Adultos
Promac	Programa Municipal de Alfabetização e Cidadania
Pronatec	Programa Nacional de Acesso ao Ensino Técnico e Emprego
Pronera	Programa Nacional de Educação na Reforma Agrária
SBC	São Bernardo do Campo
SEA	Serviço de Educação de Adultos
Secadi	Secretaria de Educação Continuada, Alfabetização, Diversidade e Inclusão
SED	Secretaria Escolar Digital
Senac	Serviço Nacional de Aprendizagem Comercial
Senai	Serviço Nacional de Aprendizagem Industrial
Sesc	Serviço Social do Comércio
Sesi	Serviço Social da Indústria

Sinpro-DF	Sindicato dos Professores no Distrito Federal
SIS	Síntese de Indicadores Sociais
USP	Universidade de São Paulo

SUMÁRIO

O ROTEIRO 23

1

A EJA E OS SEUS CONTORNOS 37

1.1 Por que a EJA é importante? 37

1.2 O que precisamos saber ao longo da história da EJA para compreendê-la? 47

1.3 Quais são as denúncias e os anúncios na EJA? 60

1.3.1 Quais são as denúncias e os anúncios da EJA na sociedade? 63

1.3.2 Quais são as denúncias e os anúncios da EJA nas políticas públicas? 68

1.3.2.1 Quais são as denúncias e anúncios no financiamento para EJA? 70

1.3.2.2 Quais são as denúncias e os anúncios nas escolas que atendem à EJA? 75

1.3.2.3 Quais são as denúncias e os anúncios referentes ao currículo da EJA? 78

1.3.2.4 Quais são as denúncias e os anúncios relacionados à formação de professores da EJA? 99

2

AVALIAÇÃO DA APRENDIZAGEM NA EDUCAÇÃO DE JOVENS E ADULTOS 117

2.1 Para que serve a avaliação? 117

2.2 O que sabemos sobre a avaliação na EJA? 126

2.3 Quem e como se avalia o que se aprende na EJA? 130

2.4 É possível avaliação emancipatória na EJA? 141

2.4.1 Por que e como realizar uma avaliação emancipatória na EJA? 159

3

UMA REALIDADE DA EJA DE SÃO BERNARDO DO CAMPO 163

3.1 Conhecendo o município de São Bernardo do Campo 163

3.2 Histórico da Educação de Jovens e Adultos no município de São Bernardo do Campo 167

3.3 Organização do atendimento da EJA em São Bernardo do Campo 169

3.3.1 Estrutura 169

3.3.2 Currículo 171

3.3.3 Avaliação 178

4

OS CAMINHOS DA PESQUISA..185

4.1 Estrutura da Pesquisa e Aporte Teórico 186

4.1.1 Abordagem qualitativa 186

4.1.2 Pesquisa aplicada..188

4.1.3 Pesquisa exploratória...189

4.1.4 Pesquisa-ação participante 189

4.1.5 Análise 194

4.2 O contexto da pesquisa...195

4.2.1 Escola e seus educadores 197

4.3 Planejamento e execução dos encontros formativos e dialogados 199

4.4 Coleta de dados 223

5

ANÁLISE DE DADOS 239

5.1 Análise Documental...239

5.2 Análise de conteúdo..259

5.2.1 Pré-análise 260

5.2.2 Exploração do material...263

5.2.3. O tratamento dos resultados, a inferência e a interpretação 269

5.2.3.1 O tratamento dos resultados, a inferência e a interpretação com educadores...269

5.2.3.2 O tratamento dos resultados, a inferência e a interpretação com educandos....284

5.2.3.3 O tratamento dos resultados, a inferência e a interpretação do questionário inicial e final 301

AFINAL, E O CAMINHO PARA A AVALIAÇÃO EMANCIPATÓRIA NA EJA?: CONSIDERAÇÕES FINAIS..309

REFERÊNCIAS..317

O ROTEIRO

Grosso modo, podemos dizer que há duas posições políticas possíveis: ou pela manutenção de uma determinada ordem social dominante, ou pela mudança dessa mesma ordem social dominante. Por isso, é fundamental conhecermos a ordem social em que estamos inseridos. Essa é a única maneira de sabermos se a nossa ação como profissionais da educação está contribuindo com a reprodução do mundo que está dado, ou com a sua transformação em favor de uma outra realidade.
(Valter Gioved)

A presente obra, que foi desenvolvida por meio de uma pesquisa entre os anos de 2018 a 2021, é uma contribuição para a reflexão para mudança, portanto pela não manutenção dos formatos de avaliações escolares que condenam e excluem as pessoas do direito à educação, em especial com foco no público da Educação de Jovens e Adultos. Nesse sentido, muitas questões estão implicadas e merecem atenção. Dessa forma, cavoucamos a história, os conceitos, fizemos uma leitura da realidade e de possibilidades por uma longa trilha.

Para adentrar nessa viagem, trouxemos um roteiro que ajuda na contextualização, situando sobre o propósito, o que vamos encontrar no percurso e que opções de direcionamento fizemos para tentar encontrar esse caminho de mudança.

Para tanto, esse roteiro está composto pelo detalhamento do problema de pesquisa; pelos objetivos, geral e específicos e pelo contexto histórico e local, com a metodologia de pesquisa. Em seguida, é apresentada a organização dos capítulos deste trabalho, que foi traçado com a contribuição de muitos autores.

O problema da pesquisa

Quando se trata da Educação de Jovens e Adultos (EJA) e do seu público, sempre é colocado como algo pertencente à segunda categoria, visto que a prioridade, geralmente, está voltada ao ensino fundamental regular. Isso é considerado na organização, micro, da escola e, macro, das políticas públicas. Para reverter essa situação, é necessário que realmente se reconheça esse público como sujeito de direito. Mas não se finda nisso, visto que são muito complexas as questões referentes tanto ao acesso quanto à permanência e, assim, principalmente, quanto ao sucesso escolar desse público.

Tomemos como exemplo as políticas públicas federais nos anos do Governo Lula e Dilma (2003 a 2016), com programas, materiais, financiamento, entre outros, como se segue:

- Criação da Comissão Nacional de Alfabetização e Educação de Jovens e Adultos (Cnaeja), que era formada por membros dos governos federal, estaduais e municipais, representantes de instituições de ensino superior e movimentos sociais para acompanhar e avaliar as ações de EJA e a execução do Programa Brasil Alfabetizado. A Comissão também era responsável por conferir a Medalha Paulo Freire a personalidades e instituições que se destacam nos esforços de universalização da alfabetização no Brasil (2003 a 2016);

- Programa Brasil Alfabetizado (PBA) – voltado para a alfabetização de jovens, adultos e idosos, tinha com o objetivo de promover a superação do analfabetismo entre jovens com 15 anos ou mais, adultos e idosos (2003);

- Programa de Integração da Educação Profissional com a Educação Básica na Modalidade de Educação de Jovens e Adultos (Proeja) – criado, inicialmente, pelo Decreto n.º 5.478, de 24/06/2005;

- Medalha Paulo Freire – que tinha como objetivo:

  > Identificar, reconhecer e estimular as experiências educacionais que promovam políticas, programas e projetos cujas contribuições sejam relevantes para a educação de jovens e adultos no Brasil, por meio de premiação a ser conferida a personalidades e instituições que se destacarem nos esforços da universalização da alfabetização e educação de jovens e adultos no Brasil.[1]

- Fundo de Manutenção e Desenvolvimento da Educação Básica e de Valorização dos Profissionais da Educação (Fundeb), Lei n.º 11.494, de 20 de junho de 2007;

- Publicação dos Cadernos da EJA (2007);

---

[1] Medalha Paulo Freire. Portal Ministério da Educação, sem data. Disponível em: http://portal.mec.gov.br/index.php?option=com_content&view=article&id=17461. Acesso em: 20 abr. 2020.

- Programa Nacional de Acesso ao Ensino Técnico e Emprego (Pronatec) – (Lei n.º 12.513/2011), tinha como finalidade de ampliar a oferta de cursos de Educação Profissional e Tecnológica, por meio de programas, projetos e ações de assistência técnica e financeira;

- Secretaria de Educação Continuada, Alfabetização, Diversidade e Inclusão (Secadi) – (Decreto n.º 7.690, de 2 de março de 2012), que tinha como uma das atribuições: planejar, orientar e coordenar, em articulação com os sistemas de ensino, a implementação de políticas para a alfabetização, a educação de jovens e adultos;

- Resolução / CD/ FNDE n.º 48, de 2 de outubro de 2012: que estabelecia orientações, critérios e procedimentos para a transferência automática de recursos financeiros aos entes federados para manutenção de novas turmas de Educação de Jovens e Adultos, isto é, recebe-se a verba no mesmo ano da abertura de turmas;

- Programa Nacional do Livro Didático para a Educação de Jovens e Adultos (PNLD-EJA) – desde 2013;

- Plano Nacional de Educação (PNE) Lei n.º 13.005/2014 – nas Metas 8, 9 e 10;

- Conferência Internacional de Educação de Adultos (Confintea - Brasil + 6 – Seminário Internacional de Educação ao Longo da Vida e Balanço Intermediário da VI Confintea no Brasil (2016).

Com tudo isso, houve uma atenção ao acesso e permanência na EJA, bem como às questões referentes ao currículo adequado a essa modalidade, porém ainda há assuntos sérios a serem tratados, como o sucesso escolar, que ainda se apresenta distante, como podemos ver, por exemplo, nos dados da cidade de São Paulo, em que havia, em média, quase 50% de educandos evadidos e reprovados, computando os anos de 2014 a 2016, como podemos observar na tabela a seguir:

Tabela 1 – Reprovação e evasão na EJA Regular em cada uma das Diretorias Regionais de Educação (DREs) na rede municipal de São Paulo – 2014-2016

DRE	2014			2015			2016		
	Re-pro-va-do	Eva-dido	Rep. e evad.	Re-pro-va-do	Eva-dido	Rep. e evad.	Re-pro-va-do	Eva-dido	Rep. e evad.
Butantã	18%	24%	42%	27%	24%	51%	27%	24%	51%
Campo Limpo	16%	20%	36%	22%	19%	41%	21%	26%	47%
Capela do Socorro	16%	32%	48%	22%	30%	52%	22%	30%	52%
Freguesia/ Brasilândia	13%	37%	51%	15%	33%	48%	13%	35%	48%
Guaianases	20%	24%	45%	27%	28%	55%	27%	30%	57%
Ipiranga	16%	34%	50%	19%	32%	52%	16%	32%	48%
Itaquera	14%	39%	53%	17%	38%	55%	14%	38%	51%
Jaçanã/ Tremembé	16%	28%	44%	20%	30%	50%	21%	28%	49%
Penha	9%	38%	47%	12%	37%	49%	16%	35%	52%
Pirituba/ Jaraguá	21%	21%	42%	27%	20%	47%	31%	20%	51%
Santo Amaro	11%	39%	50%	17%	35%	52%	22%	32%	54%
São Mateus	15%	28%	43%	17%	32%	49%	17%	33%	51%
São Miguel	17%	30%	47%	20%	29%	49%	20%	33%	53%
Total	**16%**	**29%**	**45%**	**20%**	**28%**	**49%**	**21%**	**30%**	**51%**

Fonte: SME, Centro de Informações Educacionais (2018)[2]

Também, em análise realizada a partir das atas de resultado final de EJA no município de São Bernardo do Campo – SP, há, na média, 50% de promoção; mas assemelha-se em relação à cidade de Mauá-SP, quando diz respeito aos educandos nos ciclos finais terem o maior número de promovidos.

Dessa forma, a avaliação é uma temática que merece importância na EJA, pois, em alguns casos, ela foi o motivo da exclusão do jovem/adulto na época em que frequentou a escola quando criança; e, mesmo na EJA, muitas

---

[2] Fonte: https://educacao.sme.prefeitura.sp.gov.br/. Acesso em: 18 ago. 2018.

vezes, continua a segregar, classificar, expulsá-lo da escola. As escolas de EJA não promovem aprendizagem? Que expectativas têm os professores em relação à aprendizagem dos educandos?

Quando se trata de EJA, alguns princípios devem ser considerados, os quais fazem diferença quando se reflete sobre a avaliação, princípios esses constantes no Marco de Belém da Confintea VI (Conferência Internacional de Educação de Adultos):

> O papel da aprendizagem ao longo da vida é fundamental para resolver questões globais e desafios educacionais. Aprendizagem ao longo da vida, "do berço ao túmulo", é uma filosofia, um marco conceitual e um princípio organizador de todas as formas de educação, baseada em valores inclusivos, emancipatórios, humanistas e democráticos, sendo abrangente e parte integrante da visão de uma sociedade do conhecimento. Reafirmamos os quatro pilares da aprendizagem, como recomendado pela Comissão Internacional sobre Educação para o Século XXI, quais sejam: aprender a conhecer, aprender a fazer, aprender a ser e aprender a conviver com os outros. (CONFINTEA VI, 2010, p. 6).

Outro documento que embasa esses princípios é a Carta de Brasília[3]:

> 4. Promover a qualidade da educação de jovens e adultos por meio de políticas públicas de Estado, tendo a educação popular como princípio norteador no que concerne a aspectos estruturais e pedagógicos, possibilitando permanência e continuidade de estudos, favorecendo o exercício da cidadania, da sustentabilidade socioambiental, os direitos humanos e a diversidade.
> [...]
> 6. Assegurar políticas públicas articuladas e intersetoriais para estabelecer as condições necessárias para que jovens e adultos tenham acesso, permanência e conclusão na EJA, priorizando questões como a relação entre a EJA e o trabalho, a saúde, o meio ambiente, a cultura, a comunicação, a tecnologia e os direitos humanos, considerando as diversidades geracionais e suas necessidades específicas.

Esses princípios têm relação com a emancipação do sujeito, com a superação da condição de oprimido (FREIRE, 2011). Alguns autores já trataram dessa questão e apontaram caminhos. Ana Saul (2006, p. 61), por

---

[3] Documento produzido na Confintea Brasil +6, balanço intermediário da VI Confintea no Brasil, realizada entre 25 e 27 de abril de 2016, em Brasília.

exemplo, coloca que o processo da avaliação emancipatória "pode permitir que o homem, através da consciência crítica, imprima uma direção das suas ações nos contextos em que se situa, de acordo com valores que elege e com os quais se compromete no decurso de sua historicidade."

Dessa forma, se a oferta está adequada, a avaliação aponta incoerências, sendo esse, portanto, o conteúdo que trataremos nessa publicação, referente à questão de os educandos de EJA obterem sucesso escolar: como colocar em prática a avaliação emancipatória na EJA de forma que os educandos possam obter sucesso escolar?

Num mundo capitalista, o senso comum traz a concepção utilitarista da educação, com foco nos resultados, esses sendo frutos da avaliação, uma das grandes vilãs da continuidade da exclusão na EJA.

Assim, podemos ensaiar algumas hipóteses: apesar de desenvolverem projetos em suas aulas considerando os saberes e a caracterização do sujeito, os educadores avaliam os educandos de forma conteudista com a justificativa de que os preparam para dar continuidade nos estudos; os educadores avaliam da mesma forma em que realizam com o fundamental regular; os educadores apresentam dificuldade em fazer com que os educandos de EJA aprendam; os educandos não conseguem concluir os estudos, pois estes ainda se encontram no mesmo formato que determinou seu fracasso anteriormente; entre outros.

A partir dessas hipóteses, detalhamos o objeto de pesquisa "avaliação", visto que perpassa, de forma mais abrangente, pela avaliação de currículo, e engloba, de forma mais detalhada, a avaliação de aprendizagem.

A avaliação de currículo pressupõe as análises da organização curricular da rede de ensino, bem como o quanto se aproxima e se distancia de uma prática emancipadora.

A avaliação da aprendizagem pressupõe a investigação dos elementos que compõem o fazer pedagógico em sala de aula, como o planejamento e a aula propriamente dita, com as respectivas expectativas de aprendizagem.

Objetivos da pesquisa

Este estudo teve como objetivos:

Geral:
Construir caminhos para a realização de avaliação emancipatória nos cursos de Educação de Jovens e Adultos.

Específicos:

- Analisar a relação do currículo crítico-libertador com a avaliação emancipatória;

- Analisar a relação da categoria freireana dialogicidade com a avaliação emancipatória;

- Analisar a relação do processo de aprendizagem do aluno jovem, adulto, idoso da EJA com a avaliação emancipatória;

- Analisar contexto de realização de avaliação que se aproxime da avaliação emancipatória;

- Identificar possibilidades e dificuldades na realização de uma avaliação emancipatória na Educação de Jovens e Adultos.

Contexto histórico e local e metodologia

O estudo foi realizado no município de São Bernardo do Campo, na região do Grande ABC, no estado de São Paulo, devido ao período, de 2009 a 2016, em que houve grande investimento na construção de política pública para a EJA. Nesse período, foram realizadas várias ações que consideravam os princípios da EJA, nos seguintes aspectos:

- Condições de acesso: levantamento e estudo da demanda por região; busca ativa com ampla divulgação (pela mídia, correspondência, contato telefônico, pelas escolas, educadores populares, panfletos, campanhas, caminhadas); oferta de cursos em horários diversos (manhã, tarde, vespertino, noite); oferta de transporte, de material, ações intersetoriais.

- Condições de permanência: questões estruturais, como alimentação, salas de aula adequadas, acesso à biblioteca, sala de informática, cursos profissionalizantes, oficinas culturais; questões referentes à segurança, ao transporte; monitoramento minucioso de frequência com instrumento detalhado; estudo e ações como: interpretação de tabelas e gráficos, contato com os educandos com faltas, reunião com a equipe gestora, formação de professores, flexibilidade de horário.

- Currículo: construído com a participação dos educadores, com contribuição de intelectuais da área, pautada na Educação Popular e Educação ao Longo da Vida, nas dimensões social, pessoal e profissional, conforme as Diretrizes Curriculares do município:

> O atendimento da EJA em São Bernardo do Campo, pautado nessas dimensões políticas, respeita a diversidade e a necessidade do/a educando/a frente à ação educativa, conforme indica a práxis freireana. Fundamenta-se na relação dialógica do conhecimento, na valorização dos saberes que todos os sujeitos possuem e nos princípios de uma educação que liberta e transforma. (PREFEITURA MUNICIPAL DE SÃO BERNARDO DO CAMPO, 2012, p. 19).

Todos esses fatores foram fundamentais para a escolha do local da pesquisa, principalmente em relação ao currículo; pois um currículo de EJA semelhante a de um do ensino fundamental regular explicaria o fracasso escolar, visto que não se trata de adequar conteúdos, mas de concepção. Porém, mesmo nesse município que reunia vários elementos que afirmavam a concepção e fundamentação da EJA, os educandos não obtinham sucesso escolar.

Nesse sentido, é importante considerar que a EJA no município de São Bernardo do Campo iniciou em 2009 enquanto política pública, e em 2012 foram publicadas as diretrizes curriculares. Na gestão pública do mandato seguinte, de 2013 a 2016, foram realizados formações, publicações, estudos no sentido de materializar esse currículo, sendo que cada escola com sua equipe gestora e cada educador encontravam-se em tempos diferentes de aproximação a esse currículo.

Acrescentam-se aqui duas considerações nesse processo, quando se tem a intencionalidade de trazer as concepções da Educação Popular numa educação institucionalizada, visto que ela surgiu à margem da sociedade, até em oposição à educação formal:

- Para a certificação da conclusão dos estudos, há a necessidade de se adequar o percurso escolar aos moldes do sistema vigente do Estado, o que dificulta considerar os tempos e espaços da Educação Popular. Os pontos de partida e o de chegada da Educação Popular são diferentes da educação formal, porém, quando se institui no espaço escolar, há uma ordem a seguir, portanto um controle;

- Para os educadores que vêm de outras redes em que são e foram cobrados de resultados de avaliação dos seus alunos, há uma grande distância a percorrer para compreensão e prática no que se diz respeito à Educação Popular. Nos diálogos realizados com os professores, muitos deles apresentam, na sua fala, a concepção que demonstra preocupação com a realidade, saberes e caracterização dos educandos; porém, quando é chegada a hora da tomada da decisão em relação a promover ou não, muitos reprovam, colocando que ainda são dependentes, que não conseguirão dar continuidade aos estudos. Outros professores colocam que o fato de trabalharem com um currículo voltado à Educação Popular empobrece o conteúdo a ser trabalhado com os educandos, de forma que eles não conseguirão dar continuidade no ensino médio, nem passar no Exame Nacional do Ensino Médio (Enem).

Então, ainda há necessidade de melhor organização do atendimento e continuidade da construção desse currículo, que perpassa por estudos, formação de educadores e sistematização das discussões. Embora o pleito eleitoral de 2016 tenha trazido mudança de governo, colocando a EJA de acordo com as suas políticas, as Diretrizes Curriculares da EJA foram validadas como referências para a EJA do município; dessa forma, foi possível dar continuidade na discussão do currículo, refletindo sobre como colocar em prática uma avaliação na EJA de forma que os educandos possam obter sucesso escolar.

Para este estudo, foi feita a opção pela pesquisa-ação participante, pois os educandos da EJA trazem, em sua maioria, características de serem vítimas da organização social capitalista, portanto são os oprimidos da política neoliberal; e, nessa metodologia, intenciona-se contribuir para que não sofram, pela segunda (ou primeira) vez a negação ao direito à educação, já que as oportunidades lhes foram diferentes.

Assim, a partir da pesquisa-ação participante, com a realização de estudos e práticas com educadores, pretende-se encontrar caminhos que levem para superação do fracasso escolar dos educandos da EJA.

Organização dos capítulos

A organização desse livro tem a intencionalidade de trazer didaticamente os caminhos percorridos com o objetivo de solidificar a sustentação teórica deste estudo. Os subtítulos dos capítulos 1 a 3 estão propositalmente organizados em forma de interrogação, como forma de apresentar os objetivos e as reflexões de cada tópico, a partir dos autores. Para a elaboração desses capítulos, foi realizada uma vasta pesquisa bibliográfica, trazendo autores que contribuíram para legitimar os conceitos tratados, intencionalmente na linha freireana.

No primeiro capítulo, há um estudo abrangente sobre a EJA, o contorno da EJA, pois, primeiro, há necessidade de compreender o que é Educação de Jovens e Adultos, como está sendo tratada nas políticas públicas e por que é importante; trazendo, então a EJA como um direito, uma reparação às pessoas que sofreram por não terem sido assistidas pelo Estado na condição de acesso à educação na idade regular, de alguma forma. As consequências dessa situação também são colocadas, de forma a ressaltar a importância da oferta dessa modalidade. Todos os itens e subitens desse capítulo são introduzidos também em forma de pergunta, pois são provocações para um olhar diferenciado sobre o tema tratado. O estudo perpassa a importância da modalidade a partir de dados estatísticos e da história, além de uma análise a partir da categoria freireana de anúncios e denúncias, alinhados com a teoria da ação dialógica e antidialógica de Freire. Para isso, foi utilizado um vasto referencial teórico, de acordo com cada item tratado, sendo os principais:

- Histórico: Leite, Oliveira e Vazquez, Haddad e Di Pierro;

- Sociedade e Financiamento: Di Pierro;

- Organização escolar: Possani;

- Currículo: Apple, Torres Santomé, Giovedi, Ponce e Araújo e Silva;

- Formação de professores: Gadotti, Romão, Giovedi e Freire.

Dando continuidade a esse cenário, o segundo capítulo traz uma análise mais consistente sobre a avaliação da aprendizagem na Educação de Jovens e Adultos. O capítulo inicia com a reflexão sobre a concepção de avaliação, porém não com o objetivo de aprofundamento sobre o assunto, mas de iniciar a reflexão sobre a temática. Foram trazidas contribuições de três importantes pesquisadores: Antonio Chizzotti, Isabel Cappelletti e Cipriano Luckesi. Em seguida, o texto faz um recorte com relação à EJA, números e reflexões que evidenciam o quanto a avaliação tem sido utilizada a serviço da injustiça de jovens, adultos e idosos, muitas vezes excluindo--os do direito à educação pela segunda vez no percurso escolar. Com base principalmente em Freire, são apresentados estudos sobre o processo de aprendizagem dos educandos de EJA, considerando as características desse público e com base na Educação Popular. Em seguida, o capítulo prossegue com análise sobre a possibilidade de avaliação emancipatória na EJA, trazendo os seguintes autores que têm Freire como referência: Ana Maria Saul, José Eustáquio Romão, Valdo Barcelos e Valter Giovedi.

Já o terceiro capítulo traz o contexto da EJA ofertada em São Bernardo do Campo, em 2019. Entretanto, antes de adentrar na temática da EJA, são apresentadas as características do município, que cresce como uma grande metrópole, enquanto esconde, nos rincões, a miséria, a vulnerabilidade, nas quais se encontram os educandos de EJA. Em seguida, o texto traz um breve histórico da Educação de Jovens e Adultos no município. Após, há a explicação sobre a organização do atendimento da EJA no município, trazendo a estrutura física, a divisão por etapas com seu detalhamento. Dois pontos importantes, nesse capítulo, são a apresentação do currículo, que é pautada em Freire, e a avaliação, com a apresentação de dados que geram contradições em relação ao currículo e, com isso, geram questionamentos.

O quarto capítulo adentra na pesquisa realizada, iniciando pela justificativa da opção pela pesquisa-ação participante, pois o trabalho não tem a intenção de trazer constatações em relação à avaliação, mas tem como objetivo construir caminhos para realização de avaliação emancipatória no curso de Educação de Jovens e Adultos. Para isso, o capítulo está dividido em quatro subitens. O primeiro traz a estrutura da pesquisa e o aporte teórico, que se alinha com a intencionalidade da pesquisa participante, quando há na intencionalidade, de certa forma, a libertação dos oprimidos. Em seguida, o capítulo traz o subitem que trata do contexto da pesquisa em São Bernardo do Campo, pois é necessário compreender por que esse município, por que esses sujeitos, além de todo o processo de organização e etapas, que são influenciadas pelo contexto político e histórico do município. Com relação a isso, o item seguinte traz o detalhamento dos seis encontros formativos e dialogados que fizeram parte desse estudo. Por último, há a explicação de como se deu a coleta de dados, trazendo a estrutura dos instrumentos utilizados e os contextos para a realização das entrevistas, bem como os documentos para a análise documental.

O quinto capítulo traz as análises dos dados coletados, sendo que primeiro apresenta um estudo dos documentos do projeto da escola em relação à EJA e, ainda com relação a essa questão, analisa os documentos oficiais de registro de avaliação final. A análise documental tem por objetivo verificar a proximidade da documentação com o currículo crítico-libertador, bem como os desafios de implementar um currículo na perspectiva da Educação Popular num sistema de ensino público. No segundo momento, a pesquisa traz os dados referentes aos encontros formativos e dialógicos com os educadores e as entrevistas, realizadas tanto com os educadores quanto com os educandos, as quais foram submetidas à análise de conteúdo, de acordo com Bardin (1977). Para isso, foi utilizada o recurso tecnológico Atlas TI.

Por fim, retomamos o problema da pesquisa para tecer as considerações finais, resgatando os estudos realizados sobre as possibilidades e desafios de realização de avaliação na perspectiva emancipatória na Educação de Jovens e Adultos.

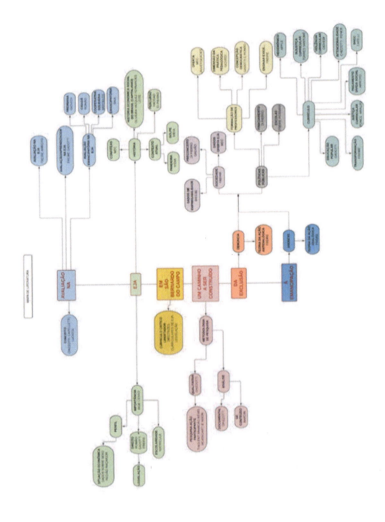

Figura 1 – Mapa de Literatura

Fonte: construção da autora (2021)

Na figura, apresentamos o mapa do roteiro, com as ramificações dos estudos realizados a partir de cada um dos termos da ideia central dessa produção na vertical, com os respectivos autores.

A EJA E OS SEUS CONTORNOS

> *O Analfabeto Político*
>
> *O pior analfabeto é o analfabeto político. Ele não ouve, não fala, nem participa dos acontecimentos políticos. Ele não sabe que o custo de vida, o preço do feijão, do peixe, da farinha, do aluguel, do sapato e do remédio dependem das decisões políticas.*
> *O analfabeto político é tão burro que se orgulha e estufa o peito dizendo que odeia a política. Não sabe o imbecil que, da sua ignorância política, nasce a prostituta, o menor abandonado, e o pior de todos os bandidos, que é o político vigarista, pilantra, corrupto e lacaio dos exploradores do povo.*
> *(Bertolt Brecht)*

Neste capítulo, há um contexto sobre a EJA de forma a elucidar as denúncias e os anúncios referentes a vários aspectos:

1.1 Por que a EJA é importante?

A Educação de Jovens e Adultos, segundo a LDB n.º 9.394/96, em seu artigo 37, é destinada "àqueles que não tiveram acesso ou continuidade de estudos nos ensinos fundamental e médio na idade própria e constituirá instrumento para a educação e a aprendizagem ao longo da vida." (BRASIL, 1996). Nesse sentido, é preciso observar os dados referentes à escolaridade dos brasileiros.

Há no Brasil, de acordo com a Pesquisa Nacional por Amostra de Domicílios Contínua (Pnad Contínua) 2018, cerca de 11 milhões de analfabetos com 15 anos ou mais, o que corresponde a 6,8% dessa população, sendo que "A taxa de analfabetismo para os **homens** de 15 anos ou mais de idade foi **7%** e para as **mulheres, 6,6%.**" (IBGE, 2019).

A distribuição do analfabetismo no Brasil não é uniforme, pois a região com maior taxa de analfabetismo, Nordeste, é cerca de quatro vezes maior que a região com menor taxa, Sudeste, conforme gráfico a seguir:

Gráfico 1 – Taxa de analfabetismo entre pessoas de 15 anos ou mais de idade (2018)

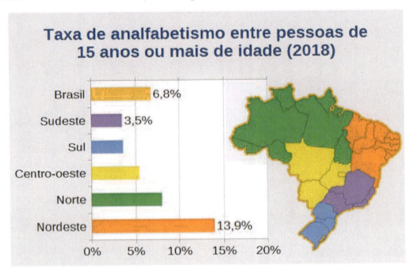

Fonte: https://educa.ibge.gov.br/jovens/conheca-o-brasil/populacao/18317-educacao.html. Acesso em: 28 mar. 2020

Num estudo realizado por outro ângulo, isto é, pelo percentual de pessoas alfabetizadas por região, num período de sete anos, mostra que há um crescimento da taxa de população alfabetizada, porém as diferenças regionais permanecem.

Tabela 2 – Taxa de alfabetização da população de 15 anos ou mais de idade por regiões (2018)

Região	2012	2013	2014	2015	2016	2017	2018
Brasil	91,4	91,7	92,1	92,3	92,8	93,1	93,2
Norte	90,4	90,6	91,1	90,9	91,5	92,0	92,0
Nordeste	82,9	83,4	83,9	84,3	85,2	85,5	86,2
Sudeste	95,2	95,5	95,7	95,9	96,2	96,5	96,5
Sul	95,2	95,6	96,0	96,1	96,4	96,5	96,4
Centro-Oeste	93,1	93,6	93,9	94,1	94,3	94,8	94,6

Fonte: IBGE/Pnad Contínua. Elaboração: Todos Pela Educação (2019)

Além disso, há os dados de escolaridade em que a Pnad focou em indivíduos com 25 anos ou mais, pois considera-se que nessa faixa etária as pessoas poderiam ter concluído o processo regular de escolarização.

Gráfico 2 – Nível de instrução das pessoas com 25 anos de idade ou mais (2018)

Fonte: IBGE, Pesquisa Nacional por Amostra de Domicílios (Pnad Contínua) 2018 (2019)

O estudo conclui que em 2018 52,6% das pessoas com 25 anos ou mais não chegaram a concluir o ensino médio, ou seja, equivalente a 70,3 milhões de pessoas, e que, portanto, são público da EJA. Porém as matrículas de EJA em 2018 somavam 3.545.988, o que corresponde a 5% dessa demanda. Além disso, pode-se observar na tabela a seguir que, em dez anos, houve uma diminuição de cerca de 1,4 milhão da matrícula na EJA.

Tabela 3 – Matrículas de EJA por etapas de Ensino 2008-2018

Ano	Total geral	Ensino Fundamental					Ensino Médio		
		Total	Anos Iniciais	Anos Finais	Integrado à Educação Profissional	Projovem (Urbano)	Total	Médio	Integrado à Educação Profissional
2008	4.945.424	3.295.240	1.127.077	2.164.187	3.976	0	1.650.184	1.635.245	14.939
2009	4.661.332	3.094.524	1.035.610	2.055.286	3.628	0	1.566.808	1.547.275	19.533
2010	4.287.234	2.860.230	923.197	1.922.907	14.126	0	1.427.004	1.388.852	38.152
2011	4.046.169	2.681.776	935.084	1.722.697	23.995	0	1.364.393	1.322.422	41.971
2012	3.906.877	2.561.013	870.181	1.618.587	18.622	53.623	1.345.864	1.309.871	35.993
2013	3.772.670	2.447.792	832.754	1.551.438	20.194	43.406	1.324.878	1.283.609	41.269
2014	3.592.908	2.284.122	774.352	1.451.627	9.153	48.990	1.308.786	1.265.911	42.875
2015	3.491.869	2.182.611	736.763	1.378.454	16.821	50.573	1.309.258	1.270.198	39.060
2016	3.482.174	2.105.535	676.526	1.367.097	17.613	44.299	1.376.639	1.342.137	34.502
2017	3.598.716	2.172.904	778.272	1.382.896	10.469	1.267	1.425.812	1.383.046	42.766
2018	3.545.988	2.108.155	775.493	1.326.967	5.101	594	1.437.833	1.395.658	42.175
Δ % 2017/2018	-1,47%	-2,98%	-0,36%	-4,04%	-51,28%	-53,12%	0,84%	0,91%	-1,38%

Fonte: MEC/INEP/DEED – Microdados Censo Escolar – Elaboração: Todos Pela Educação (2019)

Somado a isso, podemos considerar outro dado importante apresentado pelo Indicador de Alfabetismo Funcional (Inaf), que se refere à mensuração do nível de alfabetismo da população brasileira entre 15 e 64 anos, a partir das habilidades e práticas de leitura, escrita e matemática aplicadas ao cotidiano.

> Os Analfabetos Funcionais — equivalentes, em 2018, a cerca de 3 em cada 10 brasileiros — têm muita dificuldade para fazer uso da leitura e da escrita e das operações matemáticas em situações da vida cotidiana, como reconhecer informações em um cartaz ou folheto ou ainda fazer operações aritméticas simples com valores de grandeza superior às centenas. (LIMA; CATELLI JÚNIOR, 2018, p. 8).

Gráfico 3 – Alfabetismo Funcional

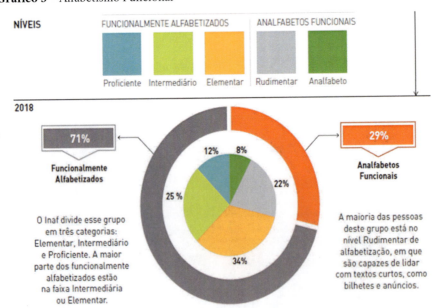

Fonte: Inaf/Ação Educativa e Instituto Paulo Montenegro. Inaf Brasil 2001-2001, 2015 e 2018 (2019)

Outros dados da Pnad apresentam algumas características do público da EJA, relativas à raça/cor, condições econômicas e residência.

Observa-se que as pessoas pardas, cuja taxa de analfabetismo é de 9,1%, comparadas às pessoas brancas, cuja porcentagem é de 3,9%, é mais que o dobro.

Tabela 4 – Taxa de Alfabetização da população de 15 anos ou mais de idade por cor/raça (2012-2018)

	2012	2013	2014	2015	2016	2017	2018
Brancos	94,9	95,3	95,5	95,5	95,8	96,0	96,1
Pretos	87,7	89,0	88,7	89,6	90,3	90,9	91,0
Pardos	88,1	88,5	89,0	89,5	90,1	90,6	90,9

Fonte: IBGE/Pnad Contínua. Elaboração: Todos Pela Educação (2019)

Com relação às condições econômicas, há dados comparativos entre os anos de 2016 e 2017 do percentual de pessoas alfabetizadas com 15 anos ou mais, dos 25% mais ricos e 25% mais pobres. Esse estudo mostra que, em 2017, a taxa de analfabetismo entre os mais pobres, era de 11%, isto é, nove vezes maior que os mais ricos, cuja taxa de analfabetismo era de 1,2%.

Tabela 5 – Taxa de alfabetização da população de 15 anos ou mais de idade por renda domiciliar (2016-2017)

Renda	2016	2017
25% mais pobres	88,5	89,0
25% mais ricos	98,7	98,8

Faixas de renda domiciliar *per capita* em 2017*	
25% mais pobres	R$ 3,00 – R$ 489,00
25% mais ricos	R$ 1.619,00 – R$ 500.000,00

Fonte: IBGE/Pnad Contínua. Elaboração: Todos Pela Educação (2019)

Para completar esses dados, segundo IBGE, no ano de 2018, o país tinha 13,5 milhões de pessoas com renda inferior a R$ 145,00, ou seja, na condição de extrema pobreza, o que equivale a 6,5% da população, e, com isso, com menos condição de ingressar no mercado de trabalho. Além disso, a Síntese de Indicadores Sociais (SIS) apontou que um quarto da população brasileira, isto é, 52,2 milhões de pessoas, naquele ano, tinham, como renda per capita mensal, menos de R$ 420,00. A pesquisa mostra que a população preta ou parda é a mais atingida pela pobreza, "que representa 72,7% dos pobres, em números absolutos de 38,1 milhões de pessoas. E as mulheres pretas ou pardas compõem o maior contingente, 27,2 milhões de pessoas abaixo da linha da pobreza." (EXTREMA..., 2019).

Gráfico 4 – Proporção de pessoas em condição de pobreza extrema

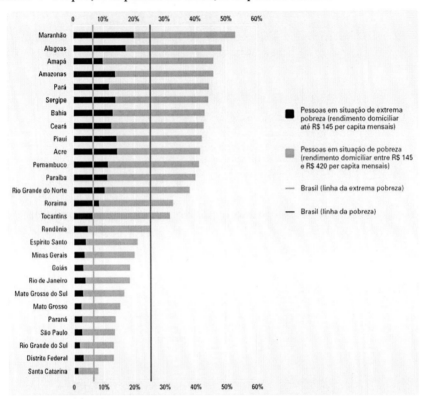

Fonte: https://agenciadenoticias.ibge.gov.br/agencia-noticias/2012-agencia-de-noticias/noticias/25882-extrema-pobreza-atinge-13-5-milhoes-de-pessoas-e-chega-ao-maior-nivel-em-7-anos. Acesso em: 10 abr. 2020

No que se refere à população da zona rural e urbana, a Pnad apresenta que em 2018 a taxa de analfabetismo das pessoas que residiam na zona urbana era de 5,1% e das pessoas da zona rural era de 17,5%; portanto, cerca de 3,5 vezes maior que a da zona urbana.

Tabela 6 – Taxa de alfabetização da população de 15 anos ou mais de idade – urbana/rural (2012-2018)

População	2012	2013	2014	2015	2016	2017	2018
Urbana	93,5	93,8	94,0	94,2	94,6	94,8	94,9
Rural	78,6	79,4	80,3	80,7	81,7	82,3	82,5

Fonte: IBGE/Pnad Contínua. Elaboração: Todos Pela Educação (2019)

Outro estudo do Departamento Intersindical de Estatísticas e Estudos Socioeconômicos (Dieese) auxilia na caracterização do público da EJA, em relação à situação de empregabilidade. No Boletim 9, de agosto de 2018, a entidade publicou dados referentes ao total de ocupados de 2014 e 2017, com os diferentes graus de instrução. Esse estudo mostra que, entre esses anos, houve uma redução de 1 milhão de empregos, sendo que as pessoas que tinham até o ensino fundamental completo ou equivalente são as que ficaram desempregadas, em oposição às pessoas que tinham ensino médio incompleto e completo e ensino superior completo e incompleto, em que houve uma elevação do número de ocupações (DIEESE, 2018).

Em 2019, pela Pnad Contínua, houve um aumento do número de ocupados de 1,7% de 2018 a 2019, porém 41% dessa população, o equivalente a 38,4 milhões de pessoas, é trabalhadora na informalidade, isto é, sem carteira assinada, trabalhadores domésticos sem carteira, empregador sem CNPJ, conta própria sem CNPJ e trabalhador familiar auxiliar (DESEMPREGO..., 2020a).

Para completar e confrontar alguns dados já apresentados, há informações do Censo Escolar de 2019 no portal do Instituto Nacional de Estudos e Pesquisas Educacionais Anísio Teixeira (Inep), as quais trazem números e percentuais referentes à matrícula, faixa etária, sexo, níveis de ensino, cor e raça.

Quanto à matrícula, o Censo Escolar traz que naquele ano foram matriculados 3.273.688 estudantes na EJA, tendo, então, uma queda de 7,7% nas matrículas comparadas ao ano anterior. Se em 2018 o atendimento da demanda era de 5%, não haveria razão de diminuir as matrículas (INEP, 2020).

O estudo também traz uma realidade vivida nas salas de aula da EJA nos últimos anos, que são de um público jovem masculino: a grande maioria do público atendido tem até 29 anos e é do sexo masculino; a partir dos 30 anos a maioria é do sexo feminino (INEP, 2020).

Gráfico 5 – Número de matrículas de educação de Jovens e Adultos por faixa etária e sexo (2019)

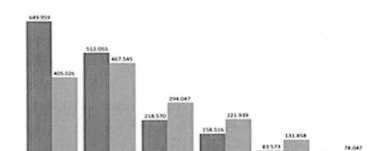

Fonte: Elaborado por DEED/Inep com base nos dados do Censo da Educação Básica (2019)

Em relação às informações referentes à raça/cor, o estudo analisou esses dados com a variável referente ao nível de escolaridade, e, assim como se observou nos dados do Inep, as pessoas pretas ou pardas eram a maioria referentes à taxa de analfabetismo em 2018 e também representam a maioria que estava matriculada na EJA em 2019, tanto no ensino fundamental quanto no ensino médio.

Gráfico 6 – Percentual de matrícula na Educação de Jovens e Adultos de Nível Fundamental e Médio segundo raça/cor (2019)

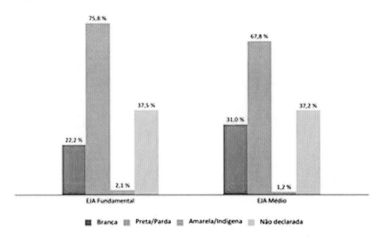

Fonte: Elaborado por DEED/Inep com base nos dados do Censo da Educação Básica (2019)

A partir desses dados, é possível traçar o perfil do público da EJA, considerando a análise dos números que apresentam, na maioria, algumas características:

Quadro 1 – Perfil público da EJA

Sexo	Masculino
Região de maior concentração	Nordeste
Raça/cor	Pardo/Preta
Situação econômica	Mais pobre
Situação de ocupação	Mais vulnerável ao desemprego, trabalhadores informais
Zona	Rural
Nível de escolaridade	Fundamental incompleto

Fonte: organizado pela autora (2020)

Diante disso, pode-se indagar a respeito da relação de cada um desses itens com o analfabetismo e a não conclusão da Educação Básica. A verdade é de que esse estudo já foi realizado por muitos autores, como Gadotti, Paulo Freire, Miguel Arroyo, entre outros, e até consta no Parecer do Conselho Nacional de Educação (CNE/CEB n.º 11/2000), sobre as Diretrizes Nacionais para Educação de Jovens e Adultos:

> Suas raízes são de ordem histórico-social. No Brasil, esta realidade resulta do caráter subalterno atribuído pelas elites dirigentes à educação escolar de negros escravizados, índios reduzidos, caboclos migrantes e trabalhadores braçais, entre outros. Impedidos da plena cidadania, os descendentes destes grupos ainda hoje sofrem as consequências desta realidade histórica. Disto nos dão prova as inúmeras estatísticas oficiais. A rigor, estes segmentos sociais, com especial razão negros e índios, não eram considerados como titulares do registro maior da modernidade: uma igualdade que não reconhece qualquer forma de discriminação e de preconceito com base em origem, raça, sexo, cor idade, religião e sangue entre outros. (BRASIL, 2000a, p. 6).

O documento elucida que a origem dessas questões tem raízes profundas, e vêm acompanhadas pela injustiça, discriminação, desigualdade, oportunidades diferenciadas. Dessa forma, o documento atribui à EJA três funções: reparadora, equalizadora e qualificadora.

A função reparadora tem relação com a dívida social por todas as questões de desigualdade histórica e, portanto, pelo acesso aos direitos outrora negados a esse público, como a educação. Essa função traz, também, o reconhecimento de igualdade ontológica de todo ser humano.

A função equalizadora refere-se à igualdade de oportunidades, enquanto direito da pessoa para acesso à educação e alcançar patamares que diminuam a desigualdade social, cultural e econômica, com participação democrática. É dever do Estado garantir esse direito. Isso já consta na Constituição Federal, no seu art. 208, inciso I.

> Art. 208 – O dever do Estado com a educação será efetivado mediante a garantia de:
> I – ensino fundamental, obrigatório e gratuito, inclusive para os que a ele não tiveram acesso na idade própria. (BRASIL, 1996, p. 123).

A função permanente, também chamada de função qualificadora, tem como base o caráter incompleto do ser humano e, por isso, sempre com possibilidade de desenvolvimento do potencial humano, atualizando conhecimentos, mostrando habilidade, trocando experiências e tendo acessos a novas regiões do trabalho e da cultura.

> [...] em todas as idades e em todas as épocas da vida, é possível se formar, se desenvolver e constituir conhecimentos, habilidades, competências e valores que transcendam os espaços formais da escolaridade e conduzam à realização de si e ao reconhecimento do outro como sujeito. (BRASIL, 2000a, p. 11).

O documento reconhece o sujeito da EJA e suas especificidades, trazendo as intenções para o desenvolvimento ontológico do ser. Trata-se de uma visão diferenciada da educação supletiva. Porém são anos de visão estigmatizada das pessoas analfabetas, sem conclusão do ensino básico, como se as pessoas fossem culpadas dessa situação.

Segundo Gadotti (2011, p. 39), "[...] um programa de educação de adultos deve ser avaliado pelo impacto gerado na qualidade de vida da população atingida. A educação de Adultos será condicionada às possibilidades de uma transformação real das condições de vida do aluno-trabalhador. Dessa forma, o autor, citando Marx, defende que as ações devem partir do local, pois as ações massivas do Estado tendem a fracassar.

Para reverter esse complexo cenário, seria necessária uma política afirmativa para a EJA, pois, a partir de programas, efêmeros em sua execução, não se chegará à reparação, equalização, nem à qualificação. A EJA não deve ser tratada como educação de segunda classe para pessoas de segunda classe.

A EJA é um direito para que as pessoas tenham a valorização do seu conhecimento e os ampliem para maior participação social, democrática, superando os obstáculos à sua humanização, partindo da conscientização da sua situação que não foi causada por elas, mas entendendo que elas são consequências da organização social, econômica e política; desenvolvendo, assim, um pensamento crítico (FREIRE, 2011).

1.2 O que precisamos saber ao longo da história da EJA para compreendê-la?

Para compreender a história da EJA, não basta apenas uma lista de datas e acontecimentos, há necessidade de entender a história do público da EJA, que está relacionada, de certa forma, com a história do capitalismo e a história da Educação Popular. Esses são conteúdos imprescindíveis na formação de um educador de EJA.

Paulo Freire (2001b) ensina que história não nos diz como as coisas são, diz como foram, para pensarmos como podem ser.

> A superação da compreensão mecanicista da História, por outra que, percebendo de forma dialética as relações entre consciência e mundo, implica necessariamente uma nova maneira de entender a História. A História como possibilidade. Esta inteligência da História, que descarta um futuro predeterminado, não nega, porém, o papel dos fatores condicionantes a que estamos mulheres e homens submetidos. Ao recusar a História como jogo de destinos certos, como dado, ao opor-se ao futuro como algo inexorável, a História como possibilidade reconhece a importância da decisão como ato que implica ruptura, a importância da consciência e da subjetividade, da intervenção crítica dos seres humanos na reconstrução do mundo. Reconhece o papel da consciência construindo-se na práxis; da inteligência sendo inventada e reinventada no processo e não como algo imóvel em mim, separado quase, de meu corpo. (FREIRE, 2001b, p. 47).

Por isso, Freire (2001b) nos alerta de que não devemos apenas olhar a mecanicidade da História, em que há o reconhecimento do papel da educação como reprodutora da ideologia dominante. "É exatamente por isso que, ao lado da tarefa reprodutora que tem, indiscutivelmente, a educação, há uma outra, a de contradizer aquela. Aos progressistas é esta a tarefa que nos cabe e não fatalistamente cruzar os braços." (FREIRE, 2001b, p. 48).

Para contribuir com essa compreensão, Oliveira e Vazquez (2010) poderão nos auxiliar por meio dos estudos que realizaram a partir das obras de Florestan Fernandes, fundador da sociologia crítica, trazendo contribuições para a interpretação da História do Brasil. A partir de Fernandes, os autores explicam que ocorreu a revolução burguesa, por considerar que houve uma ruptura com o passado colonial, sendo que considerou dois agentes essenciais nesse processo: os fazendeiros do café e os imigrantes. Os fazendeiros moldaram a política econômica para benefício próprio, enquanto os imigrantes utilizavam do próprio corpo como fonte de sobrevivência, havendo, assim, a possibilidade de acumular bens, trazendo um novo cenário da ordem capitalista no país. Porém a ordem social anterior, de certa forma, impediu que houvesse uma ordem social competitiva, prevalecendo privilégios estamentais, com concentração de riqueza, poder e propriedade para um grupo. Mesmo assim, houve uma mobilidade social, havendo a ascensão de indivíduos para extratos sociais intermediários, que não conseguiram romper com a organização do passado tradicional-conservador-elitista: "A burguesia brasileira se mostrou incapaz, assim, de se libertar da oligarquia e de implementar a social-democracia no país." (FERNANDES, 1975; ARRUDA, 1996 *apud* OLIVEIRA; VAZQUEZ, 2010, p. 146).

Assim, Oliveira e Vazquez (2010, p. 148-149) colocam que essa condição foi responsável pela transformação dos senhores rurais em aristocracia agrária, isso devido à "desintegração de estruturas sociais formadas nos períodos iniciais da colonização, onde as estruturas econômicas emergentes se acomodam às estruturas arcaicas preexistentes."

Ainda em relação à revolução burguesa, Oliveira e Vazquez (2010) trazem a leitura do Golpe de 1964, por Fernandes, como uma revolução não democrática no Brasil e altamente opressora.

> De acordo com o Florestan, desse modo, a Revolução Burguesa no Brasil apresenta um alto grau de singularidade, pois a despeito de envolver agentes modernizadores, o seu raio de ação se limita a certas esferas da vida social, mostrando-se incapaz de contemplar o conjunto da sociedade. Embora acompanhe e ocorra em compasso com a formação da sociedade de classes, ela acaba eliminando os componentes políticos e socioculturais observados no modelo original,

cuja resultante consistiu na feição autocrática e autoritária da dominação burguesa no Brasil, que concorreu para distanciá-la ainda mais de sua congênere europeia. Uma revolução pelo alto. (FERNANDES, 1975; ARRUDA, 1996 *apud* OLIVEIRA; VAZQUEZ, 2010, p. 147).

Mesmo com a chegada da industrialização, houve pouca modificação nesse cenário, de forma que é caracterizado por Fernandes (fazendo uso da distinção weberiana), de acordo com Oliveira e Vazquez (2010, p. 150), pelas classes "dos possuidores de bens" e "não possuidores de bens".

Os "nãos possuidores de bens" dividem-se em duas categorias, a saber: 1) os assalariados e os que estão em vias de proletarização ou se proletarizaram; e 2) os que estão imersos na economia de subsistência ou em estruturas arcaicas do sistema econômico, seja no campo, seja nas cidades. Este último conjunto compreende a parcela da população marginalizada, não se caracterizando enquanto um "exército industrial de reserva", vez que composta por atores sociais que não possuem os requisitos exigidos pela ordem social competitiva. Quanto à graduação social, pode-se distinguir o grupo entre classe baixa urbana, compreendendo assalariados com baixo rendimento, e classe dependente urbana, que diz respeito ao setor indigente e flutuante das grandes cidades. Já quanto às zonas rurais, de acordo com o autor, mostra-se dificultosa a escolha de um termo aceitável, pois o Brasil não chegou a conhecer um campesinato propriamente dito. (OLIVEIRA; VAZQUEZ, 2010, p. 150).

Essa organização do capitalismo dependente[4], segundo os autores, impossibilitou que houvesse um mínimo de homogeneidade; ao contrário, promoveu a conservação da polarização estrutural da economia e que perpetua até os dias de hoje. Nesse sentido, o papel do Estado é de defender e dar suporte "para as classes privilegiadas e controle de repressão às contestações das classes subalternas por meio de transferência de renda dentro do ambiente de instabilidade das economias dependentes" (OLIVEIRA; VAZQUEZ, 2010, p. 156), interpretação essa realizada a partir da obra de Florestan Fernandes datada de 1968.

Dessa forma, pode-se compreender que os caminhos traçados pelo capitalismo no Brasil fizeram com que tivesse uma bifurcação com um caminho para "os possuidores" e um caminho para os "não possuidores", e

---

[4] "Marcado pela polarização e geração de excedente para as economias avançadas, além de suportar uma herança colonial que deu movimento a um processo de acumulação sob bases capitalistas pouco racionalizado e dinâmico, exaltando as formas de concentração de renda e status" (OLIVEIRA; VAZQUEZ, 2010, p. 153).

estes últimos, consequentemente, também não eram possuidores de direito à educação. Mesmo quando houve alguma ação na Educação de Adultos foi por interesses capitalistas. As pessoas que não conseguiram acessar o direito à educação são as mesmas que foram, e ainda são, vítimas dessa herança nesse processo histórico. São as pessoas cuja mão de obra interessa ao capital. A própria história da educação no Brasil já traz uma marca dessa exclusão, visto que a escola não era para todos há algum tempo atrás. Assim, é importante compreender que o público da Educação de Jovens e Adultos é fruto dessa herança e que, portanto, há uma dívida histórica para com essas pessoas, que deveria ser paga com garantia de acesso ao direito à educação, dever do Estado. Quanto a isso, vejamos como se sucedeu.

Na época de Vargas, com a crise do café e do contexto mundial, o Brasil passava pela transformação com o processo de industrialização e com a urbanização da população, e o analfabetismo era visto como um problema. Segundo Leite (2013, p. 112): "As mudanças introduzidas nas relações de produção e a concentração cada vez maior da população em centros urbanos tornaram imprescindível o combate ao analfabetismo e de proporcionar um mínimo de qualificação para o trabalho ao maior número possível de pessoas."

A Constituição Federal de 1934 mencionava a Educação de Adultos e o ensino supletivo estava presente no Plano Nacional de Educação. Na Constituição de 1937, mencionava a Educação de Adultos, com ênfase no ensino profissional para a classe trabalhadora.

Ainda referente ao período do Estado Novo, destaca-se a criação do Fundo Nacional do Ensino Primário para subsidiar o atendimento ao ensino supletivo e a criação do Sistema S: Serviço Nacional de Aprendizagem Industrial (Senai), Serviço Nacional de Aprendizagem Comercial (Senac), Serviço Social do Comércio (Sesc) e o Serviço Social da Indústria (Sesi), para formação de jovens e adultos com baixa escolaridade.

Na República Populista, no final da década de 1940, que começa a ser pautada pelo Estado a Educação de Adultos, no Plano Nacional de Educação e com a criação do Serviço de Educação de Adultos (SEA) (HADDAD; DI PIERRO, 2000). Nesse período ainda ocorreram alguns movimentos:

- Campanha de Educação de Adolescentes e Adultos (CEAA) – coordenado pelo Serviço de Educação de Adultos, auxiliou na criação de infraestrutura para Estados e Municípios;

- Campanha Nacional de Educação Rural e Campanha Nacional de Erradicação do Analfabetismo – organizadas pelo Ministério de Educação e Cultura;

- II Congresso Nacional de Adultos – CEAA, com a preocupação com a modalidade de ensino, pois o ensino era mesmo que se aplicava às crianças. Nesse congresso houve a participação de Paulo Freire.

Nessa época, havia o interesse em qualificar a mão de obra para os projetos nacionais de desenvolvimento. Por outro lado, havia uma turbulência no cenário político, econômico e manifestações populares. Nessa conjuntura, a Educação de Adultos ganha espaço:

> É dentro dessa perspectiva que devemos considerar os vários acontecimentos, campanhas e programas no campo da educação de adultos, no período que vai de 1959 até 1964. Foram eles, entre outros: o Movimento de Educação de Base, da Conferência Nacional dos Bispos do Brasil, estabelecido em 1961, com o patrocínio do governo federal; o Movimento de Cultura Popular do Recife, a partir de 1961; os Centros Populares de Cultura, órgãos culturais da UNE; a Campanha De Pé no Chão Também se Aprende a Ler, da Secretaria Municipal de Educação de Natal; o Movimento de Cultura Popular do Recife; e, finalmente, em 1964, o Programa Nacional de Alfabetização do Ministério da Educação e Cultura, que contou com a presença do professor Paulo Freire. (HADDAD; DI PIERRO, 2000, p. 111).

Todo esse contexto trouxe uma perspectiva da Educação de Adultos mais do que alfabetização, mas de uma ação política de acesso aos conhecimentos e conscientização, além de valorização da cultura popular, até o golpe militar em 1964.

Na época da ditadura militar, foi criado o Movimento Brasileiro de Alfabetização (Mobral), como ação para elevação de escolaridade além de ser um canal de comunicação com a sociedade. Haddad e Di Pierro (2000, p. 114) colocam que o Mobral tinha três características básicas:

> A primeira delas foi o paralelismo em relação aos demais programas de educação. Seus recursos financeiros também independiam de verbas orçamentárias. A segunda característica foi a organização operacional descentralizada, através de Comissões Municipais espalhadas por quase todos os municípios brasileiros, e que se encarregaram de executar a campanha nas comunidades, promovendo-as, recrutando analfabetos, providenciando salas de aula, professores e monitores. Eram

> formadas pelos chamados "representantes" das comunidades, os setores sociais da municipalidade mais identificados com a estrutura do governo autoritário: as associações voluntárias de serviços, empresários e parte dos membros do clero. A terceira característica era a centralização de direção do processo educativo, através da Gerência Pedagógica do MOBRAL Central, encarregada da organização, da programação, da execução e da avaliação do processo educativo, como também do treinamento de pessoal para todas as fases, de acordo com as diretrizes que eram estabelecidas pela Secretaria Executiva.

No período do regime militar, houve a regulamentação do Ensino Supletivo pela LDB n.º 5.692/71, que "se propunha a recuperar o atraso, reciclar o presente, formando uma mão-de-obra que contribuísse no esforço para o desenvolvimento nacional, através de um novo modelo de escola." (HADDAD; DI PIERRO, 2000, p. 111).

Com a redemocratização da sociedade brasileira em 1985, o Mobral foi substituído pela Fundação Nacional para Educação de Jovens e Adultos – Educar. Com a promulgação da Constituição Federal em 1988, o direito à educação foi estendido às pessoas jovens e adultas, sendo responsabilidade do Estado. Isso veio materializado nas Leis de Diretrizes e Base, n.º 9.394 de 1996, acrescentando-se ainda a oferta de exames supletivos.

Destacam-se alguns programas a partir da década de 1990, segundo Leite (2013):

- Movimento de Alfabetização (Mova) – ações de alfabetização com base na Educação Popular envolvendo o poder público e a sociedade civil;

- Plano Nacional de Qualificação Profissional (Planfor) – destinado às pessoas economicamente ativas, realizado com parceria público-privado, com o objetivo de ampliar e diversificar a qualificação profissional;

- Programa Alfabetização Solidária (PAS) – Programa de alfabetização a jovens de 15 a 19 anos em municípios com elevado índice de analfabetismo nas regiões Norte e Nordeste;

- Programa Nacional de Educação na Reforma Agrária (Pronera) – Programa voltado à alfabetização de trabalhadores rurais assentados, realizado com articulação do Conselho de Reitores das Universidades Brasileiras (Crub) e do Movimento dos Trabalhadores Rurais Sem Terra (MST).

Nos anos de 2000, segundo Leite (2013), as políticas para EJA eram baseadas em programas de educação a distância, formação profissional e empreendedorismo.

De 2003 a 2016, a EJA foi considerada nos governos Lula e Dilma, tendo sido realizadas várias ações e criados vários programas. Almeida e Corso (2015, p. 1293) citam as essas iniciativas:

> [...] incorporaram-se as matrículas ao financiamento do FUNDEB e desenvolveram-se várias inciativas distribuídas em diferentes Ministérios no período compreendido entre 2002 a 2006 voltadas os jovens e adultos trabalhadores. Entre estas destacam-se: Brasil Alfabetizado, Saberes da Terra, Proeja, Escola de Fábrica, Exame Nacional para Certificação de Competências de Jovens e Adultos, ENCEJA, Consórcio Social da Juventude, Juventude Cidadã, Plano Nacional de Qualificação, Agente Jovem, Soldado Cidadão, Programa Nacional de Educação na Reforma Agrária, PRONERA, PROEP (Ministério da Educação e Ministério do Trabalho), Plano Nacional de Qualificação, PNQ (MTE), Projeto de Profissionalização dos Trabalhadores da área de Enfermagem - PROFAE (Ministério da Saúde), Programa de Assistência e Cooperação das Forças Armadas à Sociedade Civil/Soldado Cidadão (Ministério da Defesa).

Além desses, podemos acrescentar, já adentrando no governo Dilma, até 2016:

- Criação da Secretaria de Educação Continuada, Alfabetização, Diversidade e Inclusão (Secadi), do Departamento da Educação de Jovens e Adultos (Deja) e da Comissão Nacional de Alfabetização e Educação de Jovens e Adultos (Cnaeja);

- Diretrizes operacionais para EJA – marcos-legais;

- Plano Nacional do Livro Didático (PNLD) passa a contemplar a modalidade EJA;

- Agenda Territorial de Desenvolvimento Integrado de Alfabetização e EJA, Criação de Centros de Referência de EJA;

- Programa Nacional de Acesso ao Ensino Técnico e Emprego (Pronatec);

- Aprovação do Plano Nacional da Educação (PNE), pela Lei n.º 13.005/2014, cujas Metas 8, 9 e 10 relacionam-se com a educação de jovens e adultos;

- Marco de Referência da Educação Popular para as políticas públicas;
- Assento dos Fóruns de EJA no Fórum Nacional de Educação (23 de maio de 2014).

Em agosto de 2016, houve o impeachment da presidenta Dilma Rousseff, que foi um golpe, visto que, segundo a *Revista Galileu* (2016), a acusação foi relacionada a manobras fiscais banais, havendo, portanto, uma condenação sem crime.

A partir desse período, a EJA tem sofrido inúmeros retrocessos:

- A extinção da Secadi;
- Redução de recursos financeiros e humanos para a modalidade;
- Descontinuidade do PNLD-EJA;
- Crítica e ataque ao legado do educador Paulo Freire.

Ainda, sobre essa questão, a Carta de Belo Horizonte (FÓRUNS DE EJA DO BRASIL, 2020), que foi escrita no XVI Encontro Nacional de Educação de Jovens e Adultos, traz outros pontos:

- Resolução do Conselho Nacional de Educação n.º 3, de 21 de novembro de 2018, que, ao atualizar as Diretrizes Curriculares Nacionais para o Ensino Médio, prevê que "Na modalidade de educação de jovens e adultos é possível oferecer até 80% (oitenta por cento) de sua carga horária a distância, tanto na formação geral básica quanto nos itinerários formativos do currículo, desde que haja suporte tecnológico - digital ou não - e pedagógico apropriado."
- A Base Nacional Comum Curricular (BNCC) não contempla a EJA, mas, por outro lado, essa questão não é negativa, visto que o formato do documento não dialoga com uma educação popular; porém, há a necessidade de "construção de princípios curriculares realizada democrática e colaborativamente, por meio de indução de estados, municípios e Distrito Federal para efetivar a elaboração de uma Política Pública de EJA." (FÓRUNS DE EJA DO BRASIL, 2020, p. 4).

Outra perda foi a saída da representação dos Fóruns de EJA do Fórum Nacional de Educação, a partir de uma mudança que diminui a participação de entidades educacionais.

Além desses, a EJA entra no bojo das outras situações em que a educação no Brasil tem sofrido:

- Emenda Constitucional 95, de 15 de dezembro de 2016, que:

> Ela prevê que, durante 20 anos, as despesas primárias do orçamento público ficarão limitadas à variação inflacionária. Isso quer dizer que, no período, não ocorrerá crescimento real das despesas primárias, que são agrupadas em duas grandes categorias, as despesas de custeio (com serviços públicos) e as despesas com investimentos. A EC 95 não só congela, mas de fato reduz os gastos sociais em porcentagem per capita (por pessoa) e em relação ao PIB, à medida que a população cresce e a economia se recupera, como é comum nos ciclos econômicos. (DAVID, 2018, p. 1).

- Escola sem partido – "O projeto visa estabelecer regras para o professor sobre o que ele pode ou não falar dentro da sala de aula, para se 'evitar' uma possível doutrinação ideológica e política"[5].

No ano de 2020, o mundo viveu uma pandemia causada pelo novo coronavírus, iniciando na China e disseminando para os demais países. Como a transmissão do vírus é rápida e pode evoluir de forma a necessitar de atendimento médico, UTI, respiradores, podendo levar à morte, houve a necessidade de isolamento social para evitar o contágio. Como medida de segurança, então, foram fechados os comércios (exceto os essenciais), serviços, escolas e áreas de lazer, houve proibição de aglomeração e exigência de uso de máscaras, bem como orientação à higienização constante das mãos; mesmo assim, tivemos um quadro crescente de contágios e mortes no Brasil. A economia foi muito afetada. Houve a perda de empregos formais e informais. Uma pesquisa realizada pela Universidade Metodista aponta que, na região do Grande ABC Paulista, o desemprego subiu 17% após crise da covid-19, além de queda de rendimento das famílias (DESEMPREGO..., 2020b). Por um lado, há uma pressão dos comerciantes para que haja flexibilização da abertura dos comércios e, por outro, as orientações da Organização Mundial de Saúde (OMS), que indicam o distanciamento social, e, nessa disputa, há a opinião do presidente da República, que defende a flexibilização, mesmo o Brasil sendo o segundo país no mundo com mais casos de contaminação e mortes causadas pelo coronavírus, na época. Foi disponibilizado auxílio

---

[5] FEUSP, Faculdade de Educação da USP. **Escola sem Partido**. Professores da Faculdade de Educação da USP comentam o projeto "Escola sem Partido". Disponível em: http://www4.fe.usp.br/escola-sem-partido. Acesso em: 27 jul. 2020.

emergencial para as pessoas que estavam desempregadas, ou na condição de microempreendedores individuais, contribuinte individual da Previdência Social ou trabalhador informal.

Nesse período, houve a intensificação do uso dos recursos tecnológicos pelas pessoas para manter contato, trabalhar, estudar, lazer, entre outros. Inclusive, houve aumento de encontros, seja em reuniões virtuais, utilizando plataformas digitais seja em "lives", webinares, com o objetivo de discussão, formação, manifestação cultural, protesto, pré-campanha eleitoral, entre outros. O fato de não necessitar de deslocamento, agendamento de espaço, criou essa facilidade. Porém também aumentou a propagação de mensagens falsas, confundindo a população com toda a situação de incertezas que o momento apresentava. Segundo *Carta Capital* (28/07/2020), sete das dez imagens mais compartilhadas em grupos de WhatsApp durante a pandemia eram falsas.

Com a suspensão das aulas presenciais, as escolas tiveram que se adaptar e ofertar aulas remotas com o uso de tecnologias, ou de atividades impressas retiradas na escola. Isso foi um grande desafio para os gestores públicos, educadores e educandos. Para o público da EJA, com a marca da exclusão, esse momento tornou-se mais desafiador, pois muitos apresentaram dificuldades em ter acesso à internet, a um aparelho de celular de melhor qualidade para acesso às aulas, bem como em manusear o próprio aparelho; além disso, muitos estavam preocupados pela sobrevivência, pois perderam a fonte de renda.

Em meio à pandemia, houve uma importante votação do Novo Fundeb: Proposta de Emenda Constitucional (PEC) 15/2015, em julho de 2020, na Câmara dos Deputados, por meio de pressão popular. A Lei n.º 14.113 foi promulgada em 25/12/2020.

Dessa forma, é importante ressaltar que, na história do Brasil, a Educação de Jovens e Adultos nasce a partir de uma necessidade de qualificação de mão de obra. Politicamente, fazia-se uma leitura do atraso do país pelo número de pessoas analfabetas no país, mas, por outro lado, o "atraso" é causado pela falta de investimento na educação. Outra questão em que se acreditava é que a educação de adultos é mais fácil, portanto qualquer pessoa poderia ensinar, sendo que, na realidade, há necessidade de formação específica para desenvolver o trabalho pedagógico na EJA. Na história, observou-se que os governos mais democráticos realizaram ações mais significativas voltadas à EJA, embora nunca tenha se tornado realmente política de Estado, e sim de governo. Nesse sentido, há a necessidade de a força popular, por meio dos movimentos, dos fóruns, pautar o direito à educação para jovens e adultos deste país.

Em nível internacional, fazem parte do histórico da EJA as Conferências Internacionais de Educação de Adultos (Confinteas), que são organizadas pela Unesco. São encontros que pautam temáticas, declarações e recomendações sobre a educação de adultos, conforme o contexto histórico.

> As CONFINTEAs (do francês Conférence Internationale de Éducation des Adultes, daí a sigla CONF-INT-EA) representam a culminância de processos cíclicos ocorridos a cada dez ou doze anos nas últimas seis décadas, e que, em grande parte, seguiram um padrão semelhante. Isso incluiu um processo preparatório envolvendo a elaboração de relatórios nacionais sobre a situação da educação de adultos em cada país membro, a consolidação desses relatórios nacionais em um documento sobre a situação mundial, a preparação de outros documentos de apoio, a organização de reuniões preparatórias e seminários em diferentes níveis geopolíticos (nacional e regional) e instâncias organizacionais (governo e sociedade civil) que visam mobilizar e dar maior visibilidade ao campo da educação de adultos, a realização de uma grande conferência internacional em que algum tipo de declaração ou agenda internacional é acordado (particularmente no caso da quinta e sexta conferência) e, em seguida, são propostos mecanismos de acompanhamento vagamente definidos, por meio dos quais se espera monitorar a implementação dos compromissos e responsabilidades assumidas pelos governos durante a conferência. (IRELAND, 2013, p. 16).

O quadro a seguir é uma síntese das Confinteas, que foi elaborado com dados do site do MEC e de Ventura (2017):

Quadro 2 – Síntese das Confinteas

Confinteas realizadas			
Ano	Local	Tema	Contexto e pautas
1949	Elsinore Dinamarca	Educação de Adultos	- Período pós-guerra; - Direitos humanos; - Preocupação de coletar e organizar informações sobre Educação de Adultos.

Confinteas realizadas			
Ano	Local	Tema	Contexto e pautas
1963	Montreal Canadá	A Educação de Adultos num Mundo de Mutação	- Desenvolvimento econômico e a educação de adultos; - Papel do Estado na promoção dessa educação; - Educação Permanente – continuação da educação formal; - Educação de base ou comunitária – educação popular; - Aumento populacional; - Industrialização; - Cooperação dos países ricos aos países menos desenvolvidos; - Importância da educação no processo de democratização e desenvolvimento educacional, econômico, social e cultural das nações.
1972	Tóquio Japão	Educação de Adultos num contexto de Educação Permanente	Foco na aprendizagem como algo global e contínuo.
1985	Paris França	Aprender é chave do Mundo	- O direito de aprender como desafio "Entendendo por direito, o aprender a ler e a escrever, o questionar e analisar, imaginar e criar, ler o próprio mundo e escrever a história, ter acesso aos recursos educacionais e desenvolver habilidades individuais e coletivas, adequadas e com qualidade" (MEC, 2016). - Educação como realização social, num contexto de crise econômica.
1997	Hamburgo Alemanha	A Educação das Pessoas Adultas, uma chave para o Século XXI	- Aprendizagem ao longo da vida; - Forte presença dos representantes da sociedade civil; - Defesa de duas vertentes complementares: a escolarização e a educação continuada.

Confinteas realizadas			
Ano	Local	Tema	Contexto e pautas
2009	Belém Brasil	Vivendo e Aprendendo para um futuro viável: o poder da aprendizagem e da educação de adultos	- Marco da Ação de Belém, recomendações e compromissos com base em sete eixos voltados para: alfabetização de adultos, política, governança, financiamento, participação, inclusão e equidade, qualidade e monitoramento.

Fonte: organizado pelos dados do MEC (2016) e Ventura (2017, p. 53-61)

A partir de tudo o que foi trazido neste item, é importante ressaltar que, para compreender a EJA, a história nos ensina que ela nasceu como uma filha bastarda do capitalismo, foi criada pela Educação Popular, portanto nunca foi prioridade, mas sempre se faz presente. Ela acolhe e trabalha para a conscientização dos excluídos do capitalismo, e isso significa resistência, o que se faz a partir de um coletivo.

Como foi citado no início deste item, novamente trazemos Freire para fecharmos:

> Isto significa reconhecer a capacidade humana de decidir, de optar, submetida embora a condicionamentos, que não permitem a sua absolutização. Significa ir mais além de uma explicação mecanicista da História. Significa assumir uma posição criticamente otimista que recusa, de um lado, os otimismos ingênuos, de outro, os pessimismos fatalistas. Significa a inteligência da História como possibilidade, em que a responsabilidade individual e social dos seres humanos, "programados para aprender" mas não determinados, os configura como **sujeitos** e não só como **objetos**. (FREIRE, 2001b, p. 48-49).

Entende-se então a História apresentada numa perspectiva de possibilidade, recusando-se o dado pelo dado, "numa superação da compreensão mecanicista da História, por outra que, percebendo de forma dialética as relações entre consciência e mundo, implica necessariamente uma nova maneira de entender a História" (FREIRE, 2015, p. 114), como ruptura de histórias contadas pelas elites e na perspectiva de anunciar a História de uma sociedade mais justa.

1.3 Quais são as denúncias e os anúncios na EJA?

Quando tratamos aqui da Educação de Jovens e Adultos, precisamos explicitar de que educação estamos no referindo, uma vez que não se trata de um curso aligeirado para formação para a mão de obra para o mercado de trabalho. Consideraremos a EJA na mesma perspectiva que Romão (2011b, p. 65):

> Queremos destacar, primeiramente, que não se pode perder a oportunidade de se definir, de uma vez por todas, a educação de jovens e adultos como parte constitutiva do sistema regular de ensino que propicia a educação básica, no sentido da prioridade de que ele deve ser alvo, com todos seus componentes estruturais, por parte das autoridades e da população. Por outro lado, há que se destacar a qualidade de que deve se revestir a educação de jovens e adultos. Ela não pode ser colocada paralelamente ao sistema, nem como forma compensatória, nem como forma complementar, mas como modalidade de ensino voltado para uma clientela específica.

Quando Romão (2011b) coloca que a EJA como "modalidade de ensino voltado para uma clientela específica", corroboramos o que Gadotti (2011, p. 39) defende:

> Um programa de educação de adultos, por essa razão, não pode ser avaliado apenas pelo seu rigor metodológico, mas pelo impacto gerado na qualidade de vida da população atingida. A educação de adultos está condicionada às possibilidades de uma transformação real das condições de vida do aluno-trabalhador.

Então, definimos aqui a EJA enquanto direito à educação pública cuja oferta é função do Estado. Essa questão gera uma série de contradições, visto que o Estado tem, sim, o dever de prover saúde, segurança, saneamento básico, entre outros, e a educação, pauta sempre defendida e muito lembrada em épocas de pleito eleitoral, mas a EJA fica sempre num segundo plano. Ocorre que a educação é um campo de debate, embate, disputa, e, muitas vezes, a distribuição e organização para acesso a esses direitos não chegam a todos igualmente.

> O Estado brasileiro cultiva uma estrutura em que os espaços formais de gestão de políticas públicas são vinculados a uma elite, consolidando, assim, uma cultura do clientelismo, da privatização e do ufanismo patrimonial. Nessa perspectiva, a sociedade civil brasileira tem um desafio, nesse atual contexto, que é demarcar campo de forma organizada com o governo, exigindo participação paritária não só na quanti-

dade, mas também na qualidade, objetivando assegurar de fato a concretização de políticas para toda a população deste país. (COSTA; MACHADO, 2017, p. 43).

Assim, a Educação de Jovens e Adultos necessita sempre estar em pauta disputando espaço nas políticas públicas no âmbito federal, estadual e municipal. Afinal, a opressão é tão camuflada que se torna senso comum o sujeito ser culpado de não ter estudado, o que justificaria, muitas vezes, o descaso por essa modalidade de ensino.

Considerando as contradições, utilizaremos os termos "anúncio" e "denúncia" de Freire para tratá-los no sentido em que Saul e Da Silva (2014, p. 2066) trazem:

> A denúncia diz respeito a saberes e práticas curriculares que emanam da tradição eurocêntrica. O anúncio se apresenta como uma proposta contra-hegemônica, na perspectiva de construção de um currículo crítico emancipatório. Serão visitadas obras de Freire, no sentido de trazer para o trabalho referências do autor que fazem a crítica a concepções e práticas curriculares desumanizadoras, bem como argumentos ético e epistemológicos que anunciam princípios para decisões e práticas curriculares que se situam no quadro da educação crítica.

Nesse sentido, no livro *Pedagogia do Oprimido*, podemos compreender a denúncia e o anúncio na Teoria da Ação Antidialógica e a Teoria da Ação Dialógica e suas características que se opõem, conforme quadro a seguir, com trechos da obra:

Quadro 3 – Teoria da Ação Antidialógica e Teoria da Ação Dialógica

Denúncia	Anúncio
Teoria da Ação Antidialógica	**Teoria da Ação Dialógica**
Conquista – "[...] todo ato de conquista implica um sujeito que conquista e um objeto conquistado. O sujeito determina suas finalidades ao objeto conquistado, que passa, por isto mesmo, a ser algo possuído pelo conquistador. Este, por sua vez, imprime sua forma ao conquistado que, introjetando-o, se faz um ser ambíguo." (FREIRE, 2011, p. 186).	**Co-laboração** – "sujeitos que se encontram para a *pronúncia* do mundo, para a sua transformação. [...] Se as massas populares dominadas, por todas as considerações já feitas, se acham incapazes, num certo momento histórico, de atender à sua vocação de ser sujeito, será pela problematização de sua própria opressão, *que implica sempre uma forma qualquer de ação*, que elas poderão fazê-lo. [...] O diálogo, que é sempre comunicação, funda a co-laboração." (FREIRE, 2011, p. 227-228).

Denúncia	Anúncio
Teoria da Ação Antidialógica	Teoria da Ação Dialógica
Dividir para manter a opressão – "Não se podem dar ao luxo de consentir na unificação das massas populares, que significaria, indiscutivelmente, uma séria ameaça à sua hegemonia" (FREIRE, 2011, p. 190) e assim "[..] dificultam sua percepção crítica da realidade e as mantêm ilhadas da problemática dos homens oprimidos de outras áreas em relação dialética com a sua." (FREIRE, 2011, p. 191).	**Unir para a libertação** – "A união dos oprimidos é um quefazer que se dá no domínio do humano e não no das coisas [...] Para que os oprimidos se unam entre si, é preciso que cortem o cordão umbilical, de caráter mágico e mítico, através do qual se encontram ligados ao mundo da opressão." (FREIRE, 2011, p. 238-239).
Manipulação – "A manipulação aparece como uma necessidade imperiosa das elites dominadoras, com o fim de, através dela, conseguir um tipo inautêntico de "organização", com que evite o seu contrário, que é a verdadeira organização das massas populares emersas e emergindo." (FREIRE, 2011, p. 199).	**Organização** – refere-se à organização e união das massas populares por meio do testemunho que é "uma ação, um enfrentamento, com o mundo e com os homens, não é estático. É algo dinâmico, que passa a fazer parte da totalidade do contexto da sociedade em que se deu." (FREIRE, 2011, p. 241). Isso implica o fazer "com", a disciplina: "É verdade que, sem liderança, sem disciplina, sem ordem, sem decisão, sem objetivos, sem tarefas a cumprir e contas a prestar, não há organização e, sem esta, se dilui a ação revolucionária. Nada disso, contudo, justifica o manejo das massas populares, a sua coisificação." (FREIRE, 2011, p. 243).
Invasão cultural – "[...] os invasores são os autores e atores do processo, seu sujeito; os invadidos, seus objetos. Os invasores modelam; os invadidos são modelados. Os invasores optam; os invadidos seguem sua opção. Pelo menos é esta a expectativa daqueles. Os invasores atuam; os invadidos têm a ilusão de que atuam, na atuação dos invasores." (FREIRE, 2011, p. 205).	**Síntese Cultural** – É a ação referente a contrapor a cultura alienada e alienante (FREIRE, 2011, p. 247). "A investigação dos temas geradores ou da temática do povo, tendo como objetivo fundamental a captação dos seus temas básicos, só a partir de cujo conhecimento é possível a organização de conteúdo programático para qualquer ação, como síntese cultural." (FREIRE, 2011, p. 248).

Fonte: organizado pela autora (2019)

Então, os conceitos colocados auxiliarão nas respostas dos subitens abaixo, como os "nãos" e "sim" à EJA. Mas, para isso, há necessidade de compreender que a primeira edição dessa obra, *Pedagogia do Oprimido*, foi publicada no ano de 1968 e, apesar de os conceitos poderem ser aplicados no contexto atual, como lembrou Romão (2016, p. 77), Freire disse para não repetirmos, mas reinventarmos, em cada contexto, as ideias que considerarmos importante. Dessa forma, teremos ousadia de fazer uma leitura da EJA em vários aspectos em comparação com a Teoria da Ação Dialógica para, posteriormente, apresentar e justificar a avaliação emancipatória.

Consideramos a EJA vista como um projeto maior, numa perspectiva de possibilidade de escrita de uma história dos oprimidos superando a opressão: "Não há realidade histórica — mais outra obviedade — que não seja humana. Não há história *sem* homens, como não há uma história para os homens, mas uma história de homens que, feita por eles, também os faz, como disse Marx." (FREIRE, 2011, p. 175).

Nos itens, a seguir, abordaremos questões específicas da EJA ou a falta dela, trazendo uma leitura de denúncia e anúncio, tendo como parâmetro as teorias das ações antidialógicas e dialógicas.

1.3.1 Quais são as denúncias e os anúncios da EJA na sociedade?

O projeto de sociedade que se defende é a superação dessa situação--limite, como traz Freire (2011, p. 170):

> Impõe-se, pelo contrário, a dialogicidade entre a liderança revolucionária e as massas oprimidas, para que, em todo processo de busca de sua libertação, reconheçam na revolução o caminho da superação verdadeira da contradição em que se encontram, como um dos polos da situação concreta de opressão. Vale dizer que devem se engajar no processo com a consciência cada vez mais crítica de seu papel de sujeitos de transformação.

Quanto a isso, vimos nos fatos históricos, abordados anteriormente, consequências da organização social, política e econômica do país, que representam limites em vários sentidos. Para um grupo de pessoas, há limites de espaço, de fala, de posse, de acesso à alimentação, moradia, educação, saúde, trabalho, enfim, limite de ser e estar, portanto um limite à dignidade humana. São situações de opressão.

Para ilustrar, podemos dizer que o preconceito é uma dessas consequências. Com relação a isso, Galvão e Di Pierro (2012) sintetizam essa temática num livro chamado *Vivendo o preconceito e a condição de analfabeto*, o qual traz questões como o constrangimento sofrido pelas pessoas analfabetas e como a questão é tratada pelos meios de comunicação. No capítulo II, que trata da construção social do preconceito contra o analfabeto na história brasileira, as autoras trazem um estudo sobre o processo de fabricação do estigma em relação ao analfabeto ao longo da história do Brasil, organizadas em cenas.

> [...] a veiculação de um discurso sobre o analfabeto que o identifica, de modo geral, à menoridade, à falta, à pobreza e à dependência é recorrente em diversas instâncias da sociedade contemporânea. Cotidianamente, esse tipo de representação é produzido e disseminado, às vezes pelo próprio analfabeto que o incorpora e o legitima. Por outro lado, embora em menor grau, há outras produções discursivas que também emergem, no nosso dia a dia, as quais complexificam o estereótipo que geralmente se associa àquele que não sabe ler e escrever. (GALVÃO; DI PIERRO, 2012, p. 31).

O preconceito é uma negação a determinadas pessoas, a determinados espaços; no caso do analfabeto, principalmente no meio urbano, estará relacionado a pessoas de menor valor.

Para reduzir o analfabetismo, foram criadas legislações como o Estatuto da Criança e do Adolescente (ECA). Apesar de esse documento ter completado 30 anos, tendo em seu artigo 54: "É dever do Estado assegurar à criança e ao adolescente: I – ensino fundamental, obrigatório e gratuito, inclusive para os que a ele não tiveram acesso na idade própria" (BRASIL, 1990), há cerca de 38% da população brasileira que não terminou o ensino fundamental.

Gráfico 7 – Nível de instrução das pessoas com 25 anos ou mais de idade

Fonte: https://educa.ibge.gov.br/jovens/conheca-o-brasil/populacao/18317-educacao.html. Acesso em: 25 jun. 2020

Isso significa limite à educação, que é a negação do direito à educação. Muitos "nãos" são ditos às pessoas jovens e adultas por não terem terminado ou iniciado o percurso escolar em vários aspectos nesta sociedade letrada. Como exemplo disso, podemos citar algumas situações que veremos a seguir.

Muitos educandos da EJA vão à escola para aprender a ler a Bíblia, pois educandos não conseguem participar de eventos sociais, como esse religioso e outros efetivamente, por não dominarem a leitura e a escrita.

É importante ressaltar que a educação também é sinônimo de autonomia. Para ilustrar, trouxemos o exemplo de um educando da EJA que estava desempregado e foi indicado para ir a um determinado endereço. Ele chegou até a estação de metrô Liberdade, em São Paulo, aonde sabia ir, porém não saiu da estação. Não podia sair pelo medo de não saber para onde ir e não saber voltar depois. "Professora, se eu saísse, eu não ia conseguir voltar mais." E perdeu a oportunidade de emprego.

O emprego é outro item que merece atenção. A exemplo disso, uma ex-educanda da EJA relatou que quando foi até a agência para concorrer ao cargo de auxiliar de limpeza não conseguia preencher a ficha. Ninguém queria ajudá-la, até que uma moça veio em seu auxílio. Não há muitas vagas de emprego para as pessoas que não terminaram o ensino fundamental, e podemos ver um exemplo na tabela a seguir, referente às vagas disponíveis no site do Central de Trabalho e Renda, em uma das cidades do ABC Paulista em 2019. Nessa chamada, não foi disponibilizada nenhuma vaga para fundamental incompleto.

Tabela 7 – Vagas de emprego em Mauá

Aux. administrativo (Experiência na área da Saúde)	35	Ens. Médio Completo	SIM	Reg. do ABC
Auxiliar de encanador	11	Fundamental Completo	SIM	Mauá
Auxiliar de pedreiro	17	Fundamental Completo	SIM	Mauá
Carpinteiro	5	Ens. Médio Completo	SIM	Mauá
Estoquista (Experiência com materiais de construção)	2	Fundamental Completo	SIM	Mauá
Instrutor de informática (Ter curso de formação na área)	3	Ens. Médio Completo	NÃO	Mauá
Operador de empilhadeira elétrica	10	Ens. Medio Incompl.	SIM	Mauá
Operador de guindaste móvel	5	Fundamental Completo	SIM	Mauá
Técnico mecânico	2	Fundamental Completo	SIM	Mauá
Vendedor de consórcio	3	Fundamental Completo	SIM	Mauá

Fonte: http://www.maua.sp.gov.br/Not.aspx?NoticiaID=5022. Acesso em: 8 ago. 2020

Esse fator pode ser uma explicação para a tabela a seguir do IBGE, que mostra uma queda de empregos de 2014 a 2017, de pessoas com menor grau de instrução:

Tabela 8 – Total de ocupados, segundo grau de instrução (2014 e 2017)

Grau de instrução	2014	2017	Diferença
Sem instrução e menos de 1 ano de estudo	4.751.868	3.655.707	-1.096.161
Fundamental incompleto ou equivalente	23.712.475	21.624.705	-2.087.770
Fundamental completo ou equivalente	9.865.652	8.059.159	-1.806.493
Médio incompleto ou equivalente	5.846.767	6.142.939	296.172
Médio completo ou equivalente	28.539.745	29.804.044	1.264.299
Superior incompleto ou equivalente	4.931.762	5.210.239	278.477
Superior completo	14.794.157	16.952.438	2.158.281
Total	**92.442.426**	**91.449.229**	**-993.197**

Fonte: IBGE. Pnad Contínua Anual, microdados. Elaboração: DIEESE (2018)

Em períodos de recessão, há um leve aumento por procura de vagas de EJA, mas parece não ser considerado, visto que a cada ano há uma queda de matrículas nessa modalidade, como podemos observar na figura a seguir. Em muitos municípios da região, nos últimos anos, como não se trata de política de Estado, dependendo do governo, houve menos investimentos na EJA, não houve vontade política, portanto muitas escolas fecharam turmas dessa modalidade.

Figura 2 – Brasil perde um terço de oferta de EJA

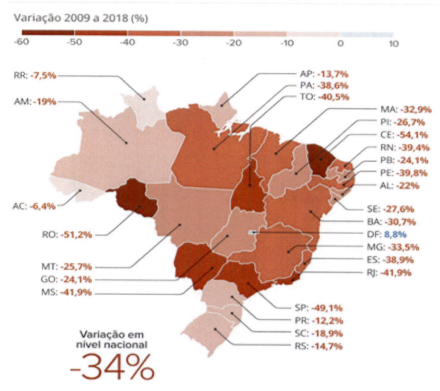

Fonte: https://g1.globo.com/educacao/noticia/2019/04/06/em-uma-decada-brasil-perde-um-terco-das-escolas-com-aula-do-ensino-fundamental-para-adultos.ghtml. Acesso em: 9 abr. 2020

Estamos nos referindo aqui ao grupo de pessoas que Freire (2011) chamou de oprimidos e que, portanto, encontra-se numa situação de alienação, em que há a negação do protagonismo, da sua história, da sua liberdade, do seu ser.

> Um dos elementos básicos na mediação opressores-oprimidos é a prescrição. Toda prescrição é a imposição da opção de uma consciência a outra. Daí o sentido alienador das prescrições que transformam a consciência recebedora no que vimos chamando de consciência "hospedeira" da consciência opressora.

> Por isto, o comportamento dos oprimidos é um comportamento prescrito. Faz-se à base de pautas estranhas a eles — as pautas dos opressores. (FREIRE, 2011, p. 22).

O que se traz aqui, portanto, é a denúncia dos vários "nãos" da sociedade às pessoas que não tiveram acesso à educação (fazendo referência às características da teoria antidialógica): não ao direito à educação, não à participação social (invasão cultural), não à autonomia de ir e vir (manipulação), não ao emprego, não ao acesso aos cursos de EJA, não à consciência crítica (conquista).

Mas não podemos perder a esperança:

> A desesperança é a negação da esperança. A esperança é uma espécie de ímpeto natural possível e necessário, a desesperança é o aborto deste ímpeto. A esperança é um condicionamento indispensável à experiência histórica. Sem ela, não haveria História, mas puro determinismo. Só há História onde há tempo problematizado e não pré-dado. A inexorabilidade do futuro é a negação da História. (FREIRE, 1996, p. 80-81).

Dessa forma, as questões referentes ao anúncio tratam da educação, da oferta de EJA, no seguinte sentido: "Pedagogia que faça da opressão e de suas causas objeto de reflexão dos oprimidos e que resultará o seu engajamento necessário na luta por uma libertação em que essa pedagogia se fará e se refará." (FREIRE, 2011, p. 43).

Se todas as pessoas tivessem acesso a uma educação crítica e, portanto, libertadora, a sociedade talvez substituiria o individual pelo coletivo, a distribuição de recursos injustos pelo justo, construindo uma sociedade mais humana.

1.3.2 Quais são as denúncias e os anúncios da EJA nas políticas públicas?

Como vimos, a Educação de Adultos nasce obedecendo à lógica do capital e foi organizada para acabar com o "atraso" do Brasil, porém o que se descobriu posteriormente é que o "atraso" estava sendo produzido pelas escolhas feitas pelos governos, quando a educação não era prioridade para todos.

Dessa forma, muitos "nãos", isto é, denúncias, também existem na organização da política educacional no país referente à EJA, que, em raros momentos na história do país, esteve em pauta de prioridade. Se há denúncias, deve haver os anúncios, e, nesse caso, citamos aqui as ações dos Fóruns EJA do Brasil:

> Os Fóruns de Educação de Jovens e Adultos do Brasil são redes de movimentos coletivos que agregam instituições e indivíduos dedicados(as) à defesa da dignidade e do direito humano à educação de trabalhadoras(es) jovens, adultos e idosos. Atuam construindo, de forma horizontal, autônoma e suprapartidária voltados ao desenvolvimento da educação popular e continuada ao longo da vida, objetivando uma sociedade justa, democrática e plural. (FÓRUM DE EDUCAÇÃO DE JOVENS E ADULTOS DO ESTADO DE SÃO PAULO, 2020).

Dessa forma, os Fóruns de EJA do Brasil são espaços de mobilização, de luta, de formação política, de atuação da militância que são verdadeiros observatórios referentes às políticas da EJA no país, na forma macro e micro, na atuação local dos estados.

Para se ter política pública de EJA que repare a injustiça social causada pelo sistema capitalista e possibilite a conscientização dos sujeitos, no sentido de compreender a realidade opressora, e vislumbre, com isso, possibilidades, é necessário que se tenha financiamento, escolas e currículos organizados para o atendimento a essa modalidade de ensino, formação de professores, além dos recursos para alimentação escolar, material didático, mobiliário adequado.

Mas, na prática, dentro das políticas públicas de educação, se houver necessidade de reorganizar as prioridades, a EJA é a primeira a sofrer alterações, corroborando as conclusões de Di Pierro (2010, p. 940):

> Quando dirigimos a atenção para as retóricas educativas, os acordos internacionais e a legislação nacional do período, somos levados a crer na existência de um amplo consenso em torno do direito humano à educação, em qualquer idade, e à necessidade da formação continuada ao longo da vida. Entretanto, quando analisamos as políticas educacionais levadas à prática, constatamos a secundarização da EJA frente a outras modalidades de ensino e grupos de idade.

A seguir, trataremos de somente alguns aspectos referentes às políticas públicas para EJA, pois o objetivo é trazermos um estudo sobre a qualidade de oferta dessa modalidade, com o foco na reflexão referente à emancipação dos sujeitos.

1.3.2.1 Quais são as denúncias e anúncios no financiamento para EJA?

O governo gasta o mesmo valor para a oferta com qualidade para todas as modalidades de ensino?

A organização do financiamento é o espelho das intencionalidades nas políticas públicas, pois, a partir do valor dos gastos públicos, pode-se realizar a escala de prioridades de um governo. Nesse sentido, onde se encontra a EJA?

Uma das grandes conquistas na educação foi o Fundeb, criado em 2006 com vigência até 2020, com o objetivo de alcançar a universalização da Educação Básica, melhoria do ensino e valorização dos profissionais da educação, redistribuindo recursos vinculados à educação, para aplicação em todas as etapas e modalidades da Educação Básica.

Para a distribuição desse recurso, há o estabelecimento de ponderações a cada uma das etapas e modalidades que diferenciam o custo valor/aluno para os 19 segmentos da Educação Básica. Trouxemos na tabela a seguir algumas dessas etapas e modalidades para análise e comparação.

Tabela 9 – Ponderações do Fundeb 2007-2014

Etapas e Modali-dades e Segmentos	2007 (Resolução n. 01, de 15/02/2007)	2008 (Porta-ria n. 41, de 27/12/2007)	2009 (Porta-ria n. 932, de 30/07/2008)	2010 (Porta-ria n. 777, de 10/08/2009)	2011 (Porta-ria n. 873, de 01/07/2010)	2012 (Porta-ria n. 1.322, de 21/09/11)	2013 (Resolução n. 8, de 25/07/2012)	2014 (Resolução n. 01, de 31/12/2013)
4. Creche pública de tempo integral	-	1,10	1,10	1,10	1,20	1,30	1,30	1,30
7. Pré-escola parcial	-	0,90	1,00	1,00	1,00	1,00	1,00	1,00
9. Anos iniciais – Ensino Fundamental urbano	1,00	1,00	1,00	1,00	1,00	1,00	1,00	1,00
12. Anos finais – Ensino Fundamental urbano	1,10	1,10	1,10	1,10	1,10	1,10	1,10	1,10
16. Ensino médio urbano	1,20	1,20	1,20	1,20	1,20	1,20	1,20	1,25
19. Ensino médio integrado à educação profissional	1,30	1,30	1,30	1,30	1,30	1,30	1,30	1,30

Etapas e Modalidades e Segmentos	2007 (Resolução n. 01, de 15/02/2007)	2008 (Portaria n. 41, de 27/12/2007)	2009 (Portaria n. 932, de 30/07/2008)	2010 (Portaria n. 777, de 10/08/2009)	2011 (Portaria n. 873, de 01/07/2010)	2012 (Portaria n. 1.322, de 21/09/11)	2013 (Resolução n. 8, de 25/07/2012)	2014 (Resolução n. 01, de 31/12/2013)
22. Educação de jovens e adultos com avaliação no processo	0,70	0,70	0,80	0,80	0,80	0,80	0,80	0,80
23. Educação de jovens e adultos integrada à educação profissional de nível médio, com avaliação no processo	0,70	0,70	1,0	1,0	1,20	1,20	1,20	1,20

Fonte: FNDE/MEC. Elaboração CNM (2014)

Pode-se verificar na tabela que o menor fator de ponderação é para a EJA, para os 38% da população brasileira que não terminou o ensino fundamental. Houve um aumento da EJA no Ensino Médio Integrado à Educação Profissional.

Um artigo de notícias da Universidade de São Paulo (USP) informa que o orçamento previsto para a EJA em 2020 era de R$ 2.870,94 (dois mil, oitocentos e setenta reais e noventa e quatro centavos), sendo que as demais modalidades receberam R$ 3.500,00 (três mil e quinhentos reais) do Estado (LUCENA, 2019).

Num outro artigo do Sindicato dos Professores no Distrito Federal (Sinpro-DF), essa mesma notícia circulou, trazendo uma comparação com o governo anterior:

> Um levantamento feito pelo Sistema Integrado de Operações (Siop) mostra que este foi o menor investimento no programa da década. Em matéria sobre o tema divulgada no dia 29/12/19, O Globo destacou que, "em 2012, por exemplo, durante o governo da ex-presidenta Dilma Rousseff (PT), o investimento no EJA foi de R$ 1,6 bilhão, valor 115 vezes maior do que de 2019". (SINPRO-DF, 2020).

Di Pierro, em um dos seus estudos, coloca que, para que o Fundeb cumpra com o papel de ampliação de oferta e melhoria de atendimento à EJA, é necessário que haja regulamentação nacional para execução de gastos para a modalidade. Entende-se, nessa afirmação, que os recursos recebidos pelo Fundeb para a modalidade muitas vezes não são utilizados pelos municípios, visto que não se trata de uma verba carimbada.

> Os depoimentos dos gestores colhidos nos estudos de caso indicam que os valores de referência válidos para os cálculos do Fundeb não são considerados como parâmetro para os gastos da modalidade, que são realizados de acordo com o lugar secundário que a EJA ocupa na agenda educacional dos municípios. É possível afirmar que a inscrição da EJA nas políticas universais da educação básica (alimentação, transporte, livro didático, descentralização de recursos) teve efeitos positivos sobre as condições de oferta escolar, mas a vigência do Fundeb em si praticamente não teve impacto positivo para a EJA. (DI PIERRO, 2015, p. 128).

Apesar dessas denúncias, é importante ter o Fundeb para garantia do financiamento da educação brasileira, e, nesse sentido, há o anúncio de uma vitória histórica no Brasil em tempos de pandemia, pela pressão popular, que foi a aprovação do Novo Fundeb e a publicação da Lei n.º 14.113, de 25/12/2020, que regulamenta o Fundeb.

Nessa lei, o fator de ponderação para a EJA continua abaixo das demais modalidades:

Tabela 10 – Fator de ponderação por níveis e modalidades

Níveis e Modalidades	Fator de Ponderação
Creche em tempo integral pública	1,30
Creche em tempo integral conveniada	1,10
Creche em tempo parcial pública	1,20
Creche em tempo parcial conveniada	0,80
Pré-escola em tempo integral	1,30
Pré-escola em tempo parcial	1,10
Anos iniciais do Fundamental Urbano	1,00
Anos Iniciais do Fundamental no Campo	1,20
Ensino Fundamental em tempo integral	1,30
Ensino Médio urbano	1,25
Ensino Médio no campo	1,30
Ensino Médio em tempo integral	1,30
Ensino Médio articulado à educação profissional	1,30
Educação indígena e quilombola	1,20
Educação de Jovens e Adultos	0,80
Educação de Jovens e Adultos integrada à educação profissional em nível médio, com avaliação no processo	1,20
Formação técnica e profissional prevista no inciso V do caput do art. 36 da Lei 9.394/96	1,30

Fonte: organizada pela autora (2020)

É importante ter políticas públicas voltadas à EJA, e para isso há necessidade de financiamento, para que a gestão pública, de fato, aplique a verba que destina à EJA para melhoria da qualidade de oferta, cabendo destacar a importância, também, do acompanhamento dos Conselhos do Fundeb nessa ação.

1.3.2.2 Quais são as denúncias e os anúncios nas escolas que atendem à EJA?

Como está organizado o espaço escolar para o educando de EJA? Que outros espaços poderão ser ocupados para essa oferta? O que é e como é o ensino para os educandos da EJA? O que é servido para os educandos da EJA? Tem material didático para EJA? Tem atividade cultural para EJA? Qual o horário dos cursos de EJA?

As respostas a essas e outras questões podem dizer como está sendo o acolhimento para os educandos da EJA nas instituições escolares.

Mas antes é necessário verificar como as pessoas têm chegado à escola: foram avisadas que há vagas para a EJA? Quais foram os meios de comunicação utilizados? Está havendo "chamada ampliada de estudantes para o Ensino Fundamental em todas as modalidades, tal como se faz a chamada das pessoas de faixa etária obrigatória do ensino", conforme Parecer CNE/CEB n.º 6/2010 (BRASIL, 2010a).

O grau de importância que é dado a essa modalidade de ensino reflete-se na organização da oferta. Quando a EJA é ofertada à noite em unidades escolares que atendem o ensino fundamental durante o dia, muitas vezes, não é assistida pela gestão da escola. Outras vezes, há uma ação de rejeitar a EJA por parte da gestão devido às demandas para esse atendimento.

Muitas vezes, para manter a "conquista" da ação antidialógica, não há uma intencionalidade para se realizar uma chamada pública. Os sujeitos conquistados, oprimidos, não se veem como sujeitos de direito. Para isso há a necessidade de que haja o diálogo com as comunidades. Quanto mais diálogo, mais "colaboração".

Quanto ao espaço físico, Possani (2007, p. 45) explica que ter um lugar amplo e bem equipado não é sinônimo de garantia de qualidade, visto que isso "depende de um projeto pedagógico coerente e bem estruturado por parte de quem organiza e de participação de todos os envolvidos na sua realização." Ainda sobre o espaço físico, Freire (1996) fala do reflexo do respeito ao espaço que recebe o educando, quando foi Secretário de Educação no município de São Paulo.

> O descaso pelas condições materiais das escolas alcançava níveis impensáveis. Nas minhas primeiras visitas à rede quase devastada eu me perguntava horrorizado: Como cobrar das crianças um mínimo de respeito às carteiras escolares, às

> mesas, às paredes se o Poder Público revela absoluta desconsideração à coisa pública? É incrível que não imaginemos a significação do "discurso" formador que faz uma escola respeitada em seu espaço. A eloquência do discurso "pronunciado" na e pela limpeza do chão, na boniteza das salas, na higiene dos sanitários, nas flores que adornam. Há uma pedagogicidade indiscutível na materialidade do espaço. (FREIRE, 1996, p. 50).

Como já foi dito, quando a EJA chega às escolas, é tratada como ensino de segunda categoria, pois as prioridades sempre são do ensino fundamental e educação infantil. Com isso, muitas vezes, alguns espaços e materiais da escola não são acessíveis aos educandos da EJA. Às vezes há necessidade de disputar até parede para expor trabalhos dos educandos. Em muitos locais, até as carteiras não são adequadas para acomodar os adultos e, em outros, os educandos nem são considerados para compor os órgãos colegiados como conselhos de escola. Há lugares em que a alimentação escolar disponibilizada aos educandos são sobras do lanche das crianças ou lanche seco, mesmo com a Lei n.º 11.947, de 2009, que dispõe de alimentação escolar estendida à modalidade.

Ao mesmo tempo que a escola se apresenta como o espaço de inclusão, preparando os indivíduos para competirem no mundo do trabalho, ela exclui, à medida que muitos não conseguem ingressar ou, ingressando, nela não conseguem permanecer.

> Quando me refiro à exclusão, falo daqueles que estão fora, seja pela própria gênese da realidade sociopolítico-econômica atual excludente, cuja situação de exclusão não é conjuntural e sim estrutural, seja porque foram colocados *do lado de fora*, pois não tiveram "capacidade" de competir no "mercado educacional" e são responsabilizados, assim, pelo seu fracasso. (POSSANI, 2007, p. 28).

Nesse sentido, as escolas têm uma forma inautêntica de organização, promovendo a "manipulação". Como poderia, então, ser a "organização" da escola? Quem poderia pronunciar sobre isso são os próprios sujeitos, com eles e não para eles.

Uma outra questão a ser considerada nessa discussão é o material didático. Em 2009, foi publicada a Resolução n.º 51, de 16 de setembro de 2009, que dispõe sobre o PNLD-EJA, com a distribuição de livros didáticos para os educandos da EJA. Certamente, foi um grande avanço, visto que a modalidade não era beneficiada pelo programa, porém a última distribuição ocorreu em 2016, sendo que para as demais modalidades houve a continuidade. Ressalta-se que é necessário analisar a qualidade didática, considerando as características dos educandos da EJA, pois, caso contrário, o material poderá promover uma "invasão cultural".

Quando a EJA entra no mesmo bojo das outras modalidades de ensino, embora tenha a garantia de alguns direitos, como os que vimos anteriormente, referentes à alimentação e ao material didático, precisa caber numa roupagem semelhante ao ensino fundamental e médio. A EJA foi organizada para ser cumprida num espaço de tempo menor, mas para o educando trabalhador ainda é muito densa, principalmente para as pessoas que necessitam cursar o ensino fundamental anos finais e ensino médio. A respeito disso, a Resolução CEB/CNE n.º 3, de 2010, que institui diretrizes operacionais para a Educação de Jovens e Adultos, traz as seguintes orientações:

> Art. 4º Quanto à duração dos cursos presenciais de EJA, mantém-se a formulação do Parecer CNE/CEB nº 29/2006, acrescentando o total de horas a serem cumpridas, independentemente da forma de organização curricular:
> I – para os anos iniciais do Ensino Fundamental, a duração deve ficar a critério dos sistemas de ensino;
> II – para os anos finais do Ensino Fundamental, a duração mínima deve ser de 1.600 (mil e seiscentas) horas;
> III – para o Ensino Médio, a duração mínima deve ser de 1.200 (mil e duzentas) horas. (BRASIL, 2010b).

Assim, na maioria das redes de ensino tem uma "organização" dos cursos de forma semestral; no curso noturno, os educandos do ensino fundamental e ensino médio entram às 19h e saem às 23h, um horário que dificulta a organização de vida do educando trabalhador. O resultado disso é o abandono, conforme foi apresentado na pesquisa do IBGE (2009):

> A Educação de Jovens e Adultos (EJA) era frequentada em 2007, ou anteriormente, por cerca de 10,9 milhões pessoas, o que correspondia a 7,7% da população com 15 anos ou mais de idade. Das cerca de 8 milhões de pessoas que passaram pela EJA antes de 2007, 42,7% não concluíram o curso, sendo que o principal motivo apontado para o abandono foi a incompatibilidade do horário das aulas com o de trabalho ou de procurar trabalho (27,9%), seguido pela falta de interesse em fazer o curso (15,6%).

A Educação de Jovens e Adultos, quando institucionalizada, recebe a mesma organização do sistema de ensino, que foi destinada para as crianças e jovens que precisam ser cuidados, alimentados, vestidos. A Educação de Jovens e Adultos precisa ser organizada para os adultos que trabalham para cuidar, alimentar e vestir as suas crianças, os seus jovens, os seus familiares.

1.3.2.3 Quais são as denúncias e os anúncios referentes ao currículo da EJA?

Outra questão, ao se tratar das organizações das escolas que atendem à EJA, senão a mais importante, é em relação ao currículo. Muitas vezes, ouvimos que, para a pessoa estudar, precisa ter força de vontade, precisa se esforçar, como se o fato de não concluir os estudos fosse por culpa delas. Porém as adversidades são tantas e tão desafiadoras, visto que a escola ainda está organizada para atender a um padrão de alunos. Se, quando crianças, a escola não representava um espaço acolhedor, na EJA continuará sendo hostil enquanto reproduzir a lógica de um currículo inadequado a esse público.

Com relação a isso, Apple (2006) já traz um estudo sobre a organização hegemônica que define o currículo, que está relacionado com os valores que circulam na sociedade, colocando um ideal de cidadão e que não se estimula questionar:

> O que estou invocando é o que poderia ser chamado de "análise relacional". Esta envolve compreender a atividade social — sendo a educação uma forma particular dessa atividade — como algo ligado ao grande grupo de instituições que distribuem recursos, de forma que determinados grupos e classes têm historicamente sido ajudados, ao passo que outros têm tratados de maneira menos adequada. Em essência, a ação social, os eventos e artefatos culturais e educacionais (que Bourdieu chamaria de capital cultural) são "definidos" não pelas suas qualidades óbvias, que podemos ver imediatamente. Em vez dessa abordagem bastante positivista, as coisas recebem significados relacionais, pelas conexões e laços complexos como modo pelo qual uma sociedade é organizada e controlada. As próprias relações são as características definidoras. Assim, para entender, digamos, as noções de ciência e de indivíduo, do modo que as empregamos na educação, precisamos vê-las como sendo primeiramente categorias ideológicas e econômicas que são essenciais tanto para a produção de agentes que

> preencham os papéis econômicos existentes, quanto para a reprodução de disposições e significados que "causarão", nesses próprios agentes, a aceitação desses papéis alienantes sem muito questionamento. Eles se tornam, então, aspectos da hegemonia. (APPLE, 2006, p. 44).

Muitas vezes, quando tratamos de currículo, algumas pessoas colocam que é justo que todos os alunos tenham o mesmo para que possam ter as mesmas oportunidades. Porém homogeneizar o currículo não é sinônimo de qualidade, e sim de exclusão. Com relação a isso, em seu livro *Currículo Escolar e Justiça Social*, Torres Santomé (2013) nos apresenta a seguinte reflexão:

> Na minha perspectiva, abordar o tema da justiça e igualdade de oportunidades no sistema educativo envolve a análise e a avaliação do grau de respeito que o currículo escolar e os modelos de organização da vida nas escolas têm com as distintas idiossincrasias dos grupos e das pessoas que precisam conviver nessa instituição. Isso exige estarmos atentos à maneira na qual os modos de funcionamento que regem o interior do sistema educativo assumem um modelo de cidadão responsável, que tem direitos e deveres (não somente deveres impostos sem seu consentimento). (TORRES SANTOMÉ, 2013, p. 225).

Nessa mesma obra, destacamos algumas reflexões, pois fazem parte da "denúncia", visto que trazem as características da teoria antidialógica, principalmente a invasão cultural:

- Os números que representam a reprovação escolar denunciam que há uma injustiça no sistema de educação e evidenciam que as classes sociais baixa e média baixa obtêm os piores resultados (TORRES SANTOMÉ, 2013). Ainda sobre a reprovação, o autor alerta que acarreta problemas individuais e para a comunidade. Por que reprovar se o contexto que exige formação contínua, ao longo de toda a vida, e se as escolas e instituições perderam o espaço de exclusividade de detenção do conhecimento? Ele aponta que há, portanto, necessidade de novos modelos de instituição de ensino (TORRES SANTOMÉ, 2013);

- As instituições escolares sempre agem no sentido de uniformização, trazendo um conhecimento considerado básico que não atende à diversidade atual dos alunos, e não há tanto questionamento, pois isso não é estimulado (TORRES SANTOMÉ, 2013);

- O autor chama a atenção para o fato de haver produção e reprodução de discursos discriminatórios dentro dos muros da escola, sendo que as instituições deveriam estar mais ativas nas ações de resistência e denúncia sobre essa questão (TORRES SANTOMÉ, 2013);

- Na Educação de Jovens e Adultos, é comum, principalmente pelos educandos de mais idade, uma admiração pelo professor, e este, por sua vez, colocar que os alunos são educados e o respeitam. Isso, de fato, não se apresenta como problema; mas Torres Santomé (2013) traz luz a algumas dessas relações, visto que

> No campo da educação não é raro encontrarmos docentes que quando se gosta dos seus estudantes tudo se consegue, sem se aprofundar um pouco mais nesse tipo de manifestação, que pode inclusive ser muito opressiva para as pessoas que recebem esse carinho, pois muitas formas de colonização e opressão são feitas sob a rubrica do amor. [...] Existem comportamentos de condescendência e muito amorosos que traduzem e aprovam situações racistas e de opressão, por exemplo, tratando de não preocupar esses alunos com análises das injustiças às quais são sujeitas, tanto eles como suas famílias, na sua vida cotidiana, procurando desviar seus olhares das formas de injustiça e das razões pelas quais sempre levam a pior. (TORRES SANTOMÉ, 2013, p. 227).

- Continuando o assunto trazido no item anterior, o autor acrescenta que o não acesso às informações pelos educandos, muitas vezes, que o professor faz para poupá-los de algo, pode impedir o desenvolvimento de capacidades e procedimentos deles, para poder compreender a realidade e enfrentá-la. Para isso, é necessário proporcionar ao educando uma abordagem histórica que

> [...] permita ver que no passado sempre houve outros grupos sociais marginalizados que se rebelaram contra as situações de injustiça que tinham de suportar e foram bem sucedidos. Educar para o ensino obriga a recordação das lutas por meio das quais se enfrentaram situações de exclusão e dominação. (TORRES SANTOMÉ, 2013, p. 227-228).

- Quanto ao material didático, sobre a preocupação da falta, o qual já mencionamos anteriormente, é tratado aqui numa perspectiva crítica, no sentido de compreender que as informações constantes no livro didático são consideradas verdades indiscutíveis, muitas vezes sem a preocupação com a autoria. Nesse sentido, o autor chama a atenção para o perigo em converter a ação educadora em um ato de propaganda ou doutrinamento, sendo este de forma consciente ou não.

> Sabemos que o conhecimento científico pode ser manipulado, algumas vezes com clara intenção política ou para favorecer determinados interesses privados, e outras vezes sem que tenha sido o objetivo explícito de quem o construiu. Esse último caso pode ser o resultado, por exemplo, de não levar em consideração determinadas variáveis, fonte de dados, metodologias de pesquisa, etc. Se isso passa por conhecimento científico, por definição muito mais rigoroso e específico, a ameaça de distorção é maior no caso dos livros didáticos, o quais, dominados pelo afã de divulgação, correm o risco de cair nos mesmos erros dos meios de comunicação de massa. (TORRES SANTOMÉ, 2013, p. 229).

Ainda sobre o material didático, o autor (TORRES SANTOMÉ, 2013) divulga um estudo sobre nove tipos de preconceitos em textos que falam da realidade dos alunos, e organizamos as classificações em uma tabela, complementando o quadro que o autor nomeou como "intervenções inadequadas" (TORRES SANTOMÉ, 2013). Apesar de não tratar, nesse trabalho, de cada um dos itens de forma aprofundada, eles chamam atenção para questões que poderão estar camufladas e presentes de forma acrítica nas escolas.

Quadro 4 – Síntese de intervenções curriculares inadequadas com base em Torres Santomé (2013)

Modalidade de intervenção	Conceito	Tipos
Segregação	"[...] diferentes grupos e classes sociais, etnias e sexos são escolarizados em instituições diferentes ou em aulas segregadas, assim como também as capacidades de cada uma dessas pessoas	Agrupamentos e conteúdos escolares por: - sexo - etnia - classe social - capacidade

Modalidade de intervenção	Conceito	Tipos
Exclusão	"[..] são aquelas nas quais [...] existem silêncios muito significativos sobre as realidades que formam nosso mundo. Eliminando sua presença e suas vozes se facilita a reprodução dos discursos dominantes de cunho racista, classista, sexista, homofóbico etc." (TORRES SANTOMÉ, 2013, p. 239).	- Culturas silenciadas. "[..] quem interpreta a realidade, quem fala pelos 'outros' são os 'nossos' textos." (TORRES SANTOMÉ, 2013, p. 239).
Desconexão	Refere-se às ações que ocorrem de forma fragmentada e descontinuada	"Esta modalidade consiste em trabalhar esporadicamente, por exemplo, em um dia do ano, temas como as maneiras nas quais a opressão das mulheres se manifesta (O Dia da Mulher) [...]." (TORRES SANTOMÉ, 2013, p. 243). Divisão por disciplinas – "É uma das típicas formas de organização e sistematização dos conteúdos a serem estudados, mas que dificultam a verdadeira compreensão da realidade e, consequentemente, das situações e dos problemas sociais, culturais, políticos e religiosos." (TORRES SANTOMÉ, 2013, p. 244).
Distorção	"Esta é uma das estratégias didáticas mais imorais, injustas e perigosas, pois trata de apresentar somente textos selecionados dentro de um sistema de linhas discursivas que servem para legitimar as desigualdades sociais, econômicas, políticas, religiosas, étnicas, de gênero e linguísticas, em vez de recorrer a outros textos que, por serem discrepantes, possibilitam submetê-las a uma análise crítica." (TORRES SANTOMÉ, 2013, p. 247).	Naturalização – refere-se às "estratégias de naturalização das situações de injustiça." (TORRES SANTOMÉ, 2013, p. 256). Estratégia "nem isto... nem aquilo" – "Aqui a argumentação seguida para a defesa desta terceira via insiste em apresentar seus opositores como o fruto de posições egoístas: todos são maus, perversos, interesseiros, e quem hoje propõe esta terceira via se mostra como uma pessoa lúcida e generosa que oferece uma explicação e/ou solução verdadeira às opções rivais." (TORRES SANTOMÉ, 2013, p. 259).

Modalidade de intervenção	Conceito	Tipos
Psicologização	"[...] tipo de tática [...] para legitimar estruturas coloniais recorrente à estigmatização de seus membros; inventar teorias incoerentes e dados de caráter médico e psicológico para rotular supostas deficiências e patologias psicossociais que agregam traços de racionalidade científica ao que eram unicamente injustiças sociais, negação de direitos e privação de justiça." (TORRES SANTOMÉ, 2013, p. 259).	
Paternalismo – Pseudotolerância	"As análises *paternalistas* têm como fundamento *visões hierárquicas*, de *superioridade* de certas culturas e realidades sobre outras, algo que fica evidente em muitas salas de aula quando se apresenta os povos e culturas oprimidas enfatizando seus defeitos; considerando-os, por exemplo, muito pobres, incapazes de seguir adiante por si mesmos e nos colocando como seus salvadores e redentores. [...] É normal escutar palavras como 'donativos', 'sacrifício' e 'caridade' em relação aos povos do Terceiro Mundo neste tipo de trabalho curricular, enquanto que outras palavras como 'justiça', 'solidariedade' e 'igualdade' são apenas admitidas." (TORRES SANTOMÉ, 2013, p. 265-266).	Tratamento Benetton – "Neste modelo se opta por contemplar imagens sobre as 'diferenças', as injustiças e os problemas sociais como a AIDS, o racismo, a pobreza etc., mas despolitizando-os e relendo-os dentro de um novo cenário de cores [...], harmonia e paz mundial. Isso é algo que não existe na realidade. Nesse esquema, quando se quer representar grandes tragédias sociais, se age de modo sensacionalista, optando por alternativas que produzem 'compaixão' e 'pena' a título individual [...]." (TORRES SANTOMÉ, 2013, p. 266).

Modalidade de intervenção	Conceito	Tipos
Infantilização	Estratégia de tratar a realidade de forma superficial e amenizada, mascarada, fantasiosa. "[...] é uma maneira de não expor aos alunos à diversidade, seus verdadeiros significados e suas consequências." (TORRES SANTOMÉ, 2013, p. 271).	Walt-Disneyzação – "Esta estratégia é a consequência da ideia que muitas pessoas adultas têm de proteger os alunos mais jovens de ver as desigualdades e injustiças sociais, de mantê-los em uma espécie de limbo ou de paraíso artificial." (TORRES SANTOMÉ, 2013, p. 268). Currículo de turistas – "[...] grande parte do trabalho que é realizado pelos professores em muitas escolas do estudo dos grupos sociais minoritários, mesmo que com a melhor das intenções, é feita com extrema superficialidade e banalidade, e cai em uma espécie de *currículo de turistas*. Ou seja, tratando as realidades culturais diferentes com uma perspectiva muito trivial, similar ao modo como a maioria das pessoas faz turismo; analisando exclusivamente aspectos como sua culinária, seu folclore, suas formas de vestir, a decoração de suas casas, a paisagem etc." (TORRES SANTOMÉ, 2013, p. 270).
Como realidade alheia ou estranha	"As situações sociais que são silenciadas a cada dia e que geralmente são apresentadas como questões discutíveis, difíceis e complicadas de resolver na sociedade na qual a escola está inserida (as etnias oprimidas, as culturas nacionais silenciadas, as discriminações de classe social, gênero, idade etc.) passam a ser contempladas, mas sob perspectivas distantes, como algo que não tem a ver com cada uma das pessoas que se encontram nessa sala de aula; como algo estranho, exótico e até mesmo problemático e sem solução." (TORRES SANTOMÉ, 2013, p. 272).	

Modalidade de intervenção	Conceito	Tipos
Presentismo – sem história	"[...] o trabalho curricular se baseia na contemplação do mundo, das distintas culturas e das realidades, deixando de lado sua evolução histórica e social." (TORRES SANTOMÉ, 2013, p. 276-277). "Nesta modalidade de tratamento 'presentista' da informação, não são incorporadas a perspectiva histórica, as controvérsias e variações que ocorreram até o momento sobre o fenômeno objeto de estudo: a que deveram, a quem beneficiavam etc. Isto é algo extremamente importante nas sociedades atuais de informação e que busca tornar os alunos conscientes da provisoriedade do conhecimento e, consequentemente, da necessidade da aprendizagem ao longo de toda a vida." (TORRES SANTOMÉ, 2013, p. 280).	

Fonte: organizado pela autora (2019)

Há uma relação próxima das injustiças curriculares que Torres Santomé traz com a discussão sobre a EJA, pois muitas dessas intervenções são frutos da expulsão dos sujeitos da escola. Portanto, muitos dos educandos da EJA são frutos dessas injustiças.

Essas organizações curriculares que alienam, discriminam, excluem, fantasiam a verdade valorizam a cultura dominante e rechaçam a dos oprimidos são elementos de denúncia. Há que se considerar que esses currículos não foram organizados de forma ingênua, pois há uma intencionalidade; porém, muitas vezes são executados de forma acrítica.

Na lista das denúncias em relação ao currículo, em que é possível relacionar com as intervenções curriculares inadequadas, pode-se acrescentar o conceito de violência curricular de Giovedi (2016, p. 279):

A violência curricular consiste na negação de possibilidade de desenvolvimento da vida humana no campo da educação, por isso, esse conceito se compromete com o desvelamento crítico das práticas educativas em sentido amplo. Toda e qualquer forma de relação educativa (repito: em sentido amplo) que reduz os sujeitos à condição de objetos alienados, seja na família, na igreja, na mídia, na escola, na política etc., produz violência curricular em maior ou menor grau, em maior ou menor escala. Diante disso, pode-se inferir que a violência curricular escolar consiste na negação da possibilidade de desenvolvimento da vida humana nos processos que ocorrem na escola e naqueles que se dirigem a ela.

Para completar essa reflexão, Giovedi classifica a violência curricular, a partir de Dussel em três grandes formas de manifestação, sendo elas:

Quadro 5 – Três grandes formas de manifestação da violência curricular a partir da ética da libertação de Dussel (2002)

Três grandes formas de manifestação da violência curricular a partir da ética da libertação de Dussel (2002)		
Violência curricular no nível material	**Violência curricular no nível moral formal**	**Violência curricular no nível da factibilidade ética**
- Trata-se da violência curricular que impede ou obstaculiza o desenvolvimento da vida digna em comunidade.	- Trata-se da violência da exclusão dos afetados nos processos decisórios e também dos discursos ideológicos que se tornam hegemônicos no cotidiano sem maiores reflexões e considerações.	- Trata-se da violência que impede ou atrapalha a eficácia da instituição no sentido de realizar os objetivos a que se propõe.

Fonte: Giovedi (2016, p. 168)

A partir dessas categorias, Giovedi (2016) cria 12 subcategorias, desvelando ações que ocorrem no cotidiano escolar que, muitas vezes, estão naturalizadas. Para exemplificar, trouxemos duas, que se relacionam com as violências que muitos dos educandos de EJA sofreram e inclusive podem sofrer ainda:

Violência contra a identidade individual
Procedimento: Imposição de um ritmo padrão para a aprendizagem. Menosprezo pelas identidades que se desviam do padrão estabelecido. Desprezo pelas singularidades dos sujeitos.
Vítimas: Trabalhadores da educação e alunos
Exemplos de manifestação: tempo homogêneo para a aprendizagem, conteúdo pré-formatados para os professores; sequências didáticas prontas.

Violência contra o desenvolvimento da potencialidade intelectual
Procedimento: Omissão diante da constatação evidente de que o aluno não aprendeu.
Vítimas: Alunos
Exemplos de manifestação: Alunos que chegam às séries mais avançadas sem saber ler e escrever. (GIOVEDI, 2016, p. 169-170).

Observa-se que as intervenções curriculares inadequadas, bem como as violências curriculares, relacionam-se com elementos da teoria da ação antidialógica. Um estudo mais aprofundado poderia trazer outras relações, não numa relação única, biunívoca; mas apresentamos algumas possibilidades:

Quadro 6 – Relação da Teoria Antidialógica com as Intervenções Curriculares Inadequadas (TORRES SANTOMÉ, 2013) e subcategorias da violência curricular (GIOVEDI, 2016)

Teoria da Ação Antidialógica	Intervenções Curriculares Inadequadas	Formas específicas de violência curricular
Conquista	Segregação Distorção Psicologização Como realidade alheia ou estranha	Violência contra a integridade moral e psíquica Violência contra o desenvolvimento da potencialidade intelectual Violência discursivo-ideológica
Dividir para manter a opressão	Segregação Exclusão Desconexão	Violência contra a vida em comunidade Violência contra a pulsão de alteridade Violência contra as condições de funcionamento
Manipulação	Distorção Paternalismo Como realidade alheia ou estranha Infantilização Exclusão	Violência contra a identidade individual Violência contra a pulsão criadora Violência contra a pulsão de autoconservação
Invasão cultural	Presentismo Como realidade alheia ou estranha	Violência contra a identidade cultural Violência contra a participação simétrica no processo decisório

Fonte: organizado pela autora (2019)

As explicitações dessas denúncias são fundamentais para se compreenderem, ao menos, duas questões: o quanto em cada detalhe da organização curricular podem estar contidos elementos de opressão, a partir das intencionalidades do currículo, e o quanto, a partir disso, pode-se verificar, elaborar elementos de libertação dos sujeitos dessa condição de opressão, ou seja, a explicitação dos anúncios.

Para se chegar aos anúncios, é necessário desenvolver a compreensão dessas intencionalidades por trás dos currículos, bem como o histórico dessa organização curricular. Nesse sentido, Chizzotti e Ponce (2012) lembram-nos de que o currículo é um campo de disputa econômica, política e cultural e de que há duas tradições históricas dos sistemas de ensino no Brasil: um sistema centralizado pelo Estado e um sistema descentralizado, supervisionado pelo Estado, o que ocasiona duas tendências.

> Os currículos brasileiros estão contraditoriamente condicionados por duas fortes tendências: de um lado, a da tradição humanista de formar cidadãos para o convívio coletivo e coesão social; de outro, a voltada para formar indivíduos com as competências e habilidades requerida pela competição globalizada do conhecimento e pela concorrência intra e internacional das instituições educativas. (CHIZZOTTI; PONCE, 2012, p. 32).

A aprovação da BNCC (BRASIL, 2017) reforçou a segunda tendência, que articula os interesses do mercado e o poder público, que tem como princípio o desenvolvimento de habilidades e competências, a ser controlado pelas avaliações externas, com vistas à competitividade e igualdade de oportunidade, sem levar em consideração as condições individuais de cada sujeito (PONCE; ARAÚJO, 2019).

Com relação a isso, é importante reconhecer que a EJA não se encontra na última versão da BNCC, sendo que, por um lado, pode-se avaliar isso de forma negativa, visto que se pode fazer uma leitura do quanto a modalidade não é considerada prioridade. "As modalidades da Educação Básica mereceriam pelo menos um capítulo especial que se dedicasse a problematizar essa especificidade, ou talvez, que reconhecesse que essa BNCC não se aplica a essa modalidade e que deveria ser produzido documento específico." (CATELLI, 2019, p. 315).

Por outro lado, analisando a intencionalidade relacionada ao desenvolvimento do sistema econômico implícito na BNCC e a organização engessada por habilidades identificadas com códigos e compreendendo a necessidade de considerar toda a diversidade do público da EJA com um currículo flexível, que se aproxime da educação popular, reconhece-se que o documento diverge dessa concepção e não traria contribuições para a modalidade.

No entanto, em maio de 2021, o MEC publicou a Resolução n.º 1, que institui Diretrizes Operacionais para a Educação de Jovens e Adultos nos aspectos relativos ao seu alinhamento à Política Nacional de Alfabetização (PNA) e à Base Nacional Comum Curricular (BNCC), e Educação de Jovens e Adultos a Distância. O documento traz uma série de questões de organização da oferta da modalidade, entre outras, as quais foram apontadas na análise elaborada pelos Fóruns EJA do Brasil, quando o documento ainda estava sob consulta pública enquanto Parecer:

> Ainda consideramos importante assinalar que o Parecer e o Projeto de Resolução de alinhamento da EJA à BNCC, descaracteriza a modalidade quando não estabelece uma concepção emancipatória para EJA, pois não ressalta a especificidade dessa educação em tratamento teórico e político, como um modo de atendimento próprio, centrado na ordem do direito que, inclusive, pode ser pensado sob diferentes perfis de ofertas, sempre na perspectiva da responsabilidade do Estado, através da gestão pública democrática, com a atenção às necessidades e às inúmeras diversidades dos sujeitos jovens, adultos e idosos. (FÓRUNS DE EJA DO BRASIL)[6].

A institucionalização da EJA e a aproximação com a organização do ensino fundamental trouxeram a mesma lógica, o mesmo currículo e a mesma avaliação classificatória, excludente, porém com tempo reduzido. Para fins burocráticos, houve a divisão e a organização da EJA para que se enquadrasse nos aspectos legais e sistêmicos, como a carga horária, nota de avaliação, entre outros. Assim, muitas vezes, a escola que já excluiu o sujeito quando era criança exclui novamente na EJA.

> O nosso padrão classista, sexista e racista de trabalho é extremamente segregador dos outros, e a educação vem se prestando a reforçar esse caráter segregador do direito humano do trabalho. Na medida em que uma das exigências de nosso padrão de trabalho é o diploma de conclusão dos

---

[6] Manifestação contrária ao Parecer do Conselho Nacional de Educação (CNE), que estabelece o "Alinhamento da Educação de Jovens e Adultos (EJA) às diretrizes apresentadas na Base Nacional Comum Curricular (BNCC), e outras legislações relativas à modalidade". Disponível em: http://forumeja.org.br/sites/forumeja.org.br/files/Of%C3%ADcio%20CNE%2012-2020.pdf. Acesso em: 20 jan. 2021.

ensinos Fundamental e Médio, e na medida em que o sistema escolar condena milhões de adolescentes e de jovens-adultos a sem diploma, porque reprovados, defasados em idade-série, condena esses milhões a ausência de direito ao trabalho e à vida, sendo esta o primeiro direito humano. (ARROYO, 2017, p. 72).

Todas essas reflexões trazem desafios sobre a compreensão da dimensão das questões que envolvem o currículo da EJA, desvelando aspectos importantes para uma leitura crítica desse currículo. Nesse aspecto, Arroyo (2017) recomenda:

Uma primeira tarefa tem sido identificar esses saberes por meio de diálogos com os educandos e as famílias. Questionar se os conhecimentos dos currículos, do material didático e da Base Nacional Comum valorizam ou ignoram os saberes da vida cotidiana. Será fácil constatar que a visão inferiorizada do trabalho e dos trabalhadores, do povo dito "comum", do seu viver cotidiano e dos coletivos sociais e raciais que no trabalho reproduzem suas existências tem levado ao desprestígio dos saberes do trabalho e da produção social da vida cotidiana. Leva a uma hierarquização da práxis social: práticas sociais nobres produtores de saberes nobres *vs* práticas sociais comuns, vulgares, produtoras de saberes vulgares. Os currículos apenas têm reconhecido como saberes, como conhecimentos socialmente produzidos os saberes supostamente nobres, ignorando os saberes do povo "comum", tratando-os como um não saber. Consequentemente, aos trabalhadores é negado o direito a entender a riqueza de saberes com que tentam intervir e alterar sua vida cotidiana. Uma tensão vivida nas escolas e na EJA. (ARROYO, 2017, p. 143).

Ainda com relação aos anúncios referentes ao currículo para a modalidade, considerando que a EJA é o pagamento de uma dívida social para o sujeito que não conseguiu acessar os direitos à educação, o currículo não pode ter a função de reforçar a injustiça, mas no sentido de reconhecê-la e superá-la. Com alinhamento a essa reflexão, Arroyo (2007) traz uma contribuição quando escreveu o Balanço da EJA:

Ao menos currículos que deem centralidade aos conhecimentos sobre esses mundos do trabalho informal, da sobrevivência. Análises sobre o momento histórico que leva a essa vulnerabilidade de um dos direitos mais humanos, o trabalho. Análises sobre a história do trabalho e de sua pre-

> carização. Conhecimentos que esclareçam suas indagações, que os ajudam a entender-se como indivíduos e sobretudo como coletivos. Tão vulneráveis, em percursos humanos tão precarizados. A função de todo conhecimento é melhor entender-nos no mundo e na sociedade. Currículos que os capacitem para ter mais opções nessas formas de trabalho e para se emancipar da instabilidade a que a sociedade os condena. Conhecimentos e capacidades que os fortaleçam como coletivos que os tornem menos vulneráveis, nas relações de poder. (ARROYO, 2007, p. 10).

Outro aspecto que se alinha com essa questão é a denominada Justiça Curricular, que traz o anúncio, pois trata de uma concepção contra-hegemônica, com vistas à construção de um currículo crítico-emancipatório.

> Por justiça curricular, toma-se uma concepção de currículo que reconheça a pluralidade cultural da sociedade, elevando os saberes dos menos favorecidos para além do trato folclórico, estereotipado e fragmentado, no qual não se consideram em profundidade os mecanismos históricos, políticos e sociais de formação e de exclusão de identidades (CONNELL, 1997); que analise conteúdos de forma crítica; valorize os diversos saberes culturais a partir das necessidades e do comprometimento com um mundo justo e democrático (SANTOMÉ, 2013). A justiça curricular é um dos processos de busca de justiça social, aquela que se faz por meio do currículo escolar valorizando o caráter da construção coletiva deste. Busca seus fundamentos em experiências históricas democráticas significativas de educação escolar. (PONCE; ARAÚJO, 2019, p. 1055).

As reflexões apontam para um currículo pautado na relação horizontal entre educador e educando para promover o diálogo, no reconhecimento dos saberes dos educandos, sem, contudo, restringir a eles:

> A crítica à razão instrumental proposta por Santos, assim como a justiça curricular, não nega as possibilidades do conhecimento científico, toma-o como um dos conhecimentos importantes para a compreensão da complexidade do mundo. O conhecimento é plural, expandindo na linguagem e nas ações as possibilidades de experiências. Traduzir entre os grupos as experiências sociais do presente, estabelecendo entre estas os pontos em comum e as diferenças, contribui para que não se descaracterize e inferiorize a diversidade entre os saberes e suas origens. Com essas práticas, criam-

-se condições para processos emancipatórios. Ancora-se o currículo não apenas no aspecto cognitivo, mas também no corporal, nas percepções e nas emoções dos sujeitos que dele fazem parte. A justiça curricular afirma a necessidade de um conhecimento significativo para a vida do educando que lhe permita compreender e agir no mundo. (PONCE; ARAÚJO, 2019, p. 1060).

A EJA, na perspectiva da Educação Popular, traz elementos que dialogam com as dimensões da justiça curricular. O termo "popular" é considerado por muitos como algo de baixa qualidade. Porém popular, nesse sentido, é referente ao reconhecimento, respeito e valorização dos conhecimentos da classe trabalhadora, do senso comum, das vivências, como ponto de partida, e não como ponto de chegada.

> Uma nova política de EJA precisa assentar-se nos *princípios* da Educação popular que são, entre outros: a gestão democrática, a organização popular, a participação cidadã, a conscientização, o diálogo/conflito, respeito à diversidade, cultura popular, o conhecimento crítico e uma perspectiva emancipatória de Educação. (GADOTTI, 2014, p. 26).

Reconhecendo que os sujeitos da EJA são os que, de alguma forma, sofreram injustiças, o currículo da EJA, numa perspectiva progressista, traz no bojo não apenas uma luz que apresenta um caminho para o mundo letrado e conhecimento científico, mas desvela um grande mapa, em que o sujeito se encontra, os caminhos percorridos por si e pelos outros e os caminhos que poderá escolher, percorrer com segurança. Tendo os obstáculos visíveis, pode ajudar os demais que estão no caminho, discutir com outros sobre caminhos diferentes e mais: poderá construir outros. Essa é a justiça. Se antes os olhos eram vendados e guiados por caminhos obscuros, passa-se a compreender com a intenção de percorrer por todos os espaços desse mapa.

> Esta é uma das tarefas fundamentais da educação popular de corte progressista, a de inserir os grupos populares no movimento de superação do saber de senso comum pelo conhecimento mais crítico, mais além do "penso que é", em torno do mundo e de si no mundo e com ele. Este movimento de superação do senso comum implica uma diferente compreensão da História. Implica entendê-la e vivê-la, como tempo de possibilidade, o que significa a recusa a qualquer explicação determinista, fatalista da História. (FREIRE, 2015, p. 35).

Há um capítulo, escrito por Freire (2001b) no seu livro *Política e Educação,* intitulado "Escola Pública e Educação Popular", que traz no início do texto: "É possível fazer educação popular na rede pública?" Explica que o ponto de partida é a compreensão da prática educativa e comenta em relação ao seu alcance: "não podendo tudo, a prática educativa pode alguma coisa" (FREIRE, 2001b, p. 113). Afirmação essa em que ele explica a necessidade de superação da ingenuidade do olhar otimista de ver a educação como solução de todos os problemas e do olhar pessimista de ver a educação dentro da estrutura incapaz de se modificar, isto é, da transformação da educação, antes da "transformação das condições materiais da sociedade" (FREIRE, 2001b, p. 47).

> Nesta altura da reflexão, me parece importante deixar claro que a educação popular cuja posta em prática, em termos amplos, profundos e radicais, numa sociedade de classe, se constitui como um nadar contra a correnteza é exatamente a que, substantivamente democrática, jamais separa do ensino dos conteúdos o desvelamento da realidade. É a que estimula a presença organizada das classes sociais populares na luta em favor da transformação democrática da sociedade, no sentido da superação das injustiças sociais. É a que respeita os educandos, não importa qual seja sua posição de classe e, por isso mesmo, leva em consideração, seriamente, o seu saber de experiência feito, a partir do qual trabalha o conhecimento com rigor de aproximação aos objetos. (FREIRE, 2001b, p. 118).

Quando se propõe uma mudança de paradigma curricular, há sempre uma grande resistência, pois se trata de questionar a verdade hegemônica da classe dominante, considerada dentro dos padrões de qualidade, que foram incutidas no imaginário dos oprimidos. Nem são produzidos materiais formativos e didáticos com vistas a essa mudança.

> O movimento da educação popular e da pedagogia crítica, assim como o reconhecimento do trabalho e da prática social como princípios educativos, aponta para esse reconhecimento. Entretanto essa visão não tem inspirado as diretrizes e os desenhos curriculares, nem o material didático e a formação nas áreas e disciplinas da docência. Tem havido resistência a fazer um diálogo entre saberes acadêmicos, disciplinares e o reconhecimento da prática social e do trabalho, além de seu papel na produção do conhecimento, da cultura, dos valores. (ARROYO, 2017, p. 142).

Mas há propostas e iniciativas que apontam para as possibilidades de uma educação com princípios da Educação Popular. Muitos são os exemplos de currículos que se aproximam dessa perspectiva, porém, neste trabalho, traremos dois que dialogam com as reflexões propostas sobre a avaliação emancipatória.

A primeira é a de Silva (2007, p. 11), que apresenta uma proposta de formação comunitária freireana, via tema gerador. Nessa proposta, a construção do conhecimento é realizada coletivamente, com o diálogo entre os saberes popular e científico, e tem como diretrizes gerais "a tomada de consciência das implicações políticas da prática sociocultural tradicional e a construção de um paradigma e sua respectiva implementação crítica."

Para isso, o autor orienta vários passos para a implementação da proposta, partindo do estudo da realidade local até o levantamento dos temas geradores, e nesse processo o autor chama a atenção para os pressupostos comuns:

> É importante salientar que esse processo, por ser dinâmico e depender do grupo de educadores comunitários envolvidos, acaba ganhando características próprias e organizações específicas em cada movimento social. Os pressupostos comuns são:
> - a realidade local como ponto de partida;
> - o trabalho coletivo de participação e análise no processo de redução temática (Freire, 1988), buscando uma compreensão contextualizada e crítica da organização sociocultural e de possíveis ações na transformação da realidade imediata;
> - a organização metodológica do diálogo na ação participativa da comunidade. (SILVA, 2007, p. 12).

O segundo exemplo é de Giovedi (2016), que traz diversos aspectos teórico-práticos do currículo crítico-libertador de Paulo Freire, que tem como finalidade:

> A razão última de ser do currículo crítico-libertador é contribuir para que os oprimidos se engajem na luta pela superação de toda e qualquer forma de opressão. O opressor não está localizado em um lugar específico no qual possa ser facilmente identificado e eliminado. Muito mais do que isso, a opressão está presente nas diversas instituições da sociedade e nas relações que nelas são travadas. Portanto, a superação não é obra de um indivíduo salvador, tampouco é obra dos próprios opressores. Se a raiz da opressão é social, sua superação exige práxis permanente de libertação. (GIOVEDI, 2016, p. 239).

Essas reflexões trazidas por Torres Santomé, Ponce e Araújo, Freire, Arroyo, Silva e Giovedi têm pontos comuns em relação às características da Teoria da Ação Dialógica (co-laboração, unir para a libertação, organização e síntese cultural), pois trazem o diálogo, a valorização do conhecimento da comunidade, de certa forma, a problematização, a importância do coletivo, superação da alienação, isto é, a conscientização.

Assim, é possível fazer a relação das dimensões da justiça curricular e dos elementos constituintes do currículo crítico-libertador com as características da Teoria Dialógica. Um estudo mais aprofundado poderia trazer outras relações, não única, biunívoca; mas apresentamos algumas possibilidades:

Quadro 7 – Relação das características da Teoria da Ação Dialógica (FREIRE, 2011) com as dimensões da justiça curricular (PONCE; ARAUJO, 2019) e com os elementos do currículo crítico-libertador (GIOVEDI, 2016)

Características da Teoria da Ação Dialógica	Dimensões da Justiça Curricular	Elementos do currículo crítico-libertador
Co-laboração Trabalho em conjunto (com e não para) entre educador e educando, mediatizados pelo currículo, pela leitura do mundo.	Conhecimento Para definição dessa dimensão, os autores buscaram como principais fontes: Paulo Freire: "propõe que o conteúdo programático do currículo se organize a partir da investigação das situações concretas vividas pelos educandos e das contradições que elas deflagram. Com essa metodologia, constrói, coletivamente, os temas que serão estudados, chamados *temas geradores,* que estão envolvidos e envolvem situações de opressão, a que o educador denomina *situações-limite.* Sua superação exige *atos-limites* que implicam ações sobre o mundo que visam à transformação. A busca pelos temas geradores na vida concreta dos sujeitos-educandos inaugura o diálogo da educação como prática da liberdade (FREIRE, 2011)." (PONCE; ARAÚJO, 2019, p. 1057).	- A política educacional / a gestão do currículo crítico-libertador: a democracia radical – com o resgate da concepção de democracia de Paulo Freire frente à Secretaria de Educação do Município de São Paulo, com as ideias de Democratização da gestão, reorientação curricular, alfabetização e jovens e adultos e formação permanente de educadores. "[...] a democracia não é entendida por Freire apenas como um horizonte político (como ponto de chegada). Ela é, sobretudo, o modo de caminhar em direção a esse horizonte. Sua radicalização se dá no processo de vivência contínua do seu princípio. Não se trata de ser autoritário hoje para o bem da democracia amanhã. O desafio da democracia é o de que ela não nasce por decreto. Ela se desenvolve pelo exercício permanente." (GIOVEDI, 2016, p. 253-254).

Características da Teoria da Ação Dialógica	Dimensões da Justiça Curricular	Elementos do currículo crítico-libertador
Síntese Cultural A partir das culturas, das palavras, dos temas dos educandos — a partir disso a organização da síntese cultural	Boaventura de Souza Santos: "para constituir um conjunto de saberes diante das inúmeras possibilidades que se apresentam é o da artesania das práticas. Tendo como referência o contexto da prática em que está inserida a ecologia dos saberes, busca-se o confronto entre as diversas epistemologias para selecionar um contributo prático para uma demanda que possa promover práticas sociais eficazes e libertadoras. A artesania das práticas é uma forma peculiar de constituição de conhecimentos que se distancia da ciência moderna aproximando-se dos conhecimentos gerados por experiências de lutas de grupos até então silenciados." (PONCE; ARAÚJO, 2019, p. 1059).	- Os conteúdos do currículo crítico-libertador — traz a explicação, com base em Freire sobre: *Qual o conhecimento que importa? Qual o conhecimento que a escola deve trazer para o seu currículo? e Como esse conhecimento deve ser organizado dentro da escola?* - A avaliação no currículo crítico-libertador: a reflexão sobre a prática — traz a reflexão, a partir de Freire, que nossa prática deve ser constantemente objeto de reflexão para fazê-la melhor. Um outro aspecto importante que o autor traz: "[...] a concepção freireana é essencialmente compromissada com a construção da autonomia dos educandos, bem como os processos coletivos de emancipação. Portanto, os sujeitos do processo de avaliação não são apenas o professor e o sistema, mas, sobretudo os alunos." (GIOVEDI, 2016, p. 272).

Características da Teoria da Ação Dialógica	Dimensões da Justiça Curricular	Elementos do currículo crítico-libertador
União para a libertação A partir da compreensão do seu estado de oprimido e das possibilidades de superação coletivamente	Convivência "A convivência como dimensão da justiça curricular ancora seu significado no da democracia participativa como um sistema de organização social que visa incluir demandas sociais silenciadas pelas políticas, conclamando a necessidade de participação de todos. Esta pode ocorrer pela pressão social de grupos marginalizados e/ou como cessão de poder daqueles que o detêm. Em ambos os casos, os sujeitos precisam ter aspirações e estar em condições materiais e imateriais de participar no tecimento dos rumos de sua vida e nos da sociedade da qual fazem parte. Essas condições são construídas nos vários espaços das relações sociais. Esses mesmos espaços podem ser lugares de lutas contra o poder desigual e a favor do fortalecimento da democracia participativa." (PONCE; ARAÚJO, 2019, p. 1065).	- O método do currículo crítico-libertador: o diálogo contextualizado — necessário para a construção do conhecimento. Com base em Freire, coloca que "O conhecimento é produzido na interação entre sujeitos. Ou seja, o encontro dos sujeitos que buscam construir conhecimentos deve ser organizado de tal modo que ambos possam realizar os seus atos de conhecimento na relação com os objetos cognoscentes." (GIOVEDI, 2016, p. 245).

Características da Teoria da Ação Dialógica	Dimensões da Justiça Curricular	Elementos do currículo crítico-libertador
Organização Refere-se à organização da prática educativa e da sociedade como um todo "O diálogo é uma arma dos oprimidos para se organizarem contra os opressores." (FREIRE, 2011, p. 241).	Cuidado "O cuidado como dimensão da justiça social é a atenção integral aos sujeitos envolvidos no processo educativo de modo a garantir o direito à educação firmado pela Constituição brasileira de 1988. O cuidado é o zelo pela formação cidadã que supõe atenção, responsabilidade, pelos sujeitos envolvidos no currículo. É o provimento das necessidades desses sujeitos para que possam desempenhar o trabalho de aprenderem a se formar continuamente como sujeitos livres e autônomos para pensar o mundo e a si próprios nele" (PONCE; ARAÚJO, 2019, p. 1062).	- A construção do conhecimento no currículo crítico-libertador no contexto do círculo de cultura — com base em Delizoicov, Angotti e Pernambuco (2009), a semelhança de Silva (2007), propõe a organização de três momentos pedagógicos: problematização inicial, organização do conhecimento e aplicação do conhecimento. - A relação Interpessoal no currículo crítico-libertador — discute o autoritarismo, a licenciosidade e a autoridade. "O autoritarismo é superado quando a autoridade é eticamente regulada. A licenciosidade é combatida quando a liberdade é eticamente regulada [...] a ética é a condição de possibilidade de vida digna. Sem ela regulando as ações humanas, a violência tende a prevalecer e, consequentemente, os humanos desaparecem ou tornam-se menos humanos." (GIOVEDI, 2016, p. 276-277).

Fonte: organizado pela autora (2019)

Essas reflexões são coerentes também quando se trata da Educação de Jovens e Adultos, tendo a opção por uma educação que tenha impacto na qualidade social da vida dos educandos, um currículo que possibilite o *ser-mais*.

O currículo é o fator articulador de todas as ações na EJA, pois, a partir dele, poderão ser discutidas questões como a avaliação, toda a organização escolar, com seus tempos e espaços, formação de educador, ações na comunidade, entre outras.

As denúncias apresentaram uma série de contradições nas observações referentes ao currículo que se alinham com as intencionalidades hegemônicas das classes dominantes, que estão tão enraizadas e que são consideradas como valores inquestionáveis. Essas questões mostram o tamanho do desafio para se trazer, na pauta dos sistemas de ensino, um currículo para a EJA voltado à Educação Popular, com o currículo crítico-libertador de Paulo Freire, uma educação como prática da liberdade, uma educação para a conscientização dos sujeitos, numa aproximação crítica da realidade. Mas não se pode perder a utopia. É possível construir uma proposta curricular nesse nível no sistema de ensino, seja numa pública ou privada, desde que sejam respeitados os princípios, tendo a participação efetiva de todos os envolvidos. No caso de rede de ensino que não compactue com esses princípios e que tenha currículos inflexíveis, ainda é possível realizar ensaios a partir das brechas referentes à autonomia do docente e realização de projetos.

1.3.2.4 Quais são as denúncias e os anúncios relacionados à formação de professores da EJA?

Como vimos na reflexão no item anterior, há uma compreensão de que o currículo que atende às necessidades da Educação de Jovens e Adultos tem proximidade com os princípios da Educação Popular e com o currículo crítico-libertador de Paulo Freire. Nesse sentido, a formação dos educadores de EJA tem um papel importante, visto que esse currículo é uma ruptura do currículo tradicional, em ação na maioria das práticas das escolas, com foco em transmissão de conteúdos da cultura dominante.

O Parecer CEB n.º 11, de 2000, que trata da Diretrizes Nacionais para a Educação de Jovens e Adultos, traz item específico sobre a formação para o docente que queira atuar na modalidade:

> Com maior razão, pode-se dizer que o preparo de um docente voltado para a EJA deve incluir, além das exigências formativas para todo e qualquer professor, aquelas relativas à complexidade diferencial desta modalidade de ensino. Assim esse profissional do magistério deve estar preparado para interagir empaticamente com esta parcela de estudantes e de estabelecer o exercício do diálogo. Jamais um professor aligeirado ou motivado apenas pela boa vontade ou por um voluntariado idealista e sim um docente que se nutra do geral e também das especificidades que a habilitação como formação sistemática requer. (BRASIL, 2000a).

Se considerar, num primeiro momento, os professores que lecionam no primeiro segmento, ou seja, nos anos iniciais, a exigência para exercer a função de professor nos sistemas de ensino é ter a habilitação no curso de Pedagogia. Realizamos um levantamento de algumas universidades e faculdades que formam o professor na região próxima ao município de São Bernardo do Campo-SP, para observar como se encontra a oferta da EJA nas matrizes curriculares dos Cursos de Pedagogia. Como a universidade federal da região não contempla o Curso de Pedagogia, trouxemos duas instituições públicas do município de São Paulo, e as demais são privadas, do próprio município ou do município vizinho, Santo André. Observa-se que a EJA tem sido contemplada nas matrizes curriculares da maioria dos cursos de Pedagogia da região.

Quadro 8 – Universidades e faculdade próximas a São Bernardo do Campo que ofertam a EJA

Instituição	Pública ou Privada	Disciplina	Carga Horária
Faculdade de São Bernardo do Campo	Privada	Prática Docente EJA – Anos iniciais do Ensino Fundamental	57
Fundação Santo André	Privada	Não consta	---------
Universidade Anhanguera	Privada	Princípios Teóricos	Não consta
Universidade de São Paulo	Pública	Não consta	--------
Universidade Metodista de São Paulo	Privada	Educação de Jovens e Adultos	80
Universidade Federal de São Paulo	Pública	Residência Pedagógica III – Ensino de Jovens e Adultos	Não consta

Fonte: organizado pela autora (2019)

Como vemos, atualmente a EJA está mais presente na formação inicial para professores. A maioria dessas instituições oferta nessa disciplina o reconhecimento do legado de Paulo Freire para a Educação de Jovens e Adultos, históricos, metodologias, características do público. Embora se reconheça esse avanço, também se reconhece que ainda não é suficiente, pois terá que dialogar com a prática para que, de fato, possa ter a compreensão dessa realidade, porque a maioria dos alunos do curso de

Pedagogia traz como referência a sala de aula do fundamental. A formação nunca será suficiente. Ela será necessária, como em outras modalidades, antes e durante a prática, numa perspectiva de formação continuada. Outra questão é referente à contradição que pode haver num curso de formação inicial, em que, de um lado, trate do legado de Paulo Freire e, de outro, as competências e habilidades numa visão mercadológica.

Gadotti e Romão (2011, p. 39) lembram que para ser educador do jovem e do adulto não basta apenas ler sobre o assunto: "É preciso entender, conhecer profundamente, pelo contato direto, a lógica do conhecimento popular, sua estrutura de pensamento em função da qual a alfabetização ou a aquisição de novos conhecimentos têm sentido."

A partir dessa reflexão, pode-se cometer dois equívocos: utilizar o conhecimento popular apenas como ponto de partida temática relacionada à realidade do educando sem quaisquer outras modificações; e o outro equívoco poderá ocorrer quando o conhecimento popular é valorizado e simplesmente encerra-se a questão, sem problematizar, sem ampliar, sem sair do senso comum. Para que esses equívocos não ocorram, o educador precisa ter a clareza do que envolve a sua prática. Não se trata de realizar a ação a partir de um modelo porque achou interessante ou apropriado. O educador precisa ter a clareza para responder a estas questões: por que e para que você está ensinando esse conteúdo para essa turma de educandos e dessa forma?

Quanto a isso, Giovedi (2016) escreveu sobre a importância de os educadores terem consciência das dimensões das suas práticas educativas para, cada vez mais, ampliarem as possibilidades de serem protagonistas diante das questões políticas, éticas, ideológicas, pedagógicas etc. Algumas dessas dimensões são:

Quadro 9 – Dimensões da prática pedagógica

Diretiva	Implica sempre uma indicação de caminhos para os educandos (mantendo-se naquele que está traçado ou propondo uma mudança de rumo). (GIOVEDI, 2016, p. 242).
Política	Implica sempre a construção de um modelo de sociedade (fortalecendo a que aí está ou propondo outro modelo) (GIOVEDI, 2016, p. 242)
Ideológica	Implica sempre a defesa de algumas ideias em detrimento de outras (difundindo ideias dominantes ou propondo outras) (GIOVEDI, 2016, p. 242)

Gnosiológica	Implica sempre uma relação com conhecimentos, portanto em uma escolha sobre quais conhecimentos importam e deverão ser trazidos para o contexto pedagógico. (GIOVEDI, 2016, p. 242)
Pedagógica	Implica sempre a escolha de objetivos, métodos, técnicas, conteúdos, recursos, procedimentos de avaliação etc. (GIOVEDI, 2016, p. 242)
Estética	Implica sempre a escolha de como os sentidos serão afetados, na escolha de como o contexto pretende afetar os sujeitos. (GIOVEDI, 2016, p. 242)
Ética	Implica sempre a escolha por valores que serão privilegiados em detrimento de outros que não o serão. (GIOVEDI, 2016, p. 242)

Fonte: elaborado a partir de Giovedi (2016, p. 242)

A partir do quadro, é possível perceber que há escolhas, opções feitas pelos educadores na sua prática pedagógica que revelam as intencionalidades, em que muitas vezes é realizada de forma inconsciente, mas nem por isso existe a neutralidade. Se não se responsabiliza pela tomada de decisão, ela será feita por outros, que podem beneficiar uns e não outros.

Pode haver a falsa ideia de que lecionar para jovens e adultos é mais fácil do que para as crianças, por se tratar de alunos menos agitados. Porém depende da concepção do trabalho a ser realizado. Para ilustrar, observemos o seguinte quadro:

Quadro 10 – Concepções educacionais e suas implicações na relação pedagógica

Campos	Concepções		
	Autoritária	Democrática	Anárquica
Conhecimento	Informação Ensino Leis Científicas Conteúdo	Formação Ensino/ Aprendizagem Processos Objetivos	Omissão Aprendizagem Espontaneísmo Desejos
Didática	Professor Ativo Aluno Passivo Unidade-Programa	Professor Ativo Aluno Ativo Unidade-Didática	Professor Passivo Aluno Ativo

Campos	Concepções		
	Autoritária	Democrática	Anárquica
Relacionamento	Controle	Persuasão	Permissividade
	Imposição	Negociação	Confusão
	Insegurança	Segurança	Indiferença
	Hierarquia	Competência	Anarquia
	Consenso	Conflito	Dissenso
Avaliação	Classificatória	Diagnóstica	Formativa
	Periódica	Permanente	Pós-Escolar
	Quantitativa	Qualitativa	Qualitativa

Fonte: Gadotti e Romão (2011, p. 82)

Se o professor tiver uma concepção autoritária, terá a preocupação apenas de passar todo o conteúdo que já está organizado com os tempos predeterminados para isso. As explicações são dadas e depois mensuradas nas provas que avaliam a capacidade de memorização dos alunos. Essa concepção tem relação com a característica da manipulação na teoria da ação antidialógica e invasão cultural, em que o aluno é um objeto a ser moldado. Além disso, se considerarmos as reflexões realizadas nos itens anteriores, essa concepção se distancia de uma educação adequada para EJA (e não só para EJA) que aqui colocamos como a opção por uma educação que tenha impacto na qualidade social da vida dos educandos, um currículo que possibilite o *ser-mais*.

Na concepção anárquica, inspirada na Escola de Summerhill, a aprendizagem ocorre a partir da vontade do aluno, tendo uma passividade do educador, que viabiliza a satisfação dos desejos dos educandos. Quanto a isso, Gadotti e Romão alertam para o espontaneísmo e pela omissão do educador, que pode ocorrer de forma consciente ou não.

> Nas escolas brasileiras não se observam as propostas anarquistas, mas anárquicas, que não são fruto, como as primeiras, de deliberações doutrinárias, mas algo dela se aproxima, numa espécie de democratismo confortável (para o educador), na medida em que não é necessário grande empenho e, muito menos, trabalho. São os famosos *estudos dirigidos* sem direção, a substituição de docentes por discentes (sem a finalidade precípua de prepará-los para o magistério), a indiferença quanto ao ambiente necessário à concentração e ao trabalho

> intelectual, o ludismo inspirado no engodo de que *só se aprende brincando*, os inúmeros trabalhos exigidos dos alunos (que fazem meras colagens) e que nunca são corrigidos detalhadamente, para que os alunos percebam os aperfeiçoamentos necessários, liberação de aulas sob a pressão dos mais fúteis motivos etc. (GADOTTI; ROMÃO, 2011, p. 87).

Essa concepção parece estar de acordo com o que Giovedi (2016) explica sobre a violência curricular contra o desenvolvimento da potencialidade intelectual, em que há omissão do professor para com a aprendizagem do aluno. Além disso, podemos perceber relações dessa concepção com a característica da divisão para manter a opressão da teoria da ação antidialógica, visto que cada qual se mantém ilhado nas suas percepções, sem o desenvolvimento da consciência crítica da realidade. Ainda quanto a isso, Freire (1996, p. 43) fala do risco decorrente dessa concepção: "O saber que a prática docente espontânea ou quase espontânea, "desarmada", indiscutivelmente produz é um saber ingênuo, um saber de experiência feito, a que falta a rigorosidade metódica que caracteriza a curiosidade epistemológica do sujeito."

Mas, quando se tem a concepção democrática, a tarefa do educador não é tão simples, pois há uma intencionalidade no trabalho pedagógico, há um respeito pelas diferenças, ritmos e histórias dos sujeitos, e os papéis dar-se-ão à medida que são reconhecidas as competências de cada um.

> Ambos, professor e aluno, trabalharão o tempo todo: o primeiro, como provocador, incentivador, sistematizador e avaliador; o segundo, como provocado, descobridor, cossistematizador e coavaliador / avaliado. E a avaliação não buscará a classificação das diferenças hierarquizadas, mas o diagnóstico de situações e desempenhos carentes de reforço, de novas provocações indutoras da correção e da retomada de rumos e de estratégias. Ela não se colocará como a verificação da aprendizagem ou da consistência-oportunidade dos procedimentos didáticos, mas como elemento (permanentemente presente) de todo o processo, como uma espécie de radar à espreita de ameaças, perturbações e ruídos que possam comprometer a consecução dos objetivos previamente explicitados e negociados. (GADOTTI; ROMÃO, 2011, p. 88).

Quando se trata da formação de educador de EJA na perspectiva da Educação Popular para desenvolver o currículo crítico-libertador, há um caminho a ser percorrido de conscientização do papel político do educador, pois há necessidade de ter explicitada a intencionalidade do trabalho a partir da compreensão da história no processo em que os sujeitos se tornaram educandos de EJA.

> Uma das tarefas do educador ou educadora progressista, através da análise política, séria e correta, é desvelar as possibilidades, não importam os obstáculos, para a esperança, sem a qual pouco podemos fazer porque dificilmente lutamos e quando lutamos, enquanto desesperançados ou desesperados, a nossa luta é uma luta suicida, é um corpo-a-corpo puramente vingativo. O que há porém, de castigo, de pena, de correção, de punição na luta que fazemos movidos pela esperança, pelo fundamento ético-histórico de seu acerto, faz parte da natureza pedagógica do processo político de que a luta é expressão. (FREIRE, 2001a, p. 11).

Não se trata de selecionar alguns conteúdos e trazê-los num contexto do mundo adulto (sem contar que, às vezes, até são flagradas atividades infantilizadas).

> Uma das exigências tem que ver com a compreensão crítica dos educadores do que vem ocorrendo na cotidianidade do meio popular. Não é possível a educadoras e educadores pensar apenas os procedimentos didáticos e os conteúdos a serem ensinados aos grupos populares. Os próprios conteúdos a serem ensinados não podem ser totalmente estranhos àquela cotidianidade. O que acontece, no meio popular, nas periferias das cidades, nos campos — trabalhadores urbanos e rurais reunindo-se para rezar ou para discutir seus direitos —, nada pode escapar à curiosidade arguta dos educadores envolvidos na prática da Educação Popular. (FREIRE, 2015, p. 33-34).

E se os conteúdos a serem trabalhados têm que ter sentido aos educandos, os educadores precisam ter um trabalho de uma pesquisa séria na comunidade em que os educandos estão inseridos. Precisa de um olhar livre de preconceito, com compreensão das dinâmicas e valores culturais daquela comunidade, para trazer a problematização, a relação com o conhecimento científico. São novas aprendizagens também para o educador.

> Na linha progressista, ensinar implica, pois, que os educandos, em certo sentido, "penetrando" o discurso do professor, se apropriem da significação profunda do conteúdo sendo ensinado. O ato de ensinar, vivido pelo professor ou professora, vai desdobrando-se, da parte dos educandos, no ato de estes conhecerem o ensinado.

> Por sua vez, o(a) professor(a) só ensina em termos verdadeiros na medida em que conhece o conteúdo que ensina, quer dizer, na medida em que se apropria dele, em que o apreende. Neste caso, ao ensinar, o professor ou a professora re-conhece o objeto já conhecido. Em outras palavras, refaz a sua cognoscitvidade na cognoscitividade dos educandos. Ensinar é assim a forma que toma o ato de conhecimento que o(a) professor(a) necessariamente faz na busca de saber o que ensina para provocar nos alunos seu ato de conhecimento também. Por isso, ensinar é um ato criador, um ato crítico e não mecânico. A curiosidade do(a) professor(a) e dos alunos, em ação, se encontra na base do ensino-aprender. (FREIRE, 2001a, p. 81).

Uma obra que não se pode deixar de estudar, quando se trata de formação de educador, pela coerência da base teórica do presente trabalho, é a *Pedagogia da Autonomia*, de Paulo Freire, que, logicamente, tem íntima relação com a teoria da ação dialógica. Nessa obra, Freire (1996) chama a atenção para a importância da rigorosidade ética, não a ética de mercado, mas a ética universal do ser humano, contra as injustiças a que são submetidos os esfarrapados do mundo e, dessa forma, contra todo tipo de discriminação, que deve fazer parte da prática educativa, que será testemunhada pelos educadores aos seus educandos. Essa, conforme o próprio título, traz "saberes necessários à prática docente", é um conjunto de importantes temáticas que deveriam fazer parte do conteúdo programático da formação de todo educador progressista. É uma obra que dialoga com o educador, sensibilizando-o e o fazendo refletir em vários aspectos do fazer pedagógico. Para o presente estudo, foram feitas escolhas para tratar de alguns itens julgados importantes para a discussão da temática central sobre avaliação.

O capítulo I, intitulado "Não há docência sem discência", traz a reflexão sobre a inter-relação entre o ensino e a aprendizagem, a partir do verbo *ensinar*.

> Não há docência sem discência, as duas se explicam e seus sujeitos, apesar das diferenças que os conotam, não se reduzem à condição de objeto, um do outro. Quem ensina aprende ao ensinar e quem aprende ensina ao aprender. Quem ensina ensina alguma coisa a alguém. Por isso é que, do ponto de vista gramatical, o verbo ensinar é um verbo transitivo relativo. Verbo que pede um objeto *direto — alguma coisa —* e um objeto *indireto — a alguém*. Do ponto de vista democrático em que me situo, mas também do ponto de vista da radica-

> lidade metafísica em que me coloco e de que decorre minha
> compreensão do homem e da mulher como seres históricos
> e inacabados e sobre que se funda a minha inteligência do
> processo de conhecer, ensinar é algo mais que um verbo
> transitivo-relativo. (FREIRE, 1996, p. 25).

Nesse capítulo, ainda, o autor esclarece sobre a necessidade de pensar certo, na perspectiva do trabalho para o desenvolvido da consciência crítica do educador:

> Pensar certo, em termos críticos, é uma exigência que os momentos do ciclo gnosiológico vão pondo à curiosidade que, tornando-se mais e mais metodicamente rigorosa, transita da ingenuidade para o que venho chamando "curiosidade epistemológica". A curiosidade ingênua, do que resulta indiscutivelmente um certo saber, não importa que metodicamente desrigoroso, é a que caracteriza o senso comum. O saber de pura experiência feito. Pensar certo, do ponto de vista do professor, tanto implica o respeito ao senso comum no processo de sua necessária superação quanto o respeito e o estímulo à capacidade criadora do educando. Implica o compromisso da educadora com a consciência crítica do educando cuja "promoção" da ingenuidade não se faz automaticamente. (FREIRE, 1996, p. 32-33).

O item referente à criticidade em que Freire trata sobre a superação da ingenuidade, quando há a transformação da curiosidade ingênua em curiosidade epistemológica, explica que, para que isso ocorra, é necessária a ação do educador no sentido do "desenvolvimento da curiosidade crítica, insatisfeita, indócil." (FREIRE, 1996, p. 36).

Para que haja essa mudança, há necessidade da transformação primeira do educador, da disponibilidade desse educador, de tal modo que se desenvolva a criticidade, não podendo sem ela, realizar um trabalho coerente com a aproximação entre o discurso e a prática.

O processo de comunicação é algo que deve ser cuidado. "Não há inteligibilidade que não seja comunicação e intercomunicação e que não se funde na dialogicidade. O pensar certo por isso é dialógico e não polêmico." (FREIRE, 1996, p. 42).

Ao final do capítulo I, Freire traz as seguintes considerações em relação à formação docente:

> Nenhuma formação docente verdadeira pode fazer-se
> alheada, de um lado, do exercício da criticidade que implica
> a promoção da curiosidade ingênua à curiosidade epistemoló-

> gica, e do outro, sem o reconhecimento do valor das emoções, da sensibilidade, da afetividade, da intuição ou adivinhação. Conhecer não é, de fato, adivinhar, mas tem algo que ver, de vez em quando, com adivinhar, com intuir. O importante, não resta dúvida, é não pararmos satisfeitos ao nível das intuições, mas submetê-las à análise metodicamente rigorosa de nossa curiosidade epistemológica. (FREIRE, 1996, p. 51).

No segundo capítulo, intitulado "Ensinar não é transferir conhecimento", o autor frisa essa temática relacionando com o pensar certo. Outro ponto tratado nesse capítulo é sobre o inacabamento consciente do ser humano, que existe, que faz opções (pois não está determinado), que é, portanto, sujeito da História, que se assume e que difere dos outros animais. Nesse processo, Freire chama mais uma vez a atenção para a curiosidade, necessária para a produção do conhecimento, inclusive afirma que curiosidade já é conhecimento.

> A consciência do mundo e a consciência de si como ser inacabado necessariamente inscrevem o ser consciente de sua inconclusão num permanente movimento de busca. Na verdade, seria uma contradição se, inacabado e consciente do inacabamento, o ser humano não se inserisse em tal movimento. É neste sentido que, para mulheres e homens, estar no mundo necessariamente significa estar com o mundo e com os outros. Estar no mundo sem fazer história, sem por ela ser feito, sem fazer cultura, sem "tratar" sua própria presença no mundo, sem sonhar, sem cantar, sem musicar, sem pintar, sem cuidar da terra, das águas, sem usar as mãos, sem esculpir, sem filosofar, sem pontos de vista sobre o mundo, sem fazer ciência, ou teologia, sem assombro em face do mistério, sem aprender, sem ensinar, sem ideias de formação, sem politizar não é possível. (FREIRE, 1996, p. 64).

Como não poderia deixar de estar nesse capítulo, Paulo Freire trata do respeito ao educando, à sua autonomia, à sua curiosidade, ao seu gosto estético, à sua inquietude, à sua linguagem etc.; e condena qualquer tipo de discriminação, como transgressão à ética, e chama o educador à sua responsabilidade.

> O professor autoritário, o professor licencioso, o professor competente, sério, o professor incompetente, irresponsável, o professor amoroso da vida e das gentes, o professor mal--amado, sempre com raiva do mundo e das pessoas, frio, burocrático, racionalista, nenhum desses passa pelos alunos

> sem deixar sua marca. Daí a importância do exemplo que o professor ofereça de sua lucidez e de seu engajamento na peleja em defesa de seus direitos, bem como na exigência das condições para o exercício de seus deveres.
>
> O professor tem o dever de dar suas aulas, de realizar sua tarefa docente. Para isso, precisa de condições favoráveis, higiênicas, espaciais, estéticas, sem as quais se move menos eficazmente no espaço pedagógico. Às vezes, as condições são de tal maneira perversas que nem se move. O desrespeito a este espaço é uma ofensa aos educandos, aos educadores e à prática pedagógica. (FREIRE, 1996, p. 73).

Como citado, outra questão que o autor não se furta de tratar é sobre o respeito ao educador, ao seu trabalho e às suas condições para que isso ocorra.

Freire lembra que, na prática educativa, há os sujeitos que ensinam aprendendo e aprendem ensinando; há os objetos, conteúdos a serem ensinados e apreendidos; há métodos, técnicas e materiais; tem o caráter diretivo e político, nunca neutro. E quanto a isso, deixar evidente a opção política do educador aos seus educandos é considerado respeitoso, assim como deve ser respeitada a opção do educando em relação à mudança.

O autor traz a esperança que faz parte da natureza humana e da luta para "diminuir as razões objetivas para a desesperança que nos imobiliza." (FREIRE, 1996, p. 81). Essa fala representa uma reflexão sobre a nossa prática. Sabemos o quanto a vida injusta fez com que as pessoas desacreditassem da possibilidade de uma vida digna, e, muitas vezes, isso se reflete na sala de aula com os educandos de EJA, que se recusam a tentar aprender algo, pois desacreditam na sua capacidade de aprendizagem.

Nesse sentido, nosso papel de educador é o de problematizar o futuro, que não está dado; é o não aceitar a História como determinada, naturalizando a injustiça. A mudança é difícil, mas não impossível.

> Uma das questões centrais com que temos de lidar é a promoção de posturas rebeldes em posturas revolucionárias que nos engajam no processo radical de transformação do mundo. A rebeldia é ponto de partida indispensável, é deflagração da justa ira, mas não é suficiente. A rebeldia enquanto denúncia precisa de se alongar até uma posição mais radical e crítica, a revolucionária, fundamentalmente anunciadora. A mudança do mundo implica a dialetização entre a denúncia da situação desumanizante e o anúncio de sua superação, no fundo, o nosso sonho. (FREIRE, 1996, p. 88).

Outro assunto trazido e já tratado em outras obras do autor é a leitura de mundo, que precede a leitura da palavra, em que os grupos populares manifestam o saber de experiência feito, e a partir do diálogo, o educador desafia "o grupo popular a pensar sua história social como experiência igualmente social de seus membros, vão revelando a necessidade de superar certos saberes, desnudados, vão mostrando sua 'incompetência' para explicar os fatos" (FREIRE, 1996, p. 91), expulsando o opressor de dentro do oprimido, substituindo, assim, o opressor pela autonomia e sua responsabilidade. Esse processo é dialogado com os conhecimentos científicos.

> Saliente-se contudo que, não obstante a relevância ética e política do esforço conscientizador que acabo de sublinhar, não se pode parar nele, deixando-se relegado para um plano secundário o ensino da escrita e da leitura da palavra. Não podemos, numa perspectiva democrática, transformar uma classe de alfabetização num espaço em que se proíbe toda reflexão em torno da razão de ser dos fatos nem tampouco num "comício libertador". A tarefa fundamental dos Danilson entre quem me situo é experimentar com intensidade a dialética entre "a leitura do mundo" e a "leitura da palavra" (FREIRE, 1996, p. 93).

Nesse capítulo, Freire retoma a temática da curiosidade que deve ser estimulada, não domesticada, mas a curiosidade não só do educando, mas também do educador. Trata da importância da pergunta, mas não num movimento sem sentido de perguntas e respostas.

> O que importa é que professor e alunos se assumam *epistemologicamente curiosos.*
> Neste sentido, o bom professor é o que consegue, enquanto fala, trazer o aluno até a intimidade do *movimento* de seu pensamento. Sua aula é assim um desafio e não uma "cantiga de ninar". Seus alunos *cansam*, não *dormem*. Cansam porque acompanham as idas e vindas de seu pensamento, surpreendem suas pausas, suas dúvidas, suas incertezas. (FREIRE, 1996, p. 96).

Por último, nesse capítulo, Freire trata da autoridade e da liberdade, como outro saber indispensável à prática educativo-crítica, com a qual há o respeito mútuo, e a possibilidade de prática disciplinada e favoráveis à vocação do *ser-mais*, contrária ao autoritarismo e à licenciosidade.

No terceiro capítulo, intitulado "Ensinar é uma especificidade humana", Freire inicia retomando a questão da autoridade do professor que se dá por meio da competência.

> O professor que não leve a sério sua formação, que não estude, que não se esforce para estar à altura de sua tarefa não tem força moral para coordenar as atividades de sua classe. Isto não significa, porém, que a opção e a prática democrática do professor ou da professora sejam determinadas por sua competência científica. Há professores e professoras cientificamente preparados mas autoritários a toda prova. O que quero dizer é que a incompetência profissional desqualifica a autoridade do professor. (FREIRE, 1996, p. 103).

Ainda sobre a autoridade, o autor trata da construção de clima da real disciplina, em que a liberdade faz parte, com a ética, e que vão, assim, sendo assumidas as decisões e as responsabilidades. "É neste sentido que uma pedagogia da autonomia tem de estar centrada em experiências estimuladoras da decisão e da responsabilidade, vale dizer, em experiências respeitosas da liberdade." (FREIRE, 1996, p. 121).

Além disso, Freire fala da impossibilidade de desunir autoridade de liberdade, assim como não se pode desunir prática e teoria, ignorância da sabedoria, respeito ao professor de respeito aos alunos, ensinar de aprender.

Freire retoma a temática da prática devido à importância que lhe atribui, chamando a atenção para a realidade do educando, a construção dos saberes, a partir da curiosidade ingênua para a curiosidade epistemológica.

> Como professor não me é possível ajudar o educando a superar sua ignorância se não supero permanentemente a minha. Não posso ensinar o que não sei. Mas, este, repito, não é saber de que apenas devo falar e falar com palavras que o vento leva. É saber, pelo contrário, que devo viver concretamente com os educandos. O melhor discurso sobre ele é o exercício de sua prática. É concretamente respeitando o direito do aluno de indagar, de duvidar, de criticar que "falo" desses direitos. A minha pura fala sobre esses direitos a que não corresponda a sua concretização não tem sentido. (FREIRE, 1996, p. 107).

Para isso, Freire trata da importância do preparo do educador, tendo a preocupação de como se apresenta aos educandos e como esses o veem. Nesse sentido, o autor reafirma que o educador é um ser político, não neutro, ético, portanto, numa proximidade do falar e do fazer, dando o seu testemunho.

O ato de ensinar também tem a exigência do saber escutar pelo educador, segundo Freire, pois é escutando que se aprende a falar com os educandos. Nesse sentido, o educador transforma a sua fala para falar com o educando. É importante que o educador democrático aprenda a falar escutando e motivar, desafiar aquele que escuta. A outra questão trazida é a importância do silêncio no espaço da comunicação para que possa haver a possibilidade de o ouvinte entrar no movimento interno do pensamento de quem fala e quem fala escutar as indagações, dúvidas, criações de quem escuta.

Outra pauta essencial tratada nessa obra é em relação à avaliação. Paulo Freire elucida que o posicionamento não é ficar contra a avaliação, mas coloca a preocupação dos sistemas de ensino que têm organizado as avaliações de forma verticalizada e também o uso delas como métodos silenciadores, aos quais devemos resistir, e traz a avaliação, então, em outra perspectiva:

> A questão que se coloca a nós, enquanto professores e alunos críticos e amorosos da liberdade, não é, naturalmente, ficar contra a avaliação, de resto necessária, mas resistir aos métodos silenciadores com que ela vem sendo às vezes realizada. A questão que se coloca a nós é lutar em favor da compreensão e da prática da avaliação enquanto instrumento de apreciação do quefazer de sujeitos críticos a serviço, por isso mesmo, da libertação e não da domesticação. Avaliação em que se estimule o falar *a* como caminho do falar *com*. (FREIRE, 1996, p. 131).

Nesse capítulo, Freire retoma vários aspectos já tratados ao longo da obra, um deles, continuando a questão da comunicação, é referente à aprendizagem, em que o papel do educador é de provocar o educando para que se prepare ou refine sua curiosidade e produza inteligência sobre o objeto ou conteúdo que está sendo tratado. "Não há inteligência da realidade sem a possibilidade de ser comunicada." (FREIRE, 1996, p. 133).

Para Freire, o educador progressista deve experimentar a dinâmica que ocorre entre o ensinar e o aprender. "É ensinando matemática que ensino também como aprender e como ensinar, como exercer a curiosidade epistemológica indispensável à produção do conhecimento." (FREIRE, 1996, p. 141).

Para esse processo também, Freire traz a importância de compreender a realidade dos educandos, de forma a diminuir a distância que há entre o educador e as condições negativas em que eles vivem, explorados, discriminados. O papel do educador, nesse sentido, é de superação das estruturas injustas, e não a sua imobilização.

Para terminar essa parte do estudo da obra, optamos por colocar aqui duas citações como uma síntese que desvela as denúncias e os anúncios referentes à formação do educador:

> Sou professor contra a ordem capitalista vigente que inventou esta aberração: a miséria na fartura. Sou professor a favor da esperança que me anima apesar de tudo. Sou professor contra o desengano que me consome e imobiliza. Sou professor a favor da boniteza de minha própria prática, boniteza que dela some se não cuido do saber que devo ensinar, se não brigo por este saber, se não luto pelas condições materiais necessárias sem as quais meu corpo, descuidado, corre o risco de se amofinar e de já não ser o testemunho que deve ser de lutador pertinaz, que cansa mas não desiste. Boniteza que se esvai de minha prática se, cheio de mim mesmo, arrogante e desdenhoso dos alunos, não canso de me admirar. Assim como não posso ser professor sem me achar capacitado para ensinar certo e bem os conteúdos de minha disciplina; não posso, por outro lado, reduzir minha prática docente ao puro ensino daqueles conteúdos. Esse é um momento apenas de minha atividade pedagógica. Tão importante quanto ele, o ensino dos conteúdos, é o meu testemunho ético ao ensiná-los. É a decência com que o faço. É preparação científica revelada sem arrogância, pelo contrário, com humildade. É o respeito jamais negado ao educando, a seu saber de "experiência feito" que busco superar com ele. Tão importante quanto o ensino dos conteúdos é minha coerência na classe. A coerência entre o que digo, o que escrevo e o que faço. (FREIRE, 1996, p. 115).

E a outra citação que sintetiza as qualidades ou virtudes de um educador progressista:

> É preciso que saibamos que, sem certas qualidades ou virtudes como amorosidade, respeito aos outros, tolerância, humildade, gosto pela alegria, gosto pela vida, abertura ao novo, disponibilidade à mudança, persistência na luta, recusa aos fatalismos, identificação com a esperança, abertura à justiça, não é possível a prática pedagógico-progressista, que não se faz apenas com ciência e técnica. (FREIRE, 1996, p. 136).

As reflexões tratadas na Pedagogia da Autonomia trazem a dimensão do que é ser um educador numa perspectiva progressista. Como, geralmente, nas formações de professores, há orientação para que se trabalhe em favor das classes dominantes, dentro da linha da teoria da ação antidialógica, há necessidade de uma ruptura, "você só trabalha realmente em favor das classes populares se você trabalha *com* elas, discutindo com respeito seus sonhos, seus desejos, suas frustrações, seus medos, suas alegrias." (FREIRE, 2015, p. 99). Trata-se de uma ruptura de concepção de bom educador, que numa visão oposta seria aquele que tem estratégias boas para ensinar os educandos, que o admiram por sua sabedoria, aquele que domina a sala, educador cujos educandos mecanicamente dão as respostas certas.

Quando o trabalho com a Educação de Jovens e Adultos é realizado pelos movimentos populares, toda a concepção da Educação Popular já se encontra na organização, na ação, nos princípios e nas intencionalidades e o educador popular se forma no movimento, no diálogo, na prática. Porém, quando a EJA está institucionalizada, na maioria das vezes, a lógica da organização pauta-se na burocratização, em tempos e espaços inflexíveis, há uma aproximação com o currículo do ensino regular, tanto do Ensino Fundamental quanto do Médio.

Não há como um educador, sem formação, desenvolver um currículo crítico-libertador, pois há a intenção política de transformação da curiosidade ingênua do educando para uma curiosidade epistemológica, transformação do senso comum do educando para uma consciência crítica, o desenvolvimento da inteligência do objeto.

Sem a formação-transformação do educador, não é possível desenvolver um trabalho que possibilite a transformação do educando. "Prática transformadora exige conscientização da situação de opressão. Conscientização da dominação exige ação libertadora." (GIOVEDI, 2016, p. 235).

Isso não quer dizer que o educador não deve iniciar o trabalho em favor dos oprimidos antes da formação, pois ela pode ocorrer paralelamente à prática pedagógica, no diálogo com seus pares, com os seus educandos, pois é um processo realizado "com" os educandos, e não "para" eles.

> Negá-la, no processo revolucionário, evitando, por isto mesmo, o diálogo com o povo em nome da necessidade de "organizá-lo", de fortalecer o poder revolucionário, de assegurar uma frente coesa é, no fundo, temer a liberdade. É temer o próprio povo ou não crer nele. Mas, ao descrer do povo, ao temê-lo, a revolução perde sua razão de ser. É que ela nem pode ser feita para o povo pela liderança, nem por ele, para ela, mas por ambos, numa solidariedade que não pode ser quebrada. E esta solidariedade somente nasce no testemunho que a liderança dá a ele, no encontro humilde, amoroso e corajoso com ele. (FREIRE, 2011, p. 173-174).

Infelizmente nem todas as redes de ensino, o currículo da EJA tem uma perspectiva progressista, tendo algumas bem próximas ao currículo do ensino fundamental, com uma visão utilitarista, para a formação de mão de obra, formação massificada, sem uma visão crítica e, ainda por cima, aligeirada, não respeitando a diversidade do público. Isso é um verdadeiro desrespeito aos educandos de EJA.

Mas o educador progressista poderá atuar oportunamente nas brechas que encontrar.

> Podemos fazer a grande revolução da educação brasileira, independentemente das alterações na legislação ou do sistema, se, no dia a dia do trabalho, conciliarmos o compromisso — construídos com nossos princípios de liberdade e equidade — com as camadas oprimidas da população e com as estratégias arquitetadas a partir de uma leitura da realidade (GADOTTI; ROMÃO, 2011, p. 81).

Entre as obras de Paulo Freire *Pedagogia do Oprimido* e *Pedagogia da Autonomia*, há um espaço de tempo de cerca de 30 anos, porém todas as ideias nas obras são complementares, são retomadas. Na *Pedagogia da Autonomia*, Freire nos dá o anúncio, enquanto apresenta caminhos para a autonomia do educando.

Neste capítulo "A EJA e os seus contornos", apresentamos os números que caracterizam o público da EJA e da necessidade da oferta, visto que as matrículas têm diminuído a cada ano. A História mostra que a EJA, quando veio para o sistema de ensino, não nasceu para produzir sujeitos críticos, e sim para produzir mão de obra para o mercado de trabalho. Com isso, podemos perceber os reflexos, os quais analisamos a partir da teoria da ação antidialógica e dialógica de Freire, as denúncias e os anúncios na sociedade e nas políticas públicas. Esses contornos apresentam uma EJA com mais denúncias que anúncios. A sociedade trata melhor quem tem mais estudo; não há, por parte do poder público, investimento para que isso ocorra de forma justa para todos, faltando, muitas vezes, até o acesso. Também há observação em relação aos cursos, à forma como são organizados, em que espaço, o que são tratados, por quem são tratados, pois isso influi diretamente na permanência ou evasão dos educandos. Mas os anúncios também se apresentam o direito à EJA, delineando uma EJA necessária, uma EJA possível, uma EJA numa perspectiva dialógica, conscientizadora, de superação da opressão, emancipatória.

2

AVALIAÇÃO DA APRENDIZAGEM NA EDUCAÇÃO DE JOVENS E ADULTOS

2.1 Para que serve a avaliação?

Quando a discussão é sobre avaliação no âmbito da educação, o tema sempre gera conflitos devido aos diferentes conceitos e pontos de vista; pois, de um lado, pode ser considerado o elemento perverso na educação e, de outro, a sua salvação.

Para se compreender a avaliação da aprendizagem, é importante destacar que ela faz parte de todo um processo pedagógico, conforme orientado no projeto político-pedagógico da escola com as concepções da rede de ensino a que pertence.

É preciso considerar os diversos fins, pressupostos teóricos, contexto histórico em que permeiam as concepções de avaliação. Há vários aspectos analisados por diversos pesquisadores sobre essa temática, mas, para nos aproximarmos do assunto neste primeiro momento, trouxemos a contribuição de três importantes autores: Antonio Chizzotti, Isabel Cappelletti e Cipriano Luckesi.

Para iniciar, partiremos do estudo do texto do Prof. Antonio Chizzotti intitulado "Políticas públicas: direito de aprender e avaliação formativa". Para adentrar na temática, Chizzotti (2016) traz a importância da aprendizagem e sua função para que as pessoas possam acessar os direitos e ter maior participação na sociedade, bem como o papel da escola nesse processo e a obrigação do Estado em proporcionar o direito à educação. Apesar disso, citando o relatório mundial sobre as crianças não escolarizadas publicado pela Unesco e Unicef (2015), o autor traz a informação de que há um grande contingente de pessoas que foram excluídas desse direito, vítimas de discriminação por etnia, sexo ou carência social.

Nesse cenário, Chizzotti traz a relação do ensino e da aprendizagem, sendo esses processos indissociáveis na educação escolar. Há o reconhecimento do papel importante da avaliação, pois é inerente a todo esse processo educativo e qualifica a educação, porém o autor chama a atenção se essa ação passa pela maneira velada ou explícita de opressão, constrangimento, de forma que a avaliação, nesse caso, represente uma guilhotina e não uma alavanca.

Nesse sentido, quando se trata de avaliação, há que considerar as tipologias, seus embasamentos teóricos, as finalidades.

> A tipologia das avaliações de alunos pode pretender, com recurso a um conjunto de procedimentos, obter informação do desenvolvimento de um programa ou de um aluno (diagnóstica), aferir o nível alcançado por uma população escolar (prognóstica) contar os saberes adquiridos (somativa), atestar um nível de ensino alcançado (certificativa) ou favorecer a progressão criativa do conhecimento do aluno por meio de apoios contínuos, que despertem as potencialidades do aluno e animem a criatividade formadora do professor. (CHIZZOTTI, 2016, p. 564).

Chizzotti (2016) elucida questões importantes a respeito da avaliação somativa, que são as mais presentes no âmbito escolar. Essas avaliações são utilizadas para medir a aprendizagem do aluno e decidir, a partir dos pontos somados, se ele é promovido ou não ao final do período letivo. Ainda acrescenta que esse formato de avaliação gera uma separação entre o ensinar e o aprender, pois causa "uma convicção de que a somatória dos acertos dos alunos representa sucesso do ensino; e os erros, a incompetência discente para aprender." (CHIZZOTTI, 2016, p. 565). O autor nos alerta que esse processo trouxe historicamente um equívoco de que educar e punir são partes integrantes do mesmo processo, pois, após o processo de ensino, se acreditava que, se o aluno não apresentasse uma boa avalição, precisaria de formas coercivas para que se garantisse a aprendizagem.

> Na educação escolar, a função punitiva da avaliação pode ser sintetizada em quatro modalidades históricas, segundo Prairat (1994): punições expiatórias na e pela dor corporal, como meio da purificação penitente para sanar o erro; punição-sinal, uma caracterização ostensiva, desonrosa ou infamante, para sinalizar a incompetência, tal como a orelha de burro, nota de fracasso ou reprovação; punição-exercício, a execução mecânica de um texto repetitivo de duração tediosa para o punido adestrar-se na repetição formal de uma tarefa corrigida; ou, ainda, a punição, o banimento, a exclusão física do aluno seja da sala ou da escola, quando não se pode controlar a disciplina intelectual ou comportamental. (CHIZZOTTI, 2016, p. 566).

AVALIAÇÃO EMANCIPATÓRIA NA EDUCAÇÃO DE JOVENS E ADULTOS:
UM CAMINHO A SER CONSTRUÍDO DA EXCLUSÃO À EMANCIPAÇÃO

A partir da avaliação somativa, há duas consequências, que são: a segregação, em que uns são predestinados para o sucesso e outros para o fracasso; e a outra é a reprovação, em que há a crença da necessidade de tempo de maturação do aluno, para conseguir o sucesso, e a escola, por essa ação, representa o seu nível de exigência, de qualidade.

O autor fala da substituição progressiva da sanção pela recompensa, no século 19, que vai trazendo no seu bojo a meritocracia, o que gera uma hierarquia, classificação a partir de notas e, com isso, semelhante à organização da sociedade: a desigualdade.

> A nota é o epígono desse projeto epistemológico e sociopolítico, amplamente acreditado e professado nos rituais de certificação do conhecimento escolar e produto de um sistema de educação centralizado, organizado em níveis e graus sucessivos, por meio de exames certificadores de cada etapa, completando com a classificação final dos bem-sucedidos e declaração oficial dos excluídos. (CHIZZOTTI, 2016, p. 576).

Ainda com relação a isso, Chizzotti (2016) acrescenta que a nota como motivação faz com que se desqualifiquem as outras motivações como o desejo, a curiosidade e o interesse em aprender, de forma que, passado o período de avaliação, há o esquecimento do que foi estudado. Outra questão é que o fato de ter alcançado a nota não garante o nível de conhecimento ou competência do aluno.

O autor expõe que os processos de avaliação de sistemas de ensino, como o *Programme for International Student Assessment* (Pisa) e similares, têm trazido um viés competitivo. Acrescentamos que as avaliações externas, apesar da finalidade de acompanhamento e estabelecimento de metas para a qualidade da educação, têm causado uma distorção nos sistemas de ensino, que, ao invés de focarem no trabalho de qualificar o processo de ensino e aprendizagem, voltam a atenção para a realização da prova, o que não é um sinônimo.

Enfim, o autor traz a palavra que representa bem esse tipo de avaliação, que é a injustiça:

> Quando o aluno considera que a nota não recompensa seu esforço de modo justo, ele perde a motivação, e a relação pedagógica fica comprometida, irremediavelmente, pois o aluno identifica muitos ingredientes ocultos de avaliação que considera injusta: sua condição social, seu histórico, o estereótipo que fazem dele. A notação refina e reinventa, na

> escola moderna, a noção punitiva da avaliação por meio do estigma das notas más; seleciona e exalta como melhores os que alcançarem boas notas e marginaliza e humilha os que tiverem as piores notas; enfim, discrimina aqueles que maior necessidade têm da escola e de um aprendizado feliz, em benefício dos mais favorecidos e que menos necessidade têm da instituição escolar. Em suma: dá mais aos que mais têm; e pouco aos que menos têm. (CHIZZOTTI, 2016, p. 569).

Por outro lado, Chizzotti (2016) traz considerações a respeito da avaliação formativa, que, diferentemente da avaliação somativa, é voltada ao processo de aprendizagem e tem como objetivos:

- Despertar o sentimento de capacidade e de autonomia pessoal do aluno;
- Incentivar a motivação pessoal de cada um;
- Favorecer o gosto pelo aprendizado no contexto escolar, com docentes e colegas de forma colaborativa;
- Tornar-se fundamento de um processo emancipatório dos alunos.

Segundo o autor, as pesquisas revelam que, com a prática da avalição formativa, observaram-se vantagens na melhoria da aprendizagem e redução de desigualdade. Para que isso aconteça, há necessidade de mudanças nas práticas de sala de aula, com atenção ao modo como os alunos aprendem.

Na conclusão do seu texto, Chizzotti (2016, p. 572) cita os seis princípios fundamentais para a avaliação formativa a partir de pesquisas e estudos de caso apresentados na Conferência Internacional sobre aprender no século 21 e publicados pela OCDE/CERI (2008):

> A Conferência Internacional sobre aprender no século XXI (OCDE; CERI, 2008) indica seis princípios fundamentais para a avaliação formativa a partir de pesquisas e estudos de caso: a instauração de uma cultura de classe que encoraje a interação e a utilização de instrumentos de avaliação; a definição dos objetivos de aprendizagem e acompanhamento dos progressos individuais dos alunos para esses objetivos; a utilização de métodos de ensino variados para responder às necessidades diversificadas dos alunos; recorrer a métodos também diversificados para avaliar os resultados dos alunos; dar feedbacks das performances dos alunos e adaptar o ensino para responder às necessidades identificadas; e, finalmente, a implicação ativa dos alunos no processo de aprendizagem.

Em seguida, apresentamos um estudo da Prof.ª Isabel Cappelletti intitulado "Opções metodológicas em avaliação: saliências e relevâncias no processo decisório". Nesse texto, a autora traz importante contribuição para a reflexão sobre avaliação, abordando-a com foco relacionado ao controle, que é mais frequente, e outra numa perspectiva crítico-dialética.

> Os estudos mais recentes sobre avaliação educacional, ao contrário da abordagem instrumental produtivista, sugerem uma abordagem mais crítica, na perspectiva da racionalidade emancipatória. O processo de avaliação pode e deve contribuir para a emancipação das pessoas envolvidas, estabelecendo uma nova relação de poder entre avaliador e avaliado, requisitando participação, permitindo a todos o direito de lutar por seus interesses, democratizando o conhecimento na troca, na reflexão, construindo assim um novo saber que ultrapassa os saberes particular. (CAPPELLETTI, 2012, p. 214).

Para minimizar a dificuldade de compreender a avaliação diante de inúmeras proposições na literatura, a Prof.ª Isabel Cappelletti apresenta como um dos caminhos alternativos para facilitar essa compreensão o confronto de duas posições para desvelar o papel ideológico da avaliação, sendo elas a avaliação de controle e a avaliação como possibilidade de emancipação, como se fossem dois polos: um negativo e o outro positivo. A partir disso, a autora faz uma provocação para a reflexão sobre as escolhas e opções a respeito da avaliação e a coerência que elas representam com os valores e o credo educativo de cada educador.

A partir do texto de Cappelletti (2012), organizamos um quadro com as vertentes de cada uma dessas concepções de avaliação, tendo, de um lado, as que são próximas à avaliação como controle e, no outro lado, as vertentes a partir de uma concepção de avaliação com base na teoria dialético-crítica:

Quadro 11 – Concepção de avaliação e suas vertentes a partir de Cappelletti

Controle	Dialético-crítica
Avaliação como medida	Emancipação
Foco nos objetivos	Libertação
Objeto mensurável e quantificável	Considera o contexto da situação
A serviço da decisão	Autonomia dos envolvidos para a cidadania consciente
Avaliação no domínio por objetivos	

Fonte: organizada pela autora a partir de Cappelletti (2012)

Cappelletti (2012, p. 214) aborda a avaliação como controle, trazendo os modelos "mais difundidos e utilizados em nosso meio educacional: avaliação como medida, avaliação no domínio por objetivos e avaliação a serviço da decisão."

Quadro 12 – Modelos de Avaliação como controle segundo Cappelletti (2012)

Modelo de Avaliação	Conceito	Características
Avaliação como medida	"O valor da produção, por exemplo, de um aluno, um professor ou de um gestor depende do lugar que essa produção ocupa em uma escala de medida. A construção do campo de conhecimento, da avaliação como medida, gira em torno dos estudos sobre os exames (docimologia), sobre o comportamento dos avaliadores e do avaliado nas situações dos exames (doxologia) e sobre os estudos dos testes e o que eles medem (metria). O papel do professor, nesse caso, é transmitir o conhecimento, avaliar por meio de exames e julgar se o aluno adquiriu o conhecimento transmitido." (CAPPELLETTI, 2012, p. 215).	- Avaliador como julgador e avaliado na posição de objeto - Aplicação de exames - Não considera os problemas sociais - Desvinculado do processo de formação - Passividade do aluno - Quando há exame externo, o currículo se molda para essa realização
Avaliação por objetivos	"Conceber a avaliação como um procedimento para verificar em que medida os objetivos do currículo foram alcançados, caracteriza a proposta de Tyler (1949) o primeiro a propor a relação avaliação/objetivos." (CAPPELLETTI, 2012, p. 217).	- Avalia-se o que é observável - Avaliador define com clareza os objetivos, classificando-os em taxionomia - Ocorre a fragmentação do conteúdo - Controla tarefas curtas preconizadas para todos - Foco no objetivo, e não na utilidade da aprendizagem que se propõe

Modelo de Avaliação	Conceito	Características
Avaliação a serviço da decisão	"Fundada no estruturalismo funcional, a proposta permite uma leitura axiológica da avaliação/gestão como a busca do processo pelo desenvolvimento da técnica da gestão, com uma ética autoritária, voltada para o mercado, em que a técnica se sobrepõe ao humano." (CAPPELLETTI, 2012, p. 218).	- "[...] enfatiza a racionalidade das decisões que geram o planejamento e as ações produzidas por ele." (CAPPELLETTI, 2012, p. 218). - Não considera o contexto

Fonte: organizada pela autora a partir de Cappelletti (2012)

Cappelletti (2012, p. 219) explica que na proposta de avaliação voltada a uma concepção dialético-crítica, há vários autores que deram diferentes denominações: "Avaliação Qualitativa (DEMO, 1986); Avaliação Emancipatória (SAUL, 1988); Avaliação Dialógica (ROMÃO, 1999); Avaliação Democrática (SOBRINHO; RISTOFF, 2002), entre outras vertentes."

Porém ela prefere denominar como avaliação a serviço da formação e define características:

a - visão do aluno como sujeito de sua própria avaliação;
b- acompanhamento do aluno no processo de reflexão sobre os seus acertos e erros construtivos, para que se conscientize do seu próprio processo de aprendizagem;
c - prática inserida no cotidiano de sala de aula, integrada ao processo ensino/aprendizagem;
d - espaço para as individualidades, considerando a diversidade e as diferenças;
e - valorização da avaliação em processo, componente no ajuizamento da avaliação de resultado;
f - identificação de dificuldades, busca de causas para a reorientação, no ato do ensinar. (CAPPELLETTI, 2012, p. 220).

A autora reconhece que há obstáculos para a implementação desse tipo de avaliação, como:

- A formação dos professores – que recebem formação, principalmente com base na avaliação por objetivos;

- A insegurança do novo;

- A interpretação dos resultados, levando em conta os aspectos cognitivo, afetivo e pessoal, procedimento de ensino também diferenciado.

Cappelletti (2012, p. 221) apresenta como caminho para a realização de uma avaliação a serviço da formação diferenciada: processos de ensino diferenciados, permitindo "caminhos criativos, menos estereotipados, mobilizando diferentes habilidades dos alunos, em contraposição às formas tradicionais do ensinar."

Autoavaliação e metacognição também são trazidas pela autora como processos importantes em que os professores criam condições para que os educandos desenvolvam "um processo mental interno de forma que consiga analisar os acertos e erros, percebendo os diferentes aspectos e momento de sua atividade cognitiva", citando Hadji (2001, p. 103).

A autora também cita Critelli (1981), incluindo nesse processo avaliativo novas estratégias como a solicitude, que pode ser desenvolvida com consideração e paciência, sendo que a consideração está voltada para o passado e a paciência ao futuro.

Por último, trouxemos Luckesi (2011), que tem uma grande quantidade de obras sobre avaliação, mas para este estudo recortamos duas contribuições. A primeira quando o autor diferencia o ato de avaliar e examinar, pois, segundo ele, ocorre que, embora o professor tenha compreendido o conceito de avaliação, na ação, pode estar realizando o ato de examinar. A partir de Luckesi (2011, p. 62), elaboramos o quadro a seguir para diferenciar o exame e a avaliação.

Quadro 13 – Exame e Avaliação segundo Luckesi

Exame	Avaliação
Função de classificar o educando: aprovado ou reprovado	Função de investigar a qualidade do desempenho do educando
Foco na demonstração dos que aprenderam e dos que não aprenderam	Intervenção para a melhoria dos resultados, caso seja necessária. Trata-se da avaliação diagnóstica
Voltado ao passado	Processo
Não traz interesse ao que o aluno não aprendeu	Investigação sobre o que o aluno aprendeu e o que não aprendeu

Fonte: elaborado a partir de Luckesi (2011, p. 62)

AVALIAÇÃO EMANCIPATÓRIA NA EDUCAÇÃO DE JOVENS E ADULTOS:
UM CAMINHO A SER CONSTRUÍDO DA EXCLUSÃO À EMANCIPAÇÃO

A segunda contribuição que destacamos de Luckesi refere-se à relação da avaliação com a melhoria do processo de ensino e aprendizagem, que, segundo o autor, ocorrerá se houver também uma melhoria no sistema:

> [...] avaliação exige uma postura democrática do sistema de ensino e do professor, ou seja, para proceder a melhoria do ensino-aprendizagem, não basta avaliar somente o desempenho do aluno, mas toda a atuação do sistema. A aprendizagem melhorará se o sistema melhorar. Por sistema estou entendendo todos os condicionantes do ensino-aprendizagem; porém minimamente, o professor, sua aula, o material didático utilizado, a sala de aula. A responsabilidade por desempenhos inadequados não depende só do aluno nem só do professor, porém minimamente, da escola e abrangentemente, do sistema de ensino, como um todo. (LUCKESI, 2005, p. 2).

Os autores trouxeram o assunto com base em pesquisa com muita profundidade, com várias questões que perpassam a temática da avaliação, porém, neste estudo, destacamos os aspectos que respondem ao subtema proposto: para que serve a avaliação?

Nesse sentido, os autores enfatizam, de modo geral, que a avaliação deve estar a serviço da aprendizagem, quando, por exemplo, Chizzotti coloca que deve favorecer o gosto pelo aprendizado na avaliação formativa. Cappelletti traz que a avaliação deve estar integrada ao processo ensino/aprendizagem, referindo-se à avaliação a serviço da formação. E Luckesi defende a avaliação enquanto processo e melhoria de resultados. Nesses casos a avaliação é vista como processo de autonomia, de emancipação dos educandos.

Porém os autores também trouxeram as avaliações que representam a "guilhotina", segundo Chizzotti, quando oprimem os educandos, pelas punições, pelas discriminações, reprovação, fracasso escolar como incompetência do aluno, consequências da avaliação somativa, por notas de forma meritocrática, classificando com a mesma régua os educandos que têm condições diferentes. Quando trata da avaliação como controle, Cappelletti coloca que ela é reduzida a procedimento técnico, instrumental, em que o avaliado assume lugar de objeto, assim, sem considerar o contexto e de forma autoritária. Luckesi afirma que o exame, confundido com avaliação, tem um viés voltado ao passado. A partir do que o educando aprendeu ou não, ele é classificado, finalizando o processo.

2.2 O que sabemos sobre a avaliação na EJA?

Quando se procuram dados públicos sobre a EJA, os que estão geralmente disponíveis, para EJA ou qualquer outra modalidade, são os referentes à matrícula.

Com relação aos dados sobre avaliação, alguns pesquisadores trouxeram em seus estudos, como é o caso da pesquisa realizada para a dissertação de mestrado de Martins (2014), que apresentou a seguinte situação de um município ao final do período letivo: do total de educandos matriculados de EJA num semestre, 30% desistiram, e dos frequentes, 23% foram promovidos e 77% foram reprovados.

Outros dados poderão ser encontrados também em estudos estatísticos de uma rede ou um sistema de ensino, como é o caso da tabela a seguir.

Tabela 11 – Reprovação e evasão na EJA Regular em cada uma das DREs na rede municipal de São Paulo – 2014-2016

DRE	2014			2015			2016		
	Rep.	Evad.	Rep. e Evad.	Rep.	Evad.	Rep. e Evad.	Rep.	Evad.	Rep. e Evad.
Butantã	18%	24%	42%	27%	24%	51%	27%	24%	51%
Campo Limpo	16%	20%	36%	22%	19%	41%	21%	26%	47%
Capela do Socorro	16%	32%	48%	22%	30%	52%	22%	30%	52%
Freguesia/ Brasilândia	13%	37%	51%	15%	33%	48%	13%	35%	48%
Guaianases	20%	24%	45%	27%	28%	55%	27%	30%	57%
Ipiranga	16%	34%	50%	19%	32%	52%	16%	32%	48%
Itaquera	14%	39%	53%	17%	38%	55%	14%	38%	51%
Jaçanã/ Tremembé	16%	28%	44%	20%	30%	50%	21%	28%	49%
Penha	9%	38%	47%	12%	37%	49%	16%	35%	52%
Pirituba/Jaraguá	21%	21%	42%	27%	20%	47%	31%	20%	51%
Santo Amaro	11%	39%	50%	17%	35%	52%	22%	32%	54%
São Mateus	15%	28%	43%	17%	32%	49%	17%	33%	51%
São Miguel	17%	30%	47%	20%	29%	49%	20%	33%	53%
Total	**16%**	**29%**	**45%**	**20%**	**28%**	**49%**	**21%**	**30%**	**51%**

Fonte: SME, Centro de Informações Educacionais (2018)

Em ambos os casos, as taxas de reprovação e de evasão são altas. Embora sejam apenas dois exemplos, o segundo é bastante representativo por abranger todo o município de São Paulo, apesar de ser resultado de um dos seus cinco formatos de atendimento à EJA. O primeiro exemplo, bem como em outros municípios, traz dados semelhantes à cidade de São Paulo. Então, a partir desses dados é possível realizar algumas leituras.

> Para entender os significados políticos coletivos de volta à escola será necessário entender os significados políticos da condição de segregados pela escola sem diploma escolar e, logo, sem direito ao trabalho, a uma vida justa. A tradicional segregação sofrida na escola tem condicionado seu direito ao trabalho e a uma vida digna e justa. Questões que esses jovens-adultos trabalhadores, negados no direito ao trabalho e ao viver justo levam ao repensar ético-político da pedagogia e da cultura escolar para superar essas antiéticas segregações que nosso sistema escolar teima em manter. Também para que não se repitam na nova tentativa de um percurso escolar não reprovador. Esses jovens-adultos chegam de vivências de percursos escolares de segregação desumanizadores. Como não repetir esses percursos segregadores? Como recuperar identidades destruídas pelas segregações escolares? Faltam análises no pensamento pedagógico que reconheçam as consequências antipedagógicas, antiéticas e desumanizantes de submeter milhões de crianças e de adolescentes às segregações, às humilhações das reprovações, às retenções escolares. (ARROYO, 2017, p. 71-72).

Quando o educando da EJA é reprovado, muitas vezes, representa o seu segundo fracasso escolar, visto que muitos estudaram em idade regular e foram tantas vezes reprovados que desistiram naquele período de sua vida. Os resultados mostram que os educandos foram reprovados porque não aprenderam.

> É o que trabalha, incansavelmente, a boa qualidade do ensino, a que se esforça em intensificar os índices de aprovação através de rigoroso trabalho docente e não com frouxidão assistencialista, é a que capacita suas professoras cientificamente à luz dos recentes achados em torno da aquisição da linguagem, do ensino da escrita e da leitura. Formação científica e clareza política de que as educadoras e os educadores precisam para superar desvios que, se não são experimentados pela maioria, se acham presentes em minoria significativa. Como, por exemplo, a ilusão de que

> os índices de reprovação revelam uma certa rigorosidade
> necessária ao educador; como, por exemplo, vaticinar nos
> primeiros dias de aula, que estes ou aqueles alunos serão
> reprovados, como se os professores devessem ser videntes
> também. (FREIRE, 2001b, p. 118-119).

Nesse caso, para compreender o fenômeno, talvez tenha-se que inverter a pergunta: "Por que os educandos de EJA não conseguiram aprender?" por "Por que as escolas não conseguiram ensinar aos educandos de EJA?".

Os professores, por meio de diversas metodologias, organizam suas aulas de forma uniforme, como se todos os educandos aprendessem da mesma maneira. Isso ocorre com as crianças e também com os educandos adultos. Para que haja a aprendizagem, há a necessidade de atenção diferenciada da metodologia. No caso dos educandos da EJA, é importante observar que eles desenvolveram habilidades de aprendizagem em diversos âmbitos, utilizando-se de estratégias pessoais, suas metodologias, para exercer as atividades como dirigir, cozinhar, organizar-se financeiramente, entre outros.

Outro ponto importante é referente ao conteúdo. Pode-se ter uma organização metodológica que atenda às características do público jovem, adulto e idoso, mas, se o que se quer ensinar estiver muito distante da realidade do educando, sem realizar nenhuma conexão, a aprendizagem também ocorrerá de forma distante. Nesse sentido, os próprios educandos podem discutir muitos conteúdos que aprenderam para realizar as diversas atividades do mundo adulto.

> Creio que o fundamental é deixar claro ou ir deixando claro
> aos educandos esta coisa óbvia: o regional emerge do local tal
> qual o nacional surge do regional e o continental do nacional
> como o mundial emerge do continental.
> Assim como é errado ficar aderido ao local, perdendo-se
> a visão do todo, errado é também pairar sobre o todo sem
> referência ao local de onde se veio. (FREIRE, 2001a, p. 87-88).

A avaliação da aprendizagem, por parte dos educadores e educandos, é vista como forma de resultado e não de processo; na realidade, a própria escola treina para que seja vista dessa forma, o que causa a reprovação e o fracasso, frustração para o educando e a negação de direito à educação por parte do poder público.

> [...] um dos desafios mais importantes dos sistemas educativos é contribuir para a aprovação escolar e assegurá-la.
> A reprovação escolar, ao menos nas etapas obrigatórias do

> sistema, sempre é uma manifestação e denúncia da existência de uma sociedade injusta. A luta por justiça exige um comprometimento inescusável com os alunos procedentes de situações e grupos sociais desfavorecidos social, cultural e economicamente. (TORRES SANTOMÉ, 2013, p. 225).

Por outro lado, a negação do direito pode ocorrer quando o aluno é promovido. Por mais estranho que possa parecer, o fato da vinculação da passagem da escola com a certificação sem a aprendizagem é uma negação do direito do educando de aprender.

Isso ocorre quando um determinado sistema de ensino vincula o tempo de duração concreta e inflexível para os educandos num curso de EJA, pois a história de vida e a vida escolar refletem nas aproximações e distanciamentos que os educandos desenvolveram em relação ao alcance dos objetivos e apropriação dos conteúdos. Nesses casos, os educandos passam, por exemplo, três anos num curso de alfabetização e, com o término do período determinado, são encaminhados para os outros níveis, sem a possibilidade de acompanhar os níveis seguintes ou de retornar, acabando com a perspectiva de aprendizagem do educando, tirando-lhes o direito de continuidade. Trata-se de uma forma econômica de se certificar à custa de mais injustiça aos que já são oprimidos.

Outro episódio de injustiça ocorreu nesse período de pandemia causada pelo coronavírus em 2020. Como já vimos no decorrer deste estudo, os educandos de EJA são aqueles que, de alguma forma, foram alijados do direito à educação por diversos motivos, na maioria das vezes, devido à vulnerabilidade social. O período da pandemia trouxe o fechamento das escolas em todo o mundo e o início a um processo de aulas não presenciais, por meio de uso de recursos digitais ou de atividades impressas. Esse cenário foi um grande desafio para os educadores e educandos de todos os níveis e modalidades, porém, na EJA, a situação foi difícil, por vários motivos, para seus educandos: pela falta de recursos financeiros para adquirir um plano de dados móveis ou falta de acesso à internet; falta de aparelho celular ou computador; necessidade de compartilhar o único celular com os filhos para que estes também possam acompanhar as aulas; dificuldade de utilizar os aplicativos do celular para acompanhar as aulas; falta de espaço em casa por compartilhar espaços pequenos com muitos familiares; rotina da casa; educandos que passam dificuldade por ciúmes dos parceiros; dificuldade por não conseguirem realizar as tarefas sem a presença do professor; situação familiar difícil devido à situação de saúde sua e dos familiares, devido à enfermidade ou morte causada pelo vírus e o desemprego. Devido a todas essas questões e outras, houve certamente a interferência na aprendizagem dos educandos. Nesse contexto, o Conselho Nacional de Educação emitiu o Parecer CNE n.º 11 de 2020, em que se constava: "f) garantir critérios e mecanismos de avaliação ao final do ano letivo de 2020, considerando os objetivos de aprendizagem efetivamente cumpridos pelas escolas e redes de ensino, de modo a evitar o aumento da reprovação e do abandono escolar." (BRASIL, 2020a). Com base nisso, alguns sistemas de ensino aprovaram todos os educandos da EJA, não que a expectativa fosse reprovar todos, mas avaliar a situação com cada educando, pois mesmo aqueles que tiveram pouco ou quase nenhum acesso devido ao que já foi colocado foram promovidos sem aprendizagem. O que era preciso, naquele momento, era mais tempo, ou para retornar às aulas presenciais ou para adequar-se ao formato não presencial.

2.3 Quem e como se avalia o que se aprende na EJA?

A avaliação não é um campo isolado, resultado final de uma etapa, após um determinado período. Ela é parte de todo um processo, cujas escolhas metodológicas, políticas, curriculares darão o tom de qual será a função da avaliação, a que serve a avaliação. Nesse processo, é importante levar em consideração o peso da palavra, do olhar, a forma da devolutiva do educador.

> O professor trouxera de casa os nossos trabalhos escolares e, chamando-nos um a um, devolvia-os com o seu ajuizamento. Em certo momento me chama e, olhando ou re-olhando o meu texto, sem dizer palavra, balança a cabeça numa demonstração de respeito e de consideração. O gesto do professor valeu mais do que a própria nota dez que atribuiu à minha redação. O gesto do professor me trazia uma confiança ainda obviamente desconfiada de que era possível trabalhar e produzir. De que era possível confiar em mim, mas que seria tão errado confiar além dos limites quanto errado estava sendo não confiar. A melhor prova da importância daquele gesto é que dele falo agora como se tivesse sido testemunhado hoje. E faz, na verdade, muito tempo que ele ocorreu. (FREIRE, 1996, p. 48).

Quando se trata da EJA, é preciso considerar as características dos educandos. O currículo que conduz ao desenvolvimento da consciência crítica e à superação da condição de oprimidos, num processo de libertação, é o que corresponde a um currículo que faça justiça a quem, de alguma forma, foi negado o direito à educação. A avaliação deve seguir nessa linha.

> A opressão não permite espaço para a educação. Opressão e liberdade se opõem. A opressão é a negação do que pode haver de humano nas pessoas. A liberdade é uma condição de existência sem a qual não se pode considerar a existência humana. A liberdade é o fruto da emancipação dos sujeitos. Ninguém promove a liberdade de ninguém, ela é uma conquista dos indivíduos, como condição para tornarem-se sujeitos de suas próprias histórias. (DANTAS; LAFFIN; AGNE, 2017, p. 74).

Uma prática educativa com base na Educação Popular atende a esses pressupostos, visto que a libertação não ocorre com um currículo hegemônico da classe dominante, mas num currículo em cujo conteúdo traz a realidade dos educandos, valorizando o conhecimento popular e, a partir dela, tendo o relacionamento com o conhecimento sistematizado. Com relação a isso, Freire (2015) lembra que a Educação Popular é nadar contra a correnteza, pois a maioria dos currículos não considera, de fato, os saberes das classes populares, e muito menos tem como proposta de sociedade a transformação democrática, no sentido de superação das injustiças sociais.

Quando não se há uma compreensão do termo "Educação Popular", equivocadamente é considerada uma educação de baixa qualidade, como se fosse educação pobre para pobre.

Para Freire (2015), a boa qualidade do ensino presente na Educação Popular, com rigorosidade metódica do trabalho docente, tem como consequência uma avaliação que possibilita o aumento do índice de aprovação, visto que respeita o educando e o compreende como um ser inacabado, como completa Gadotti (2014, p. 18):

> Na educação de adultos é preciso harmonizar e interconectar o formal e não formal. Como dizia Paulo Freire, a conscientização precede a alfabetização, a leitura do mundo precede a leitura da palavra. Isso não significa restringir o conhecimento aos saberes da comunidade, mas reconhecer a legitimidade do saber popular, da cultura do povo, de suas crenças.
> Valorizar o saber popular, entretanto, nada tem a ver com tentar "escolarizar" o conhecimento tradicional, descontextualizando-o e submetendo-o a critérios de rigor totalmente alheios ao chão onde foi produzido historicamente. Não era isso que queria Paulo Freire. O que ele queria era estabelecer pontes entre o saber primeiro e o saber sistematizado, científico, entre diferentes saberes e experiências, tendo por base critérios de relevância social e cultural.

> Antes de conhecer, o sujeito se "interessa por", "é curioso de". Isso o leva a apropriar-se do que a humanidade já produziu historicamente. Mas isso tem que fazer sentido para ele. No processo de construção do conhecimento, passa-se da curiosidade ingênua à "curiosidade epistemológica" (Freire,1997). Isso não se dá magicamente: é um processo árduo, tenso e contraditório. "Aprender é gostoso, mas exige esforço" dizia Paulo Freire no primeiro documento que divulgou como secretário municipal de Educação de São Paulo, em janeiro de 1989. A teoria do conhecimento de Paulo Freire fundamenta-se em uma antropologia, numa concepção de ser humano inacabado, inconcluso, incompleto.

Nesse trecho, Gadotti (2014) chama a atenção para o processo de construção do conhecimento, que não se dá num passe de mágica, que é prazeroso, mas que exige esforço, é árduo e contraditório. Nesse sentido é importante, na reflexão sobre a avaliação, um estudo do processo de aprendizagem dos educandos.

Dessa forma, foram trazidas algumas contribuições em relação à aprendizagem dos educandos da EJA, certamente sem o objetivo de esgotá-las. Alguns educandos da EJA trazem certos "pré-conceitos" sobre a aprendizagem escolar herdada da concepção de aprendizagem mecânica como foco na memorização. Por isso, muitas vezes, numa sala de EJA, principalmente do primeiro segmento, referente aos anos iniciais do ensino fundamental, para esses educandos, o bom professor é aquele que faz com que o educando preencha seu caderno com cópias da lousa e muitas "continhas", e há a crença de que passar os olhos várias vezes no texto, soletrando, como se num passe de mágica, essa ação se transforma numa leitura fluente.

> A memorização mecânica do perfil do objeto não é aprendizado verdadeiro do objeto ou do conteúdo. Neste caso, o aprendiz funciona muito mais como *paciente* da transferência do objeto ou do conteúdo do que como sujeito crítico, epistemologicamente curioso, que constrói o conhecimento do objeto ou participa de sua construção. É precisamente por causa desta habilidade de *apreender* a substantividade do objeto que nos é possível reconstruir um mal aprendizado, o em que o aprendiz foi puro paciente da transferência do conhecimento feita pelo educador. (FREIRE, 1996, p. 77).

Outra questão a considerar na aprendizagem dos jovens, adultos e idosos é a compreensão de que esses sujeitos foram dando respostas, a partir de suas histórias vividas na cultura da sua comunidade, de suas experiências, aos desafios em que a sociedade lhes trouxe em diferentes contextos, sejam elas nas questões de comunicação, de organização de vida econômica, de formação de opinião sobre determinados assuntos, entre tantos outros.

"Já sei, não há dúvida, que as condições materiais em que e sob que vivem os educandos lhes condicionam a compreensão do próprio mundo, sua capacidade de aprender, de responder aos desafios." (FREIRE, 1996, p. 155).

A cultura hegemônica da classe dominante faz com que a escola ensine aos educandos de EJA que as formas como fala, como come, como se veste, como age, como escreve, como lê, como faz conta, as predileções musicais estão equivocadas ou são de baixa qualidade, sem valorizar, assim, a sua cultura.

Apesar disso, alguns educandos de uma determinada turma de EJA rebateram o conceito de alimentação saudável dizendo: *Professora, esse negócio de comer saladinha para nós que somos pedreiros,* não dá não, pois tem que ter sustância para *aguentar o trampo.*"

Muito aprendemos quando há espaço de escuta, diálogo com os educandos. Mais um outro exemplo muito interessante é trabalhar sobre as lendas do folclore. Numa turma de aproximadamente 20 educandos, quando a professora falou que Caipora não existe, praticamente quase a totalidade de educandos argumentou ou apoiou quem argumentou sobre a existência do ser lendário. Foi aquela aula planejada que não deu certo. Após a discussão, um educando ainda chamou a professora, que parecia não estar convencida, e como que contando um segredo diz: "Professora, é verdade mesmo, viu, Caipora existe".

> O meu respeito de professor à pessoa do educando, à sua curiosidade, à sua timidez, que não devo agravar com procedimentos inibidores exige de mim o cultivo da humildade e da tolerância. (FREIRE, 1996, p. 74).

Ainda com relação às respostas dos educandos em relação ao enfrentamento das questões sociais, podemos considerar que essas são aprendizagens que foram acumuladas com base na observação do outro, na ação do fazer junto, na reflexão dessa ação, nas comparações e relações, como de identificar detalhes da cor do ônibus e a sequência de números que indicam para onde eles vão. São sujeitos que construíram conhecimentos porque vendem produtos de revistas. São pedreiros, carpinteiros, motoristas, donos de bar, mesmo sem o domínio da leitura e da escrita. Esses conhecimentos precisam ser reconhecidos.

> No caso da educação de adultos, espera-se que as aprendizagens realizadas surtam efeitos psicossociais mais imediatos: alfabetização funcional, engajamento em práticas de leitura e escrita, melhora da autoconfiança, empregabilidade, engajamento político. Por outro lado, a consideração do público jovem e adulto como trabalhadores e cidadãos plenos remete, também, à necessidade de reconhecer que esse público realiza aprendizagens de forma autônoma e independente do ensino formal, assim como à expectativa de que se reconheça e se certifique aprendizagens realizadas por diferentes trajetórias formativas. (RIBEIRO; CATELLI JÚNIOR; HADDAD, 2015, p. 11).

Muitas vezes, esses conhecimentos são o porto seguro, o caminho construído e que respondeu de forma positiva a um desafio anterior. São conhecimentos do senso comum que o educador precisa compreender e respeitar.

A exemplo disso, uma educanda trouxe a dificuldade de realizar operações simples de adição. Na intervenção direta da professora, a educanda realizava sem dificuldade, porém, quando era desafiada a resolver sem auxílio, os resultados nunca estavam corretos. Nesse caso, verificou-se que a educanda, quando frequentou o antigo ensino primário, aprendeu a resolver os primeiros cálculos organizando as operações na horizontal. Assim, nas operações organizadas verticalmente, embora a educanda colocasse a resposta abaixo, como costuma ser, a soma dos números correspondia aos que estavam na horizontal. Em outro exemplo, numa atividade de escrita de palavras, a educadora notou que um educando sempre incluía algumas letras a mais na escrita das palavras, principalmente a letra "n", e a professora fez a intervenção no sentido de apenas ajustar a leitura para que o aluno perceba que há letras a mais, supondo que o aluno entendia que precisava de mais letras para escrever determinadas palavras. De fato, após a intervenção, houve o ajuste, porém, em outras situações, as letrinhas intrusas continuavam presentes na escrita do educando. Depois, num diálogo com a educadora, o educando foi mostrando que a letra a mais representava a sílaba tônica da palavra: "Ó Professora: es – con – la". Nesses dois casos, enquanto a educadora está próxima, os educandos conseguem compreender a proposta naquele dia e realizam as atividades de acordo com a expectativa da educadora, que ficava contente com a aprendizagem dos educandos. Porém, quando esses mesmos educandos eram desafiados num outro momento, não ousavam a experimentar a nova proposta e retornavam ao porto seguro, fazendo com que os educadores julguem que os educandos aprendem num dia e já esquecem no outro.

Como já vimos, os educandos de EJA são sujeitos que estão vulneráveis a ações discriminatórias, opressivas, injustas e a ofensas e chacotas. Nesse sentido, muitos deles também foram construindo uma resposta em forma de escudo de proteção e de defesa. Essa situação de defesa também se apresenta no ambiente escolar; assim, há a necessidade de o educador identificar e compreender. Essas manifestações ocorrem de diversas maneiras: de dizer que não sabe, que está muito difícil, que vai desistir, que só sabe fazer desse jeito, de se mostrar impaciente, de brigar, ou ainda de esconder as fragilidades, não se manifestando. Isso ocorre como herança da pedagogia da cópia e valorização da memória e da punição do erro. Com isso, alguns educandos em situação escolar demonstram ansiedade, medo do novo, medo de errar, de fracassar, justificam que a cabeça não ajuda, que é burro mesmo (comparando-se aos colegas que realizam as atividades com mais facilidade).

Todo educador de EJA provavelmente tem, em sua trajetória, experiências decorrentes dessa situação. Numa dessas experiências, tendo como personagens uma educadora e um educando idoso, a educadora fica sem compreender por que um senhor de idade, após intervenção direta para escrita de determinadas palavras, ambos sabendo que ele estava no processo de alfabetização, abre um livro debaixo da carteira (escondido) e copia algumas palavras aleatórias para completar a atividade. É preciso que o educador compreenda o processo de aprendizagem dos educandos, seus "pré-conceitos", seus medos, a partir da sua prática.

> É neste sentido que se pode afirmar ser tão errado separar prática de teoria, pensamento de ação, linguagem de ideologia, quanto separar ensino de conteúdos de chamamento ao educando para que se vá fazendo sujeito do processo de aprendê-los. Numa perspectiva progressista o que devo fazer é experimentar a unidade dinâmica entre o ensino do conteúdo e o ensino de que é e de como aprender. É ensinando matemática que ensino também como aprender e como ensinar, como exercer a curiosidade epistemológica indispensável à produção do conhecimento. (FREIRE, 1996, p. 141).

Se o educador de EJA não compreender essas situações e ainda reafirmar ao educando que é só se esforçar que vai conseguir, sem ter nenhuma ação, sem problematizar, vai cometer o crime de negação à possibilidade de superação para que haja outras aprendizagens, pois a palavra do educador tem um peso grande para esses educandos.

> Como professor, se a minha opção é progressista e venho sendo coerente com ela, não posso permitir a ingenuidade de pensar-me igual ao educando, de desconhecer a especificidade da tarefa do professor, não posso por outro lado, negar o meu papel fundamental é contribuir positivamente para que o educando vá sendo o artífice de sua formação com a ajuda necessária do educador. (FREIRE, 1996, p. 78).

Diante de todas essas questões referentes à aprendizagem dos educandos, há o desafio dos educadores para superação dessas situações, que não será, pela opção progressista, de forma arbitrária, mas com autoridade, sem autoritarismo.

> É o meu bom senso que me adverte de exercer a minha autoridade de professor na classe tomando decisões, orientando atividades, estabelecendo tarefas, cobrando a produção individual e coletiva do grupo e isso não é sinal de autoritarismo da minha parte.
> É a minha autoridade cumprindo a meu dever. (FREIRE, 1996, p. 68).

Para a prática pedagógica, o educador necessita aprender sobre como o educando aprende, considerando a história de vida de cada um e os percursos escolares.

> Partindo do princípio de que todo ser humano é capaz de aprender (e também de ensinar), a relação professor/aluno torna-se um processo de constante ensino-aprendizagem de mão dupla: os caminhos do ensino descortinam horizontes para a aprendizagem e esta revela instrumentos e mecanismos para o aperfeiçoamento do primeiro. (GADOTTI; ROMÃO, 2011, p. 87).

Essa aprendizagem se dá pelo diálogo, que não se trata de perguntas e respostas para preencher um formulário, mas sim escuta atenta e cuidadosa, respeitosa e uma fala humilde, de quem também está aprendendo.

> Instala, com este proceder, uma contradição entre seu modo de atuar e os objetivos que pretende, ao não entender que, sem o diálogo com os oprimidos, não é possível práxis autêntica, nem para estes nem para ela.
> O seu quefazer, ação e reflexão, não pode dar-se sem a ação e a reflexão dos outros, se seu compromisso é o da libertação. (FREIRE, 2011, p. 169).

Dentro do contexto de sobrevivência num mundo opressor, a salvação parece estar no "porto seguro". Há quem se aventure a sair, mas, com medo de se afogar, logo retorna. Para maior segurança, é necessário ter consciência de que muitas vezes esse porto seguro pode estar funcionando mais como uma prisão, visto que impede os sujeitos de se libertarem da condição de opressão. Como ampliar esse porto seguro para novos horizontes?

> Mulheres e homens, somos os únicos seres que, social e historicamente, nos tornamos capazes de *apreender*. Por isso, somos os únicos em quem *aprender* é uma aventura criadora, algo, por isso mesmo, muito mais rico do que meramente repetir a *lição dada*. Aprender para nós é *construir*, reconstruir, *constatar para mudar*, o que não se faz sem abertura ao risco e à aventura do espírito. (FREIRE, 1996, p. 77).

Uma questão importante da construção do conhecimento é compreender a dimensão individual e coletiva. A individual tem relação com o processo cognitivo que cada sujeito opera a partir da sua história de vida e percurso escolar e a compreensão da diversidade, de forma que não se pode comparar os níveis de aprendizagem entre os sujeitos da turma. Só poderá haver comparação do seu estado na anterior pelo atual. A dimensão coletiva é construída — sempre há a tensão das contradições. As contradições referentes às expectativas que cada educando e educador trazem no início das aulas, as contradições referentes à diversidade que se encontra na sala de aula, que muitas vezes trazem pessoas de comportamentos diferentes, de religiões diferentes, de falas diferentes, aprendizagens diferentes. Com isso, muitas vezes os educandos criam formas de proteção, de escudo e defesa contra aquele que, de alguma forma, lhe é diferente. Nesse sentido, há a importância de conhecer a si, conhecer o outro, conhecer o território em que vivem, conhecer a sua situação.

> Sendo os homens seres em "situação", que se encontram enraizados em condições tempo-espaciais que os marcam e a que eles igualmente marcam. Sua tendência é refletir sobre sua *situacionalidade,* na medida em que, desafiados por ela, agem sobre ela. [...]
> Esta reflexão sobre a situacionalidade é um pensar a própria condição de existir. Um pensar crítico através do qual os homens se descobrem em "situação". Só na medida em que esta deixa de parecer-lhes uma realidade espessa que os envolve, algo mais ou menos nublado em que e sob que se acham, um beco sem saída que os angustia e a captam como

> a situação objetivo-problemática em que estão, é que existe o engajamento. Da *imersão* em que se achavam, *emergem*, capacitando-se para se inserirem na realidade que se vai desvelando. Dessa maneira, a inserção é um estado maior que a emersão e resulta da conscientização da situação. É a própria consciência histórica. (FREIRE, 2011, p. 141).

Freire (2011) afirma que, à medida que os sujeitos vão desvelando a realidade, há o engajamento e a inserção, conscientização. Somente dessa forma é possível que os sujeitos compreendam que a sua situação de opressão tem relação com as opções que lhes foram feitas, de acordo com as oportunidades que lhes foram dadas ou não, pela histórica organização social e econômica do seu território micro e macro. Com essa conscientização, os sujeitos compreendem que não há uma realidade estática, mas factível de mudanças, de verdadeira transformação, e elas ocorrem de forma coletiva. Então, se optarmos por uma educação libertadora na EJA, os conteúdos e os projetos perpassam por essa reflexão.

> A libertação, por isto, é um parto. E um parto doloroso. O homem que nasce deste parto é um homem novo que só é viável na e pela superação da contradição opressores-oprimidos, que é a libertação de todos. A superação da contradição é o parto que traz ao mundo este homem novo, não mais opressor; não mais oprimido, mas homem libertando-se. (FREIRE, 2011, p. 48).

É importante ressaltar que toda a complexidade envolvida nas questões referentes à aprendizagem do educando também é parte da avaliação do educando da EJA, pois, a partir dela, há a tomada de decisão do educador para a condução do trabalho pedagógico. Porém, se a finalidade da educação é a libertação, essa tomada de decisão deve ser conjunta com os educandos, que poderão fazê-la a partir da autonomia que vão conquistando.

> O grande problema está em como poderão os oprimidos que hospedam o opressor em si participar da elaboração, como seres duplos, inautênticos, da pedagogia da sua libertação. Somente na medida em que se descubram hospedeiros do opressor poderão contribuir para o partejamento de sua pedagogia libertadora. (FREIRE, 2011, p. 42).

Dessa forma, se a opção é pela libertação dos sujeitos, a perspectiva é de que esses educandos tenham um protagonismo no processo de aprendizagem, que de fato tenham um papel de sujeito e não de objeto. São desafios em que o diálogo tem um papel importante. De um lado, há o educador que traz a sua sequência didática organizada, seu porto seguro; de outro, o educando que, muitas vezes, entende que a escola é lugar de fazer lição (escrever no caderno) e não "conversar". As negociações são importantes mecanismos de construção de rotina com os educandos, para que os diálogos existam, bem como os registros desses diálogos, utilizando-se da função social da escrita, ou ainda a pesquisa de dúvidas que ficaram a partir desse diálogo, por exemplo. Os diálogos, as investigações temáticas e as problematizações (FREIRE, 2011) serão ações para o educador iniciar o trabalho pedagógico.

> É preciso mostrar ao educando que o uso ingênuo da curiosidade altera a sua capacidade de *achar* e obstaculiza a exatidão do *achado*. É preciso por outro lado e, sobretudo, que o educando vá assumindo o papel de sujeito da produção de sua inteligência do mundo e não apenas o de *recebedor* da que lhe seja transferida pelo professor.
>
> Quanto mais me torno capaz de me afirmar como *sujeito* pode conhecer tanto melhor desempenho minha aptidão para fazê-lo.
>
> Ninguém pode conhecer por mim assim como não posso conhecer pelo aluno. O que posso e o que devo fazer é, na perspectiva progressista em que me acho, ao ensinar-lhe certo conteúdo, desafiá-lo a que se vá percebendo na e pela própria prática, sujeito capaz de saber. Meu papel de professor progressista não é apenas o de ensinar matemática ou biologia, mas sim, tratando a temática que é, de um lado objeto de meu ensino, de outro, da aprendizagem do aluno, ajudá-lo a reconhecer-se como *arquiteto* de sua própria prática cognoscitiva. (FREIRE, 1996, p. 139-140).

A temática da avaliação da Educação de Jovens e Adultos perpassa essas questões referentes à aprendizagem do educando adulto, como ele aprende, quais possíveis questões devem ser consideradas, bem como o que se aprende, respeitando, compreendendo a realidade opressora para superá-la. Nessa perspectiva, a avaliação é trazida com protagonismo dos educandos, com a compreensão do seu processo de aprendizagem, tendo assim uma autonomia para esse acompanhamento, uma avaliação com a participação dos educandos e, portanto, mais horizontal, democrática e emancipatória.

É importante lembrar que a sociedade está inserida na lógica do mercado, em que há uma tendência individualista e competitiva. Essa competição está marcada pela meritocracia, organizada para que os ganhadores sejam os que possuem uma proximidade com os valores da cultura dominante. No caso dos educandos da EJA, estão no extremo do outro lado — já foram ou são perdedores nessa organização. No neoliberalismo, os sujeitos são encorajados a serem cada vez mais responsivos por seu empreendimento individual, e o Estado, por sua vez, cria novas formas de fiscalização, avaliações de desempenho, formas de controle.

> [...] o neoliberalismo exige a produção constante da evidência de que você está fazendo as coisas "com eficiência" e da "maneira correta" – ao examinar os efeitos da junção de tendência aparentemente contraditórias dos discursos e das práticas neoliberais e neoconservadoras, sendo exatamente isto o que está acontecendo em todos os níveis da educação, inclusive na educação superior (APPLE, 2001). E este fenômeno está acontecendo ao mesmo tempo que o Estado propriamente dito está cada vez mais sujeito à comercialização. (APPLE, 2005, p. 38).

Dessa forma, é preciso ressaltar que a avaliação emancipatória está na contramão dos projetos neoliberais, portanto é uma ação contra-hegemônica.

Para completar, Freitas *et al.* (2014, p. 18) explica essa questão da seguinte forma:

> Como afirma Mészáros (1981:273), a educação tem duas funções principais numa sociedade capitalista: 1. A produção das qualificações necessárias ao funcionamento da *economia*; e 2. A formação de quadros e a elaboração dos métodos para um controle *político*. Esta função social é incorporada aos objetivos da escola e repassada às práticas de avaliação, e passa a fazer parte da própria organização do trabalho pedagógico. Para Tragtenberg (1982), as funções da escola em nossa sociedade incluem, mais especificamente, *excluir* e *subordinar* os estudantes. Que a escola seja um espaço de lutas, que haja resistência às suas funções, em nada muda as intenções da sociedade atual. Pior ainda, recusarmo-nos a entendê-las.

As questões trazidas neste item são de extrema importância quando se trata da avaliação na Educação de Jovens e Adultos: a compreensão de como os educandos constroem seus conhecimentos e a compreensão de como os educandos compreendem como se aprende. O educador necessita realizar uma avaliação formativa ou a serviço da formação.

2.4 É possível avaliação emancipatória na EJA?

Segundo o dicionário de etimologia, emancipar significa: "Emancipar-se é ganhar independência. Emancipatione, no latim, era formado pelo prefixo e, com sentido de extinção, pelo substantivo manus (mão) e pelo verbo cepi, que tem a ver com capturar. Emancipado é aquele que não está mais preso pela mão de outro."[7]

Dessa forma, a avaliação emancipatória é aquela que proporciona independência. A palavra "independência" tem um significado muito importante para os educandos de EJA, pois muitos trazem em suas falas o desejo de não depender de outras pessoas para realizar as ações que a sociedade letrada exige. A EJA é uma ação de independência, de emancipação, de liberdade, na medida em que amplia as escolhas, os caminhos e a consciência dos sujeitos. Mas como a avaliação pode trazer a liberdade, ser emancipatória?

Alguns autores trouxeram contribuições importantes sobre avaliação numa perspectiva que se alinha com um currículo que tem a educação como prática para a liberdade. Desses, elencamos Valter Giovedi, José Eustáquio Romão, Valdo Barcelos e Ana Maria Saul.

Giovedi (2016) coloca que, no espaço escolar, a avaliação tem um caráter sistemático, mas, dependendo do que rege o trabalho pedagógico, pode assumir diversas formas e objetivos. Com relação a isso, explica que, com base em Freire, a avaliação sistematizada deve ter como princípio a reflexão crítica sobre a prática.

> A avaliação educacional na perspectiva freireana deve ser entendida como um *momento coletivo* no qual os sujeitos da educação (professores, alunos, gestores, pais, comunidade, funcionários etc.) colocam-se diante de suas práticas para, sobre e a partir delas, pensarem melhor. (GIOVEDI, 2016, p. 269).

Para o autor, os conhecimentos avaliados na escola beneficiam os educandos que são pertencentes aos grupos privilegiados, pois a avaliação é baseada numa perspectiva hegemônica na lógica do mercado, com vistas à competitividade e ao individualismo. Em contraposição a isso, Giovedi (2016) propõe a avaliação baseada na teoria educacional construtivista, cujas características, em sua maioria, convergem com a visão freireana de avaliação de aprendizagem e ressalta que

---

[7] Disponível em: https://www.dicionarioetimologico.com.br/emancipar/. Acesso em: 10 maio 2021.

> [...] a concepção freireana é essencialmente compromissada com a construção da autonomia dos educandos, bem como com os processos coletivos de emancipação. Portanto, os sujeitos do processo de avaliação não são apenas o professor e o sistema, mas, sobretudo, os alunos. (GIOVEDI, 2016, p. 272).

Em seguida, o autor traz oito características da avaliação da aprendizagem freireana, que organizamos no quadro a seguir:

Quadro 14 – Características da avaliação da aprendizagem freireana

1 – Ensino de conteúdos significativos
2 – Avaliação dos estudantes e do trabalho do professor de modo integral (cognitivo, afetivo, ético, estético, relação interpessoal etc.)
3 – Aplicação de atividades e uso de instrumentos de autoavaliação individual e coletiva para diagnosticar como foi o processo de ensino-aprendizagem (todos avaliam e todos são avaliados)
4 – Resultados são explicitados por menções e análises qualitativas do professor e dos alunos e não por notas
5 – Bom desempenho dos alunos indica ao professor a possibilidade de continuação do trabalho. Mau desempenho indica a necessidade de retomada dos conteúdos por outros métodos, incentivando que os estudantes colaborem uns com as aprendizagens dos outros
6 – Os erros são vistos como inerentes ao processo de ensinar e aprender, devendo ser superados por novas intervenções do professor e dos alunos
7 – Nota é vista como mera obrigação burocrática exigida pelo sistema de ensino (ainda que ela passe por um processo de construção coletiva)
8 – Construção é uma cultura na qual os alunos entendem que podem ser protagonistas do processo de avaliação da própria conduta, da conduta dos outros e da realidade social, apropriando-se do processo de intervenção nos rumos do trabalho coletivo

Fonte: Giovedi (2016, p. 272)

Nessas características, é possível observar a ênfase no protagonismo dos educandos e na ação coletiva deles com o educador, a subjetividade e o contexto.

Em seguida, José Eustáquio Romão (2011a) traz a concepção da avaliação dialógica, como momento de aprendizagem, de mudança, dinâmico, tanto do educando quanto do educador. O autor também ressalta que se o educador "estiver atento aos processos e mecanismos do conhecimento ativado pelo aluno, mesmo no caso de 'erros', no sentido de rever e refazer seus procedimentos de educador" (ROMÃO, 2011a, p. 93). Porém a concepção moralista do erro está relacionada à punição daqueles que se desviarem dos padrões das verdades absolutas do avaliador. Quanto a isso, o autor traz um estudo sobre o Estado Burguês para explicar que:

> [...] a escola burguesa constitui um dos aparelhos privilegiados desse tipo de Estado, porque opera uma espécie de "naturalização" dos processos históricos. Pelo viés "cientificista", ela tenta convencer os alunos de que as coisas são do jeito que são porque assim deveriam ser, já que o positivismo que as perpassa trata o currículo – elaborado pelos segmentos dominantes – como verdade absoluta. Além disso, nos seus mecanismos internos, particularmente na avaliação de aprendizagem, ela reproduz, homologamente, os processos de estruturação da dominação que ocorrem nas relações de produção e nas relações sociais mais gerais. (ROMÃO, 2011a, p. 102-103).

Ao contrário disso, Romão (2011a) propõe uma avaliação cidadã, tendo o registro do insucesso para compreender os mecanismos de raciocínio do educando com o objetivo de reprogramação curricular.

> Não se trata de buscar o erro para que se possa construir o conhecimento, mas encará-lo como fonte de outros saberes - no caso da avaliação – didático-pedagógicos. Além disso, nem todo "insucesso" é na verdade insucesso, porque o é, na maioria das vezes, se nos colocamos na perspectiva do conhecimento que se pretende hegemônico. O pensamento conservador lê o mundo no viés do "certo/errado" [...]. (ROMÃO, 2011a, p. 104).

Romão (2011a) explica que, na maioria das escolas de ensino fundamental brasileiras, há uma tendência positivista, que geralmente apresenta uma aspiração hegemônica e que se pauta de verdades absolutas, de forma que nega afirmações alternativas, diferentes ou antagônicas. Nesse viés, a avaliação tem uma visão moralista, "porque se baseia numa visão ideológica 'desideologizada' da história." (ROMÃO, 2011a, p. 104).

Para o autor, a avaliação deve ser uma reflexão problematizadora coletiva, de forma que a sala de aula se torna um círculo de investigação do conhecimento e dos processos de abordagem do conhecimento. Para que isso ocorra, Romão (2011a) elenca cinco passos necessários da avaliação, que sintetizamos no quadro a seguir:

Quadro 15 – Etapas da Avaliação Dialógica

Passos	Descrição
1 – Identificação do que vai ser avaliado	- Na escola, no início do período letivo, deve realizar processo de planejamento com a participação de todos os membros da comunidade escolar, elencando metas, objetivos, estratégias, táticas, instrumentos e procedimentos didático-pedagógicos, recursos humanos, materiais e financeiros. - Na sala de aula, há a investigação da "cultura primeira", pela qual serão destacados os temas geradores do planejamento, que revelam as situações-limites, os tráficos ideológicos e os inéditos viáveis.[8] - Há o desdobramento do tema gerador nos aspectos linguísticos, semânticos e ideológicos. - Utilização da taxonomia de Bloom[9] para ordenação sequencial de complexidade dos objetivos, como referência para que o professor construa o seu plano, de forma coletiva com os membros da comunidade escolar, incluindo os educandos. - A sequência "conhecimento, compreensão, aplicação, análise, síntese, avaliação" da taxonomia de Bloom indica que a compreensão implica no conhecimento, e aplicação implica na compreensão e conhecimento e assim por diante. Nesse sentido, Romão (2011a, p. 113) traz essa reflexão no processo de avaliação: Na maioria das vezes, nas provas, os professores propõem questões cujo grau de complexidade não foi atingido nos objetivos previstos (às vezes, nem estavam previstos na programação).

---

[8] "Situação-limite" e "inédito viável" são dois conceitos fundamentais desenvolvidos por Paulo Freire na *Pedagogia do Oprimido* (1981, p. 110). O primeiro diz respeito à alienação imposta aos dominados, que passam a não perceber a possibilidade de ultrapassagem de determinadas situações de dominação. Já o segundo se refere à percepção da possibilidade de alternativas às quais se dirige a ação libertadora dos próprios dominados (ROMÃO, 2011a, p. 110).

[9] Taxonomia de Bloom – "A Taxonomia de Bloom do Domínio Cognitivo é estruturada em níveis de complexidade crescente – do mais simples ao mais complexo – e isso significa que, para adquirir uma nova habilidade pertencente ao próximo nível, o aluno deve ter dominado e adquirido a habilidade do nível anterior." (FERRAZ, Ana Paula do Carmo Marcheti; BELHOT, Renato Vairo. Taxonomia de Bloom: revisão teórica e apresentação das adequações do instrumento para definição de objetivos instrucionais. **Gestão & Produção**, v. 17, p. 421-431, 2010).

Passos	Descrição
2 – Construção, negociação e estabele- cimento de padrões	- Estabelecimento de padrões desejáveis construídos, levando em consideração as metas, os objetivos, as estratégias, os procedimentos, os ritmos negociados no planejamento. - Considerando que ainda há um caminho a percorrer com relação à transformação das praxes avaliadoras, propõe-se combinação de aspectos qualitativos e quantitativos, por exemplo, 1 a 4 — para quem resolveu as questões de memorização, 4 a 8 — compreensão e 8 e 9 aplicação e 10 para quem resolveu todas as questões. O aluno não pode ser avaliado pela quantidade de respostas adequadas aos padrões estabelecidos, mas de acordo com o grau de exigência (mais ou menos complexa) das questões que nos remetem aos padrões construídos e negociados, a partir do que foi previsto no planejamento, desenvolvido em sala de aula e, também, de acordo com os procedimentos didático-pedagógicos (mais ou menos dialógicos) (ROMÃO, 2011a, p. 115). - Elaboração da avaliação com os educandos, com momentos de revisão e replanejamento das atividades subsequentes.
3 – Construção dos instru- mentos de medida e de avaliação	- Avaliação implica a existência prévia de uma escala de padrões desejáveis, tomada como referência para a comparação com os desempenhos constatados (ROMÃO, 2011a, p. 116). - Considerar a taxonomia de Bloom (conhecimento, compreensão, aplicação etc.) e a característica do grupo (pode ser que para um grupo será a evocação ou o uso da memória) para elaboração das questões, de forma que, "nunca se pode considerar os mesmos critérios e aplicar os mesmos instrumentos de avaliação para todos os alunos no mesmo tempo" (ROMÃO, 2011a, p. 117). - Elaborar mais de uma questão do mesmo nível de complexidade, para distribuição da pontuação. - Uma questão que envolva um grau maior de complexidade, deve ter o peso maior, por exemplo, uma questão que envolve compreensão implica nas questões referentes ao conhecimento.
4 – Procedimento na medida e na avaliação	O autor chama a atenção ainda com a questão do peso/medida na avaliação. Com relação a isso, traz o vício que os professores possuem de levar em consideração a quantidade de acertos nas questões, e alerta sobre a complexidade que está presente nelas. Por exemplo, uma única questão de "aplicação", sendo que as demais são de "conhecimento" e "compreensão", poderá ser atribuída uma nota 9. Nesse sentido, há que se observar a elaboração da atividade, pois, a resolução da questão sobre aplicação, pressupõe que o educando já superou questões de conhecimento e compreensão.

Passos	Descrição
5 – Análise dos Resultados	- Importância da análise de resultado para indicar os próximos passos curriculares ou didático-pedagógicos subsequentes. - Importância de analisar com os educandos os desempenhos de cada um, comentando-os, por meio de círculo de avaliação, proporcionando discussão sobre as diversas respostas dadas.

Fonte: a partir de Romão (2011a, p. 107-122)

Romão (2011a) ainda traz contribuições referentes ao Conselho de Classe, a partir de experiências realizadas em duas escolas na periferia de Juiz de Fora (MG), onde havia uma organização em que os educandos escolhiam seus professores-orientadores, com organização de reuniões entre orientador-orientando. Utilizavam as seguintes variáveis para avaliação: aproveitamento, frequência, relacionamento e participação.

O autor Valdo Barcelos traz uma especificidade de avaliação na Educação de Jovens e Adultos, com uma proposta de uma avaliação solidária e cooperativa, sendo organizada

> (1) a partir de uma relação de responsabilidade entre pessoas unidas por interesses comuns, de maneira que cada um dos componentes da comunidade de aprendizagem se sinta na obrigação moral de apoiar os outros: **Solidariedade** e (2) que tenha como princípio, meio e fim um processo de operar juntos e em parceria com outro: **Cooperação**. (BARCELOS, 2014, p. 31).

Barcelos (2014) apresenta sua teoria utilizando como metáfora as estações para embarcar no seu texto. Na primeira estação, o autor propõe uma inversão de responsabilidade, isto é, educadores e educando dividindo as responsabilidades em relação aos resultados das avaliações, de forma que, se houver reprovação do educando, também se trata da reprovação do educador. Com essa conduta, espera-se que, além de outras questões, os resultados da avaliação gerem novos objetivos para o que o autor chama de comunidade de aprendizagem (quem ensina aprende e quem aprende ensina) e o rompimento da crença de que existem aqueles que aprendem e aqueles que não aprendem. O autor nos desafia a "pensar um processo avaliativo não mais a partir de certezas, de objetivos e de metas rígidas estabelecidas a priori." (BARCELOS, 2014, p. 37).

Ele defende que o termo "educação inclusiva" é redundante, pois educação e inclusão são inseparáveis, e que a Educação de Jovens e Adultos é um ponto de partida, não de chegada, visto que se trata da construção e/ou ampliação da cidadania, com a qual se oportuniza acesso ao trabalho, lazer, saúde etc., além da condição necessária para busca e garantia ao direito à continuidade da educação.

> Ao compreendermos a Educação de Jovens e Adultos em geral, e a avaliação em especial, com esta perspectiva política, cultural e de condição necessária para a justiça social, estaremos dando a ela um caráter de promotora e facilitadora do acesso, bem como da compreensão, por parte dos(as) educandos e educandas da Educação de Jovens e Adultos, dos conteúdos e das proposições científicas que são inerentes às disciplinas nos diferentes níveis do processo educativo na educação básica. (BARCELOS, 2014, p. 41).

No final dessa estação, o autor propõe que se agregue à avalição e às práticas pedagógicas a dimensão da afetividade, do cuidado, da amorosidade, que se refere à forma ou à maneira de como será realizada a ação, como a seleção dos conteúdos e o processo avaliativo.

Na segunda estação, o autor defende que se dialogue com os especialistas sobre avaliação. Enfatiza a importância da conversação, apoiado no conceito de Maturana, em que conversar é o "entrelaçamento entre o racional e o emocional num processo de linguagem comum, num determinado espaço de convivência e num tempo presente: o aqui e o agora." (BARCELOS, 2014, p. 48).

Também traz o conceito de amorosidade, de acolhimento, de diálogo de Paulo Freire, no sentido de que o outro é seu parceiro, e não o seu competidor. Para o reconhecimento do outro, Barcelos enfatiza a importância da escuta a quem sofreu o processo de silenciamento.

Traz também Gauthier, com o conceito de sociopoética, que tem como pressuposto a não separação da ciência e arte, razão e emoção, na produção do conhecimento.

O autor relaciona a avaliação com uma das questões mais preocupantes na EJA — a evasão:

> [...] buscar alternativas de avaliação que visam romper com as práticas de avaliação que temos colocado em ação até o momento e que, ao que tudo indica, têm sido responsáveis, em grande parte, por um processo de evasão escolar. [...] O resultado disto são processos avaliativos que primam pela racionalidade estanque, em detrimento de uma atenção especial às questões de afetividade e da amorosidade. (BARCELOS, 2014, p. 57).

E assim termina a "segunda estação", enfatizando a valorização das emoções no processo educativo.

Na terceira estação, Barcelos (2014) traz a reflexão sobre a possibilidade de construção do conhecimento a partir de Maturana, com dois pressupostos epistemológicos e científicos, sendo eles a Biologia do Amor e a Biologia do Conhecimento. Para completar a reflexão, nesse sentido, traz Freire lembrando que a aprendizagem ocorre no e com o mundo, e em comunhão entre os homens e mulheres. As práticas avaliativas, nessa perspectiva, têm como ponto de partida "o *amar* como a emoção que nos institui como seres sociais capazes de edificar um mundo social e ecologicamente mais justo, mais solidário e cooperativo." (BARCELOS, 2014, p. 65).

Para a realização dessa forma de avaliação, o autor propõe que se criem espaços de convivência em que se predomine a emoção do amar, de forma que se tenham algumas relações em detrimento de outras:

> - a cooperação em detrimento da competição;
> - A solidariedade em detrimento da indiferença ou negação. O motivo da escolha é simples: enquanto a cooperação e a solidariedade aproximam, promovendo o diálogo e o reconhecimento, enfim, a tolerância, a competição afasta, incentiva a disputa e, consequentemente, o aniquilamento do outro. (BARCELOS, 2014, p. 67).

Nessa estação, Barcelos enfatiza a escuta e a importância do que o educando nos conta, trazendo a sua leitura de mundo. Ele considera que o fato de deixar de lado tudo que foi trazido pelo educando, visto que não cabia nos conceitos, categorias e definições acadêmicas, pode ter sido o motivo dos índices de evasão e repetência, inclusive cita Esteban que afirma ser "impossível a separação entre o objeto de conhecimento e o sujeito que conhece." (BARCELOS, 2014, p. 69).

O autor defende que o fazer-se humano envolve o biológico e o cultural-relacional, de forma que o que somos tem relação com o que pensamos e fazemos no e com o mundo. Nesse sentido, defende que as alternativas avaliativas devem levar em consideração essa questão e ressalta que as emoções devem estar no centro da preocupação nessas elaborações. A escuta amorosa traz ao educador o conhecimento das reivindicações de seus educandos.

Outra questão trazida pelo autor é a lógica política da organização da sociedade moderna, citando Boaventura Santos (2000), que coloca que houve a opção pelo conhecimento-regulação em detrimento do conhecimento-emancipação. Em decorrência desse modelo, há repercussões na educação escolar de difícil remoção.

AVALIAÇÃO EMANCIPATÓRIA NA EDUCAÇÃO DE JOVENS E ADULTOS:
UM CAMINHO A SER CONSTRUÍDO DA EXCLUSÃO À EMANCIPAÇÃO

A suspeita, segundo o autor, é de que as práticas pedagógicas e as orientações avaliativas vigentes fazem da escola um espaço autoritário e ameaçador. Em oposição a isso, Barcelos (2014, p. 100) cita Ferraço (2002), que:

> [...] aposta no diálogo com as manifestações cotidianas de solidariedade e de companheirismo, estabelecidas entre os educandos e as educandas, como caminho para a criação de alternativas de organização escolar e curricular. Eu acrescentaria: de práticas avaliativas solidárias e cooperativas. Alternativas e proposições avaliativas onde sejam privilegiadas atitudes que ajudem a romper com as práticas "individualistas e egoístas" que emergem das intrincadas e complexas redes de poder que circulam pelos currículos escolares tradicionais.

Nesse sentido, ele frisa que biologicamente o ser humano tende a ser cooperativo, solidário, e que isso pode ser aprendido quando há possibilidade de praticar.

Barcelos defende o *emocionar*, além do *amar*, pois esse sentimento está presente a todo momento, o que não é diferente no espaço escolar, e, ao considerá-lo, pode trazer acolhimento aos educandos de EJA. Mas, ao mesmo tempo, existem outros tipos de emoções presentes na origem das práticas pedagógicas e da organização dos processos avaliativos.

> São essas emoções — de desconfiança, de busca de controle, de dominação — que acabam dando origem a uma avaliação pautada numa razão que acredita poder controlar tudo o que ocorre no espaço escolar. Pior ainda, acreditam que este é um bom caminho. Curiosamente, este tipo de atitude, que busca controlar, vem acompanhada de um discurso em defesa do diálogo, da liberdade, da democratização dos espaços escolares. (BARCELOS, 2014, p. 111).

Diante de todas essas reflexões, Barcelos (2014) traz pontos importantes para uma (re)invenção das alternativas avaliativas e reorientação de práticas pedagógicas:

> (1) Que se busque sempre partir de uma *conversa* e de uma *escuta* sincera e solidária com os professores e as professoras. Tal procedimento abre possibilidades para uma construção de conhecimento em bases sólidas e cooperativas. Algo na perspectiva defendida por Boaventura Santos 2002 como à construção de um conhecimento solidário, um conhecimento que ao mesmo tempo em que promove o conhecer e incentiva o reconhecimento do outro, pois

> (2) com esta simples atitude pedagógica cria se a possibilidade de abertura de novos caminhos para a emergência de saberes, de conhecimentos, de práticas e de experiências cotidianas de educandos(as) e entre esses e os(as) educadores(as) e que (3) imediatamente, ao adotarmos essa atitude, estaremos dando os primeiros passos para o rompimento com a ideia de avaliação planejada apenas racionalmente, de características lineares, e completamente organizada a priori e, talvez, o grande salto de qualidade na relação entre avaliação e aprendizagem aconteça, pois com isto (4) os professores e professoras estarão começando a perceber que são, efetiva e efetivamente, arte integrante de todo e qualquer processo educativo em geral e avaliativo em particular. Seja ele em que modalidade for. (BARCELOS, 2014, p. 115-116).

Entrando para a quarta estação, o autor convida a reescrever o texto, a partir das próprias conclusões, e compartilha alguns pontos que, para ele, são necessários à formação de repertórios de saberes e de conhecimentos para tratar de aspectos relacionados à EJA, considerando também as práticas avaliativas.

A partir de Barcelos ou citações do autor (2014, p. 119-156), foi elaborado o seguinte quadro:

Quadro 16 – Pontos necessários à formação de repertórios de saberes e de conhecimento sobre a EJA, segundo Barcelos

Atenção e amorosidade	- Atenção ao reconhecimento da experiência de vida acumulada dos educandos, bem como as várias passagens pela escola e a forma de avaliar por meio de um acompanhamento efetivo e afetivo. - Amorosidade refere-se à emoção que se cria na escola, no trabalho pedagógico e na avaliação, a necessidade de dialogar, de escutar, de acolher e de ser tolerante.
Busca	- Busca por uma avaliação solidária e cooperativa, que se opõe aos modelos meramente classificatórios e hierarquizantes. - Esta busca tem a ver com a capacidade de ter esperança.
Cuidado	- O cuidado consigo e com o outro, com suas trajetórias de vida peculiares. Uma avaliação solidária e cooperativa deve levar em consideração as individualidades. - "O cuidado é um valor e, como tal, não se ensina. Valores constroem-se em espaços de convivência solidários e fraternos. A escola pode — e deve — ser um destes espaços." (p. 124).

Dedicação	- "É a partir da dedicação afetiva e efetiva que poderá resultar, na Educação de Jovens e Adultos, a boniteza freireana do fazer educativo." (p. 125).
Escuta e esperança	- "Esta relação de escuta cuidadosa e amorosa. Freire comparava à leitura de um texto. No caso, o leitor é o educador e o texto é o educando a sua frente, como um livro que ele tenta ler, interpretar, para, enfim, entender." (p. 127).
Felicidade	- Felicidade de aprender e ensinar e de ensinar/aprender. - Defesa da educação que privilegia a busca da felicidade a partir "da cooperação, da solidariedade, do compartilhamento e não da disputa que nos leva, invariavelmente, à anulação, e ao aniquilamento do outro." (p. 129).
Saber que lidamos com *gente*	- Reconhecimento do educando adulto.
Muita humildade	- "A humildade é um fator decisivo no processo pedagógico, na medida em que é dela que decorre a maior ou menor generosidade em aceitar o ritmo de aprender de cada um, bem como leva-nos a tolerar os processos diferenciados de cada educando(a) em vencer sua insegurança, sua timidez, enfim, sua capacidade de superar a inibição frente ao desconhecido que se lhe apresenta no espaço da sala de aula." (p. 132).
Incentivo	- "O fato de, em algumas situações, certos educandos(as) não conseguirem atingir os índices mínimos estabelecidos para a aprovação em uma avaliação, não pode, jamais, ser usado para reforçar a ideia equivocada de que alguém não tem condições de aprender algo que quer aprender." (p. 135). Ao contrário, deve ser incentivado.
Justiça	- Educação de Jovens e Adultos como uma forma de fazer justiça a quem teve seus direitos negados relativos ao acesso à educação escolar.
Ludicidade	- "A diminuição da espontaneidade (condição necessária para a imaginação) é muito mais uma decorrência da organização escolar do que algo intrínseco ao ser humano aprendente." (p. 136).
Mudança	- "Nossa resistência e pouca abertura às mudanças estão entre tantos fatores que dificultam o trabalho com a Educação de Jovens e Adultos em geral, e nas práticas avaliativas. [...] - Ou tomamos coragem de mudar nossas práticas avaliativas, ou de nada, ou de muito pouco, valerão as demais mudanças que, porventura, viermos a fazer no processo educativo." (p. 138).
Necessidade	- Formação continuada e/ou permanente. - Com foco na avaliação.

Organização	- "Os(as) educandos(as) de Educação de Jovens e Adultos podem estar se constituindo em agentes de uma reforma da organização escolar, na medida em que, ou ela se repensa, se reorganiza, ou não conseguirá responder às exigências de acolhimento destes novos sujeitos aprendentes que a ela estão chegando." (p. 142).
Participação	- "A avaliação na Educação de Jovens e Adultos requer que passemos de uma relação onde o(a) educando(a) é um mero coadjuvante, um expectador a um coautor, a um participador. Ou seja, passe a ser um construtor de todo o processo."
Querer	- "Quando este querer aprender se encontra com a vontade de alguém que quer ver este desejo se realizando, nós temos não apenas um encontro, mas, sim, uma comunhão. Temos a realização de um querer muito especial: a realização do querer aprender. [...] - Os(as) professores(as) dizem que querem ensinar, os(as) educandos(as) dizem que querem aprender, mas, então, o que está acontecendo para ocorrerem tantas reprovações na Educação de Jovens e Adultos?" (p. 146).
Reinventar e inventar	- Necessidade de reinventar, não a partir da "cópia" do estrangeiro, pois temos clássicos como Darcy Ribeiro, Anísio Teixeira e Paulo Freire entre outros. - "Reinventar práticas pedagógicas, didáticas, metodologias, e, em especial, avaliativas junto aos educandos e educandas. [..] Há que reinventar hábitos, costumes, valores e, principalmente a esperança que sempre é possível aprender." (p. 149).
Sabedoria	- Reconhecimento e valorização da sabedoria dos educandos. - "É demonstração de sabedoria, de quem avalia, ver o momento da avaliação como um ponto de partida para ir em frente e não como um momento final de 'coleta' e de 'mediação' do que foi aprendido. Entender a avaliação como um momento estanque é, nada mais nada menos, que reforçar uma educação do tipo bancária excludente. É justo este tipo de educação que tantos prejuízos têm causado à educação brasileira." (p. 150).
Tensão	- "Uma avaliação solidária e cooperativa precisa dar uma atenção muito especial para a construção de processos avaliativos que comecem a desmontar esta representação tão negativa e geradora de tanta tensão de parte dos(as) educandos(as) de Educação de Jovens e Adultos." (p. 151).
Urgência	- Mudança na forma de avaliação na Educação de Jovens e Adultos. - Justiça social e econômica. - Planejamento, organização e gestão de recursos públicos municipais, estaduais e federais.

Valores	- Os valores não são ensinados, mas sim partilhados, trocados, um aprendizado que ocorre em comunhão, em parceria.
Xeque-mate	- "Refiro-me a nos colocar em posição de xeque-mate. Ou seja: como no jogo de xadrez, nos coloca numa situação-limite. Ou encontramos uma saída para esta imensa injustiça social que é a exclusão da escola de milhares e milhões de pessoas, ou nos conformamos, definitivamente, com o fracasso de nossas estruturas sociais e educacionais." (p. 154).
Zelo	- "Ao mesmo tempo em que estamos à procura de alternativas que melhorem e qualifiquem as práticas avaliativas na Educação de Jovens e Adultos, temos que ter o maior cuidado, temos que *zelar* para não sucumbirmos a prática tão comum de adoção de receitas e respostas prontas, ou, como via de regra tem sido feito, fazer a pura e simples importação para Educação de Jovens e Adultos das práticas em andamento no processo regular de educação, bem como nas demais modalidades educativas." (p. 155).

Fonte: organizado pela autora a partir de Barcelos (2014, p. 119-156)

Na quinta e última estação, Barcelos (2014) coloca que o texto não é uma receita; assim, espera-se que traga pontos de partida para novas reflexões sobre a avaliação na Educação de Jovens e Adultos de forma solidária e cooperativa.

Em seguida, analisamos a obra de Ana Saul, *Avaliação Emancipatória: desafio à teoria e a prática de avaliação e reformulação de currículo*. Nessa obra, Saul (2006) trata da avaliação de programas educacionais ou sociais, e não do processo de ensino e aprendizagem, mas traz contribuições importantes para essa ação, pois apresenta uma vertente político-pedagógica com o objetivo voltado à emancipação, libertação, a partir do processo de descrição, análise e crítica de uma dada realidade. Nesse texto, a autora elucida o paradigma da avaliação emancipatória em três vertentes teórico-metodológicas.

A primeira vertente é a avaliação democrática que tem como conceitos-chave o sigilo, a negociação e acessibilidade, tendo como conceito fundamental o direito à informação. O critério de sucesso desse tipo de avaliação é medido pelas audiências beneficiadas por ela.

A segunda vertente, a crítica institucional e criação coletiva, caracteriza-se por um processo de investigação de uma dada realidade, que visa à aplicação de métodos de conscientização aos mais variados tipos de organização. Para melhor explicar, Saul cita Freire, quando traz que a conscientização desvela a realidade e é consciência histórica, de forma que os homens assumam o papel de sujeitos que fazem e refazem o mundo.

"Nessa perspectiva, o processo de conscientização é a mola mestra de uma pedagogia emancipadora em que os membros de uma organização são tratados como seres autodeterminados, isto é, sujeitos capazes de, criticamente, desenvolverem suas próprias ações." (SAUL, 2006, p. 55).

A crítica institucional e criação coletiva tem três momentos:

- Primeiro momento: expressão e descrição da realidade – Levantamento da verbalização e problematização de uma dada realidade, que pode ser sobre os fatos, conceitos, valores e sentimentos. Nas instituições educacionais, frequentemente são trazidos aspectos metodológicos com relação às dificuldades de ensino e avaliação de alunos.

- Segundo momento: crítica do material expresso – Recuo crítico que se refere à crítica da própria ação, tomada de consciência, momento em que são explicitadas as contradições existentes a nível das ações grupais.

- Terceiro momento: criação coletiva – Delineamento de alterações necessárias de uma organização, um novo paradigma compartilhado coerentemente pelo próprio grupo. Ao final desse processo, a expectativa é que as pessoas envolvidas se tornem mais conscientes de suas possibilidades e limites em relação às finalidades, encontrando soluções criadoras para os problemas identificados.

A terceira vertente, pesquisa-participante, pauta-se por seis princípios metodológicos:

1. Autenticidade e compromisso – Honestidade e compromisso do pesquisador.

2. Antidogmatismo – Não aplicar rigidamente à pesquisa algumas ideias preestabelecidas ou princípios ideológicos.

3. Restituição sistemática – Retorno de informação aos grupos de base, de uma forma sistemática e organizada.

4. Feedback aos intelectuais orgânicos – Feedback dialético com os intelectuais engajados.

5. Ritmo e equilíbrio de ação-reflexão – Sincronização constante de reflexão e ação no trabalho de campo.

6. Ciência modesta e técnicas dialogais – Propõe adoção de humildade na realização da pesquisa.

Para Saul (2006, p. 61), avaliação emancipatória tem dois objetivos, sendo eles: "iluminar o caminho da transformação e beneficiar as audiências no sentido de torná-las autodeterminadas." Para isso, trabalha com os seguintes conceitos:

- Emancipação – "Prevê que a consciência crítica da situação e a proposição de alternativas de solução para a mesma constituem-se em elementos de luta transformadora para os diferentes participantes da avaliação." (SAUL, 2006, p. 62).

- Decisão democrática – Estímulo à participação ampla e diversificada, contemplando o consenso e o dissenso.

- Transformação – Alterações do programa educacional realizadas coletivamente com base na análise crítica.

- Crítica educativa – "A função da crítica é educativa, *formativa* para quem dela participa, visando reorientação do programa educacional." (SAUL, 2006, p. 62).

Para esse modelo de avaliação, a autora destaca os seguintes momentos de investigação:

- Momento prévio: a preparação da investigação – ações para sentir as possibilidades e limites da proposta de avaliação.

- 1º momento: a descrição da realidade – Levantamento de evidências e material concreto para compreensão e estímulo à reflexão dos participantes, tendo fontes de caráter documental e histórico-oral.

- 2º momento: a crítica da realidade – "Tomada de consciência e explicitação das defasagens, desajustes e contradições existentes no programa." (SAUL, 2006, p. 69).

- 3º momento: criação coletiva – Geração de propostas alternativas para o programa.

Cada um dos autores trouxe importantes contribuições em suas teses referentes à avaliação: Giovedi: Avaliação da aprendizagem freireana; Romão: Avaliação Dialógica; Barcelos: Avaliação Solidária e Cooperativa; e Saul: Avaliação Emancipatória; sendo que Giovedi trata de uma proposta curricular e traz no bojo a discussão sobre avaliação, Romão discute avaliação de forma geral e Barcelos trata especificamente da Educação de Jovens e Adultos. Todos os três autores referem-se à avaliação escolar. Ana Maria Saul trata sobre a avaliação de programa, com importantes reflexões, como o próprio título diz, sobre a avaliação emancipatória.

Percebemos aspectos importantes que poderão compor uma caracterização de avaliação emancipatória em cada uma das obras desses autores, sendo que a maioria, senão praticamente todas, apresenta pontos convergentes entre os autores, pois todos trazem propostas no âmbito contra-hegemônico e têm Paulo Freire como uma das bases do referencial teórico. No quadro a seguir, apresentamos alguns desses aspectos:

Quadro 17 – Aspectos importantes a serem considerados numa avaliação emancipatória

Educação como forma de justiça	Barcelos traz a educação numa perspectiva de justiça, especialmente falando da Educação de Jovens e Adultos a quem teve seus direitos negados em relação ao acesso à educação escolar. Para ele, ou encontramos uma saída para combater a exclusão escolar, ou definitivamente nos conformamos com o fracasso (BARCELOS, 2014).
	Giovedi aborda em seu texto a violência curricular, trazendo como proposta e anúncio, de alguma forma, a justiça.
	Romão fala da injustiça quando afirma que há uma tendência positivista nas escolas públicas que se pautam em verdades absolutas na concepção moralista do erro, punindo aqueles que se desviarem dos padrões das verdades absolutas do avaliador.
Realidade do educando	Os autores tratam a realidade dos educandos como ponto de partida, reconhecendo e valorizando os saberes dos educandos, conhecendo como eles leem o mundo.
	Ana Saul coloca sobre a investigação da realidade; Romão, sobre a investigação da primeira cultura; Barcelos, sobre o reconhecimento da experiência de vida acumulada dos educandos, pois considera que o fato de a escola ignorá-la pode ter causado os índices de evasão e repetência.
Participação de todos os envolvidos	Para Giovedi os educandos junto com os educadores são os sujeitos dos processos de avaliação.
	Romão e Barcelos defendem a elaboração da avaliação com os educandos
	Saul, quando trata da decisão democrática, ressalta que deve haver estímulo à participação ampla e diversificada, contemplando o consenso e o dissenso.

Diálogo	Giovedi traz o diálogo dentro do processo de implementação do currículo crítico-libertador.
	Romão defende que a sala de aula se torne um círculo de investigação do conhecimento e dos processos de abordagem do conhecimento, o que pressupõe a realização constante de diálogo.
	Barcelos, quando fala da amorosidade, refere-se à emoção que se cria na escola, no trabalho pedagógico e na avaliação, a necessidade de dialogar, de escutar, de acolher e de ser tolerante.
Educando – ser integral	Giovedi argumenta que se deve considerar o educando de forma integral, com os aspectos: cognitivo, afetivo, ético, estético, relação interpessoal etc.
	Barcelos, em toda a sua obra, fala do entrelaçamento do racional e o emocional, que pressupõe a não separação da ciência e arte, razão e emoção, na produção do conhecimento. Defende dois pressupostos epistemológicos e científicos, sendo eles a Biologia do Amor e a Biologia do Conhecimento.
Protagonismo dos educandos	Giovedi defende a construção de uma cultura na qual os alunos entendem que podem ser protagonistas do processo de avaliação da própria conduta.
	Romão ressalta que, além da elaboração da avaliação, haja momentos de revisão e replanejamento das atividades subsequentes com os educandos.
	Barcelos chama a atenção para o fato de que a avaliação na Educação de Jovens e Adultos requer que passemos de uma relação em que o(a) educando(a) é um mero coadjuvante, um expectador a um coautor, a um participador. Ou seja, passe a ser um construtor de todo o processo.
Autoavaliação	Esse termo trazido pelo Giovedi refere-se à aplicação de atividades e uso de instrumentos de autoavaliação individual e coletiva para diagnosticar como foi o processo de ensino-aprendizagem (todos avaliam e todos são avaliados).
Individualidade	Romão (2011a, p. 117) afirma que "nunca se pode considerar os mesmos critérios e aplicar os mesmos instrumentos de avaliação para todos os alunos no mesmo tempo".
	Barcelos ressalta o cuidado consigo e com o outro, com suas trajetórias de vida peculiares. Uma avaliação solidária e cooperativa deve levar em consideração as individualidades.

Educando e educador no processo de aprendizagem	Para Giovedi, o bom desempenho dos alunos indica ao professor a possibilidade de continuação do trabalho, e o mau desempenho indica a necessidade de retomada dos conteúdos por outros métodos. Essa ação pressupõe processo de aprendizagem tanto do educando quanto do educador. Romão traz a concepção da avaliação dialógica, como momento de aprendizagem, de mudança, dinâmico, tanto do aluno quanto do professor. Barcelos trata como felicidade o fato de aprender e ensinar e de ensinar/ aprender.
Colaboração Cooperação	Giovedi, em relação a uma avaliação em que os educandos não tiveram um bom desempenho, indica a necessidade de retomada dos conteúdos por outros métodos, incentivando que os estudantes colaborem uns com as aprendizagens de todos. Barcelos traz a cooperação e a solidariedade como promotoras do diálogo, do reconhecimento, da tolerância, em oposição à competição, à disputa, ao aniquilamento do outro.
Conteúdo significativo	Giovedi traz uma defesa na necessidade de os conteúdos serem significativos aos educandos. Romão coloca que, no círculo de investigação, serão destacados os temas geradores do planejamento, que revelam as situações-limites, os tráficos ideológicos e os inéditos viáveis. Barcelos propõe que se agregue à avalição e às práticas pedagógicas, a dimensão da afetividade, do cuidado, da amorosidade, que se refere à forma ou à maneira de como será realizada a ação, como a seleção dos conteúdos e o processo avaliativo.
Erro como processo da aprendizagem	Para Giovedi, os erros são vistos como inerentes ao processo de ensinar e aprender, devendo ser superados por novas intervenções do professor e dos alunos. Romão elucida que o erro deve ser encarado como fonte de outros saberes.
Instrumento de avaliação	Giovedi traz a autoavaliação, como já foi colocado anteriormente. Romão considerando que há ainda um caminho para percorrer em relação à transformação das práxis avaliadoras, estrutura orientações de instrumentos que considerem as diferentes complexidades na aprendizagem.

Resultado das avaliações	Barcelos propõe que haja uma inversão de responsabilidade, isto é, educadores e educando dividindo as responsabilidades em relação aos resultados das avaliações, de forma que se houver reprovação do educando, também se trata da reprovação do educador. Romão ressalta a importância de analisar com os educandos os desempenhos de cada um, comentando-os, por meio de círculo de avaliação, proporcionando discussão sobre as diversas respostas dadas e, a partir disso, indicar os próximos passos curriculares ou didático-pedagógicos subsequentes. Giovedi coloca que os resultados devem ser explicitados por menções e análises qualitativas do professor e dos alunos e não por notas.
Conscientização	Saul (2006, p. 55) elucida que "o processo de conscientização é a mola mestra de uma pedagogia emancipadora em que os membros de uma organização são tratados como seres autodeterminados, isto é, sujeitos capazes de, criticamente, desenvolverem suas próprias ações."
Emancipação	Saul (2006, p. 62) traz uma vertente político-pedagógica com o objetivo voltado à emancipação, libertação e "prevê que a consciência crítica da situação e a proposição de alternativas de solução para a mesma constituem-se em elementos de luta transformadora para os diferentes participantes da avaliação."

Fonte: organizado pela Autora a partir de Giovedi (2016), Romão (2011a), Barcelos (2014) e Saul (2006)

2.4.1 Por que e como realizar uma avaliação emancipatória na EJA?

Demo (2000) coloca que a circunstância para a ocorrência da emancipação é a conscientização, em que o sujeito se vê como ser social e se descobre dentro de sua condição histórica, compreendendo a desigualdade social além de algo estrutural, podendo o sujeito ser vítima dessa situação.

"Emancipação é o processo histórico de conquista e exercício da qualidade de ator consciente e produtivo. Trata-se da formação do sujeito capaz de se definir de ocupar espaço próprio, recusando ser reduzido a objeto." (DEMO, 2000, p. 78).

Assim, quando se trata de avaliação emancipatória, a característica "emancipatória" aqui colocada refere-se a uma avaliação em que, conforme a etimologia da palavra, ganha independência, solta-se da mão do outro; então, uma avalição que liberta, como destaca Demo (2000), com o desenvolvimento da conscientização. Dessa forma, podemos indagar sobre o que está "aprisionando" o educando e como a avalição poderá libertá-lo.

O que aprisiona o educando da EJA é a forma opressora e excludente de avaliação que, de forma autoritária e ameaçadora (se não for bem, repetirá de ano), o condena ou condenou injustamente ao fracasso escolar e/ou à alienação, além de condicioná-lo a ver os valores numa única perspectiva, na maioria das vezes, diferentes dos seus, mais importantes e mais cultos do que os seus, sempre o outro parece ser mais do que ele. Nesses casos, os critérios de avaliação que nem sempre lhes são tão compreensíveis.

Essa forma de avaliação trouxe para muitas pessoas a impossibilidade de continuidade dos estudos e a sociedade, por sua vez, avalia os sujeitos de acordo com a sua escolaridade, injustamente. Esse é o motivo para pensarmos numa avaliação emancipatória para a EJA.

Porém, quando se trata da realização de uma avaliação com essa característica, é preciso não perder de vista que a libertação somente ocorrerá quando houver o desvelamento da realidade e, com isso, a conscientização dessa situação opressora pelos educandos, ao mesmo tempo que compreendem que não há uma realidade estática, mas sim factível de transformação, que ocorre de forma coletiva, pois dialogada.

Essa conscientização dos sujeitos, por meio do desenvolvimento da visão crítica da realidade, segundo Demo (2000), é condição necessária para a emancipação. Esse processo é essencial dentro da perspectiva de avaliação emancipatória, como já foi dito e reforçamos, pois, dessa forma, o sujeito livre da alienação é capaz, de fato, de analisar e decidir de forma consciente sobre suas escolhas.

Nesse sentido, é preciso considerar que a avaliação não pode ser tratada de maneira isolada. Ela é parte de um processo do currículo, mas não um currículo qualquer, e sim um currículo que emancipe os educandos da instabilidade que a sociedade os condena (ARROYO, 2007); um currículo crítico-libertador, que contribua para que os oprimidos lutem para a superação de toda e qualquer forma de opressão (GIOVEDI, 2016); portanto, um currículo trazendo a justiça social, reconhecendo e buscando fundamentos em experiências históricas democráticas que sejam significativas na educação escolar (PONCE; ARAÚJO, 2019).

Dessa forma, é importante que o currículo esteja pautado em teorias que sustentem a sua execução, como a Teoria da Ação Dialógica, com as suas características: colaboração (relação da ação com o diálogo, problematização); unir para a libertação (união dos oprimidos, necessidade de libertar-se do opressor); organização (organização das massas populares para o enfrentamento de uma realidade que não é estática); síntese cultural (relacionada à investigação dos temas geradores) (FREIRE, 2011).

Esse tipo de proposta curricular tem características em comum que dialogam com os princípios da Educação Popular, de acordo com os pressupostos afirmados por Silva (2007), que tem relação com a realidade local como ponto de partida; como segundo pressuposto, traz o trabalho coletivo de participação com a busca da compreensão contextualizada e crítica da organização sociocultural e de possibilidade de transformação da realidade imediata; por último, cita a organização metodológica do diálogo na ação participativa da comunidade.

Podemos ainda acrescentar, conforme Gadotti (2014) lembra, a teoria do conhecimento de Paulo Freire, que se fundamenta na concepção do ser inacabado, inconcluso.

Para o tratamento prático dessa proposta curricular, há também a necessidade de que o educador passe por esse processo de conscientização. Nesse sentido, há a importância de momentos formativos, visto que se trata de uma lógica diferenciada de reduzir a prática docente ao ensino dos conteúdos que se julgaram como importantes para serem ensinados, sendo que estes, muitas vezes, se encontram tão distantes da cotidianidade dos educandos. Essa outra lógica que se propõe é o desvelamento da realidade crítica, a partir da promoção da curiosidade ingênua à curiosidade epistemológica, com a devida rigorosidade metódica (FREIRE, 1996). Esse processo requer estabelecer novas relações de poder entre avaliador e avaliado (CAPPELLETTI, 2012).

Se queremos propor uma avaliação da aprendizagem emancipatória, há que se compreender sobre o processo de aprendizagem, que é o objeto a ser avaliado. Os sujeitos da Educação de Jovens e Adultos, no seu histórico de vida, trazem muitas aprendizagens, pois todos são capazes de aprender (GADOTTI; ROMÃO, 2011), em contato e na comunicação com os demais sujeitos e com o mundo. Os diferentes contextos, sejam eles materiais, culturais, de trabalho, escolares, familiares, entre tantos outros, interferem na forma como cada sujeito aprende, compreende o mundo, bem como se compreende nesse mundo; dessa forma, os processos de aprendizagem são distintos. Para se chegar a uma avaliação de aprendizagem emancipatória, o educador necessita compreender esse processo.

Outra questão importante é o que se avalia na avaliação emancipatória. Segundo Gadotti e Romão (2011), a avaliação de um programa de educação de jovens e adultos deve ser pelo impacto provocado na qualidade de vida dos educandos, então pelas possibilidades de transformação real das condições de vida desses educandos. Quanto a isso, também devem ser lembradas as funções da EJA nas Diretrizes Curriculares Nacionais para a EJA (2000): reparadora, equalizadora e qualificadora. Se o educando somente souber todas as capitais dos países, que visão crítica lhe trará? Porém, se o educando, por exemplo, que necessita de um atendimento médico e não consegue acessar, e compreende que o serviço de saúde depende das leis municipais, da organização do Executivo e da interpretação do jurídico sobre os direitos em relação ao serviço, e que há outras formas de organização, poderá comparar o que ocorre nas capitais de outros países e por que estão organizadas dessa forma, a quem beneficia, como beneficia. A partir desse conhecimento, poderá ter uma visão crítica e possibilidade de transformação? Com essa reflexão, percebe-se que os conteúdos estariam a serviço da compreensão da realidade concreta, mas não se limitariam a isso, diferentemente de trazer um conhecimento pelo simples fato de ser considerado importante. Quanto a isso, poderíamos fazer mais duas questões: importante para quem e por quê?

Então, para se pensar numa avaliação de aprendizagem emancipatória na EJA, é necessário considerar todas essas questões: o que é e o que é necessário para emancipar, um currículo que traga o desenvolvimento da conscientização dos sujeitos, compreensão da forma de aprendizagem dos educandos tanto pelo educador quanto pelos próprios educandos e formação de educadores, entre outros.

3

UMA REALIDADE DA EJA DE SÃO BERNARDO DO CAMPO

Para estudo sobre avaliação emancipatória, foi realizada uma pesquisa no município de São Bernardo do Campo, e o objetivo deste capítulo é trazer um panorama geral do município e um foco voltado à oferta e organização da Educação de Jovens e Adultos pela rede municipal naquele período.

3.1 Conhecendo o município de São Bernardo do Campo

O município de São Bernardo do Campo faz parte da Região do Grande ABC, no estado de São Paulo, faz divisa com a capital paulista, tem um grande polo industrial metalomecânica e químico-petroquímica. Há também um rico centro comercial, tendo um centro de vendas de móveis na Rua Jurubatuba e a famosa "Marechal" (Rua Marechal Deodoro), onde se concentram lojas comerciais, e tinha ainda uma tradição da rota dos restaurantes, frango com polenta; porém, infelizmente, alguns famosos fecharam as portas, como São Judas e Florestal.

Outra informação que caracteriza o município é, que segundo Conceição *et al.* (2015, p. 26), existem dois cenários físicos, sendo um deles representado pela Represa Billings e o outro pela Serra do Mar, pois:

> O município de São Bernardo do Campo possui 54% de seu território (ou 219 km²) inserido na Área de Proteção e Recuperação dos Mananciais da Bacia Hidrográfica do Reservatório Billings. O espelho d'água da represa ocupa 19% da área do município (76 km²). Aproximadamente 27% (ou 116 km²) do território municipal encontram-se no Parque Estadual da Serra do Mar.

Esse cenário favorece a existência de muitos pesqueiros e parques, como o Parque Natural Municipal Estoril, Parque Ecológico Imigrantes, que fazem parte dos espaços de lazer e de cultura da cidade, bem como o Parque da Juventude, Zoológico Municipal, Parque Cidade da Criança, Pinacoteca, Pavilhão Vera Cruz. Outro aspecto, nesse sentido, que pode ser explorado no município é o turismo industrial.

Passam por São Bernardo do Campo importantes rodovias como Anchieta, Imigrantes, Índio Tibiriçá, Rodoanel Mário Covas, localizando-se a 21,7 km do Centro de São Paulo, 40 km do Porto de Santos, 45 km do Aeroporto Internacional de Cumbica.

Em seguida, há informações a partir de dados do município referentes à área, população, densidade demográfica, taxa de crescimento populacional, grau de urbanização, índice de envelhecimento e população com menos de 15 anos e mais de 60 anos. Esses dados são apresentados em paralelo com os dados da região e do estado, e se pode observar que é um município de grande extensão, populoso e urbanizado.

Tabela 12 – Dados de São Bernardo do Campo

Área (Em km2) - 2020		População - 2020	
Município	409,53	Município	812.086
RG	7.946,98	RG	21.138.247
Estado	248.219,94	Estado	44.639.899

Densidade Demográfica (Habitantes/km2) - 2020		Taxa Geométrica de Crescimento Anual da População - 2010/2020 (Em % a.a.) - 2020	
Município	1982,97	Município	0,60
RG	2659,91	RG	0,72
Estado	179,84	Estado	0,80

Grau de Urbanização (Em %) - 2020		Índice de Envelhecimento (Em %) - 2020	
Município	98,39	Município	81,93
RG	98,91	RG	73,67
Estado	96,52	Estado	81,11

População com Menos de 15 Anos (Em %) - 2020		População com 60 Anos e Mais (Em %) - 2020	
Município	18,38	Município	15,06
RG	19,63	RG	14,46
Estado	18,87	Estado	15,30

Fonte: https://perfil.seade.gov.br/. Acesso em: 15 abr. 2020

Pode-se perceber que, em comparação à região e ao estado, os dados apresentam que há desenvolvimento maior na área da educação, visto que há uma menor porcentagem de analfabetismo e uma maior porcentagem de pessoas que concluíram o ensino médio.

Tabela 13 – Escolaridade em São Bernardo do Campo (SBC)

Taxa de Analfabetismo da População de 15 Anos e Mais - Censo Demográfico (Em %) - 2010	
Município	3,04
RG	3,60
Estado	4,33

População de 18 a 24 Anos com pelo Menos Ensino Médio Completo - Censo Demográfico (Em %) - 2010	
Município	62,03
RG	57,52
Estado	57,89

Fonte: https://perfil.seade.gov.br/. Acesso em: 15 abr. 2020

Ainda, pode-se compreender, no gráfico a seguir, que, de fato, com o passar dos anos, houve um crescimento no grau de escolaridade da população com mais de 25 anos, inclusive em relação ao ensino superior, porém, pelo censo de 2010, ainda há uma população considerável que não terminou o ensino fundamental, que, somando-se com as pessoas não alfabetizadas, totaliza mais do que 30% da população do município.

Gráfico 8 – Escolaridade da População de 25 anos ou mais

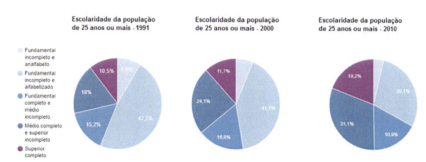

Fonte: http://www.atlasbrasil.org.br/2013/pt/perfil_m/sao-bernardo-do-campo_sp. Acesso em: 15 abr. 2020

Os dados também apresentam o desenvolvimento da renda per capita no município, conforme o gráfico a seguir com dados sobre: diminuição da pobreza, aumento de renda per capita e aumento da taxa de ocupação.

Gráfico 9 – Renda, Pobreza e Desigualdade

Renda, Pobreza e Desigualdade - Município - São Bernardo do Campo - SP

	1991	2000	2010
Renda per capita	952,27	1.011,24	1.212,65
% de extremamente pobres	1,29	2,06	0,99
% de pobres	5,72	7,71	3,54
Índice de Gini	0,50	0,54	0,54

Fonte: PNUD, Ipea e FJP

Fonte: http://www.atlasbrasil.org.br/2013/pt/perfil_m/sao-bernardo-do-campo_sp.
Acesso em: 15 abr. 2020

Com esses dados, no geral, pode-se realizar uma leitura de avanço no setor econômico e social no município, porém há necessidade de ter atenção aos números que estão na outra ponta, isto é, os que se encontram em situação de vulnerabilidade social e que continuam na pobreza, os que permanecem desocupados, e ainda há os que não conseguiram concluir nem o ensino fundamental.

Tabela 14 – Vulnerabilidade Social

Vulnerabilidade Social - Município - São Bernardo do Campo - SP

Crianças e Jovens	1991	2000	2010
Mortalidade infantil	25,72	18,00	12,84
% de crianças de 0 a 5 anos fora da escola	-	71,19	45,00
% de crianças de 6 a 14 fora da escola	9,78	2,98	2,41
% de pessoas de 15 a 24 anos que não estudam, não trabalham e são vulneráveis, na população dessa faixa	-	7,20	4,95
% de mulheres de 10 a 17 anos que tiveram filhos	1,30	2,29	1,91
Taxa de atividade - 10 a 14 anos	-	5,30	4,57
Família			
% de mães chefes de família sem fundamental e com filho menor, no total de mães chefes de família	9,23	11,01	11,00
% de vulneráveis e dependentes de idosos	0,77	0,86	0,83
% de crianças extremamente pobres	2,13	3,81	1,91
Trabalho e Renda			
% de vulneráveis à pobreza	16,99	20,57	13,22
% de pessoas de 18 anos ou mais sem fundamental completo e em ocupação informal	-	32,40	20,84
Condição de Moradia			
% da população em domicílios com banheiro e água encanada	94,05	97,64	96,35

Fonte: http://www.atlasbrasil.org.br/2013/pt/perfil_m/sao-bernardo-do-campo_sp.
Acesso em: 15 abr. 2020

E os dados de escolaridade, quando analisados com as variáveis como pobreza, mulheres que engravidaram com a idade entre 10 e 17 anos, raça, entre outros, poderão caracterizar o perfil do público que teve menos acesso e continuidade às etapas da Educação Básica e ao ensino superior.

Gráfico 10 – Grau de Escolaridade entre negros e brancos

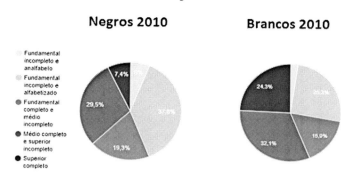

Fonte: http://www.atlasbrasil.org.br/2013/pt/perfil_m/sao-bernardo-do-campo_sp. Acesso em: 15 abr. 2020

Ao observar a cidade, nota-se que é bem servida com os seus grandes centros comerciais, os belíssimos shoppings, os bares, os restaurantes, bem como as grandes indústrias, os inúmeros prédios luxuosos que a cada dia crescem, os parques tão procurados como espaços de lazer. Porém, há os contrastes já à beira da Via Anchieta, por onde muitos visitantes chegam. Há bairros que foram se formando de maneira desordenada pelos trabalhadores que atuavam na construção dessa via. Além desse, há outros espaços de grande vulnerabilidade social, onde moram as empregadas domésticas que trabalham nesses prédios luxuosos, vendedores que trabalham nos comércios, a mão de obra das indústrias, os auxiliares de cozinha dos restaurantes, enfim, muitos deles educandos ou potenciais educandos da EJA.

3.2 Histórico da Educação de Jovens e Adultos no município de São Bernardo do Campo

A história da EJA em São Bernardo do Campo[10] foi organizada por um grupo de trabalho de educadores.

---

[10] Histórica da EJA retirado de duas fontes:
1 – Grupo de Trabalho 2018/2019 Educação de Jovens e Adultos. Disponível em https://educacao.saobernardo.sp.gov.br/images/gestao_escolar/GT/eja/03_1_EJA_23062020.pdf. Acesso em: 9 ago. 2021.
2 – Documento produzido pela Secretaria de Educação de São Bernardo do Campo: Memorial 2013/2016.

A educação de adultos iniciou em 1936 com alguns empresários em busca de qualificação para os funcionários e isso se intensificou nos anos de 1950, com a implantação da indústria automobilística.

Na década de 1970, foram contabilizadas cerca de 7 mil matrículas nas 180 salas de Mobral, e, com a sua extinção na década de 1980, os alunos eram atendidos pela Fundação Educar.

Em 1989, houve a criação do Programa Municipal de Jovens e Adultos (Pamja) para atendimento aos funcionários municipais e Programa de Alfabetização e Cidadania (PAC) para atendimento aos munícipes, por meio do convênio com o Instituto Metodista de Ensino Superior. Em 1993, o PAC passou a ser denominado Programa Municipal de Alfabetização e Cidadania (Promac).

Foi um grande avanço quando, em 1995, o Promac passou a certificar os alunos, a partir do reconhecimento da Divisão Regional de Ensino. No mesmo ano, foram abertas salas de 5ª a 8ª série pelo Programa Telecurso 2000, e, em 1997, o Programa ampliou o atendimento para o Ensino Médio.

Em 1998, o Promac passou a atender os alunos de 5ª a 8ª série. Nesse mesmo ano, houve a implantação do Movimento de Alfabetização de São Bernardo do Campo (Mova SBC).

A partir de 2000, em parceria com o Sesi, houve a capilarizarão do Telecurso pelos bairros.

A partir de 2009, o município assume a EJA enquanto política pública, estabelecendo diretrizes para o seu funcionamento. No ano seguinte, 2010, criam-se os cursos da Educação de Jovens e Adultos, desenvolvidos nas Telessalas da Rede Municipal de Ensino, denominado Ciclo de Autogestão do Conhecimento Presencial e Modular (CAGECPM). Também, a partir desse ano, houve a oferta da EJA integrada à Educação Profissional, porém, teve uma vida curta, visto que em 2017 foi encerrada.

Então, a EJA enquanto parte integrante da política pública da Rede Municipal de Educação de São Bernardo tinha, ainda, uma história recente. Naquele momento foi criada uma divisão na Secretaria de Educação somente para tratar da EJA e Educação Profissional.

Essa organização orientou-se por princípios da escola pública para todos, com diretrizes de acesso, permanência, gestão democrática e qualidade social. De acordo com essa orientação, buscou-se garantir estrutura de atendimento (espaço, alimentação, transporte, material), quadro de professores específicos para a modalidade no caso da EJA dos anos finais, formação aos professores, organização curricular, ações intersetoriais para busca ativa, saúde na escola, políticas de encaminhamento educação e trabalho, atendimento em vários horários nas oito Escolas Municipais de Educação Profissional, em que havia oferta de cursos livres e elevação de escolaridade com qualificação profissional, e atendimento noturno em cerca de 35 Escolas Municipais de Educação Básicas (Emebs), além de vivência e experiências culturais, entre outros, tornando a EJA de São Bernardo do Campo uma referência de atendimento dessa modalidade.

3.3 Organização do atendimento da EJA em São Bernardo do Campo

Neste item, encontra-se a forma da oferta da Educação de Jovens e Adultos pela Rede Municipal de São Bernardo do Campo, no ano de 2019, no que diz respeito à organização da estrutura de atendimento, ao currículo e à avaliação.

3.3.1 Estrutura

A Educação de Jovens e Adultos no Município de São Bernardo do Campo era ofertada nas 35 Emebs. Na época, havia a oferta do curso em três períodos (manhã, tarde e noite) em apenas duas dessas escolas.

Quanto aos cursos, tinham a seguinte organização de oferta:

Figura 3 – Organização do atendimento da EJA I e II Segmento

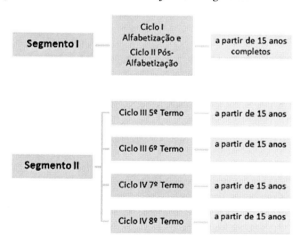

Fonte: https://educacao.saobernardo.sp.gov.br/index.php/orientacoes-funcionamento--escolas/680-organizacao-da-rede-de-ensino.html. Acesso em: 23 ago. 2020

Os anos iniciais da Educação de Jovens e Adultos eram denominados de EJA 1º segmento e correspondiam à oferta do Ciclo I (Alfabetização) e Ciclo II (Pós Alfabetização), com a seguinte carga horária:

- Três horas diárias;
- 100 dias letivos semestrais;
- 600h anuais;
- 1.200hs nos dois anos.

Nessa turma, lecionavam professores de Educação Básica I, além da possibilidade de ter o professor de Arte e Educação Física. O horário das aulas era das 19h às 22h.

Os anos finais eram denominados de EJA II Segmento, com os Ciclo III (6º e 7º Termo) e IV (8º e 9º Termo). A carga horária anual era de 800 horas, sendo 700 presenciais e 100 em projetos pedagógicos. Para esse atendimento, havia os professores das diversas áreas de conhecimento que atuavam de acordo com uma grade curricular, de forma que existia o rodízio dos professores pelas escolas, dependendo da carga horária de cada disciplina. As aulas ocorriam das 19h às 22h30, sendo que, diariamente, das 18h30 às 19h, havia oferta da Atividade Cultural Integrada, pelos mesmos professores das turmas, com aulas de reforço escolar ou outro projeto.

Figura 4 – Ciclo de Autogestão do Conhecimento Presencial e Modular (CAGECPM)

Fonte: https://educacao.saobernardo.sp.gov.br/index.php/orientacoes-funcionamento--escolas/680-organizacao-da-rede-de-ensino.html. Acesso em: 23 ago. 2020

Havia o formato modular por área de conhecimento chamado CAGE-CPM, que atendia os educandos que cursavam os anos finais do ensino fundamental, sendo que a carga horária era composta pelas aulas presenciais diárias e atividades de autogestão do conhecimento. A oferta acontecia em três módulos, sendo que a ordem era flexível. Os módulos se dividiam em: Linguagens e Códigos: Língua Portuguesa, Língua Inglesa e Artes; Ciências Humanas: História e Geografia; Ciências da Natureza e Matemática: Ciências e Matemática. A carga horária do curso era de 1.600 horas, sendo 900 horas com aulas presenciais e 700 em autogestão do conhecimento. Nesse formato, as aulas eram dadas por apenas um professor da área pedagógica. Havia escolas em que se ofertavam, também, aulas de Educação Física com o professor específico da disciplina. Os educandos completavam o curso correspondente ao ensino fundamental dos anos finais, quando passavam pelos três módulos que tinham duração de um semestre cada um deles. As aulas presenciais ocorriam diariamente das 19h às 22h.

A estrutura pedagógica e administrativa dos cursos era organizada da seguinte forma: na Secretaria de Educação havia uma seção que trata especificamente dessa modalidade. Ainda, no âmbito da Secretaria, havia os orientadores pedagógicos que acompanhavam especificamente essa modalidade nas escolas em parceria com os do ensino fundamental. Já na escola, a orientação era de que sempre estivesse presente um dos gestores, diretor, vice-diretor ou coordenador pedagógico, para acompanhar o período noturno. Com relação ao acompanhamento pedagógico, a organização previa um coordenador pedagógico específico para EJA, mas que, dependendo da quantidade de turmas na escola, também assumia a coordenação das turmas do ensino fundamental. Esse coordenador era o responsável pela organização das reuniões dentro do Horário de Trabalho Pedagógico Coletivo (HTPC), em que eram tratados assuntos específicos da modalidade.

Nas escolas havia a seguinte estrutura: oferta de janta, geralmente no início do período; também ficavam à disposição a sala de informática, com um professor responsável por esse atendimento, pelo menos uma vez por semana, bem como o acesso à biblioteca com um oficial específico para esse atendimento também. Além disso, eram ofertados: o transporte (Cartão Legal Escolar) para quem residia a dois quilômetros da escola, material e uniforme escolar.

3.3.2 Currículo

A organização curricular da EJA de São Bernardo do Campo estava contida numa publicação da Secretaria de Educação em 2012, com o título Diretrizes Curriculares da EJA. Nesse volume, há a explicação de que a sua produção foi resultado de um processo de formação continuada. Trata-se de uma proposta educativa que se compromete com a efetivação de uma educação de qualidade, que tem por pressuposto a concepção de educação libertadora e transformadora, que contempla a investigação, a tematização e a problematização crítica da realidade dos educandos.

Com relação ao tratamento do conhecimento, o documento traz que:

> [..] o conhecimento é construído de forma integradora, relacional e processual em que o sujeito é o protagonista de sua própria história. Ele não está deslocado de um projeto de vida, de sociedade e de uma visão de mundo, não é algo estático, pronto, isolado do tempo histórico e das relações econômicas determinantes. Conhecer é descobrir, construir e humanizar. Uma das finalidades da educação é humanizar, trazendo uma visão de mundo mais igualitária e mais justa, pois o homem interage com o meio social mediado pelo diálogo e, portanto, busca sua autotransformação e a transformação da realidade (sentido ontológico). (PREFEITURA MUNICIPAL DE SÃO BERNARDO DO CAMPO, 2012, p. 37).

A Educação Integral é outro conceito que embasa as diretrizes e traz no bojo a articulação da ciência, cultura e trabalho, que são as dimensões do currículo.

> A essência da educação é o compromisso com a defesa da vida, da justiça social, da libertação de todas as maneiras de opressão e da condenação de todas as formas de exclusão. Nesta concepção, visamos à construção de uma sociedade que valoriza o sujeito e sua capacidade de produção da vida, assegurando-lhe direitos sociais plenos. (PREFEITURA MUNICIPAL DE SÃO BERNARDO DO CAMPO, 2012, p. 40).

Assim, a proposta era de que a escola assumisse o papel transformador, buscando formar cidadãos atuantes, críticos e com condições de buscar alternativas para a participação na sociedade, utilizando-se da cultura letrada.

Ainda no documento, há a apresentação dos eixos temáticos que, de acordo com as dimensões ciência, cultura e trabalho, foram organizadas com o objetivo de orientar a prática pedagógica e para facilitar a integração de todas as áreas de conhecimento. Os eixos são:

- *Memória e territorialidade* – trata a temática da recuperação das histórias dos educandos e a história do território onde vivem ou onde viveram;

- *Linguagens* – engloba a Linguagem Escrita e Oral, a Linguagem Matemática, Linguagem Corporal, Linguagem da Tecnologia da Informação;

- *Meio Ambiente* – trata não só da natureza, mas das questões da organização da cidade metropolitana, sendo essa uma temática importante para abordar conhecimentos referentes à sobrevivência plena e satisfatória;

- *EJA e o Mundo do Trabalho* – o trabalho e a cultura são considerados como princípios que orientam os processos educacionais. O trabalho aqui visto como criação, processo humano, numa visão ontológica.

Em seguida, as Diretrizes trazem um item referente à metodologia, colocando o trabalho com projetos como primordial para a aprendizagem ativa e cooperativa, que, além de contribuir para o desenvolvimento da autonomia, traz significância dos conteúdos trabalhados para os educandos. As Diretrizes citam ainda a relação íntegra e contextualizada entre a metodologia de projeto com os pressupostos de Paulo Freire, nos seguintes pontos:

> Investigação — valorização do universo do/a educando/a e do seu interesse em aprender; Tematização — relação do tema com o significado social em que o/a educando/a está inserido; Problematização — mudança da visão mágica pela visão crítica transformando o contexto. Educandos/as e educadores/as precisam juntos traçar caminhos de aprendizagem, já que neste universo de saberes ambos têm a mesma importância, mesmo que desempenhem papéis diferentes (PREFEITURA MUNICIPAL DE SÃO BERNARDO DO CAMPO, 2012, p. 72).

Após, o documento traz a organização do atendimento, dos agrupamentos e da especificidade de cada um.

No item referente às Orientações do Serviço, faz menção no item 3 sobre avaliação no I Segmento:

> 3.1 - A avaliação é processual e os conselhos de classe/ciclo se realizam bimestralmente. Para cada um desses encontros é necessário um registro de avaliação da turma e dos/as educandos/as individualmente, com descrição de potencialidades, dificuldades e novos encaminhamentos didáticos. No final do semestre preenche-se a ficha de acompanhamento do/a educando/a com a menção final, além da ata de resultados finais que servirá de base para o preenchimento do histórico escolar.

> 3.2 – As menções da avaliação, no decorrer do ciclo apresentam a denominação EP (em processo de construção do conhecimento) e A (atingiu os objetivos propostos). Ao final de cada ciclo os/as educandos/as serão considerados/as aprovados/as ou reprovados/as. (PREFEITURA MUNICIPAL DE SÃO BERNARDO DO CAMPO, 2012, p. 90).

No II Segmento:

> 4.2 – As menções da avaliação, no decorrer do ciclo apresentam a denominação EP (em processo de construção do conhecimento) e A (atingiu os objetivos propostos). Ao final de cada ciclo os/as educandos/as serão considerados/as aprovados/as ou reprovados/as, no registro da ata de resultados finais. Assim a passagem do 5º termo para o 6º termo e do 7º para o 8º termo se faz na lógica da continuidade.
> 4.3 - A sistematização final das avaliações é realizada pelo professor/a, coordenador/a de turma, pós parecer de todo o coletivo de professores/as (PREFEITURA MUNICIPAL DE SÃO BERNARDO DO CAMPO, 2012, p. 96).

Nas chamadas telessalas, que posteriormente receberam a denominação de CAGECPM:

> 2.10 - O processo de avaliação se organizará em 100 créditos para cada módulo que deverão ser divididos da seguinte forma:

Tipo de Avaliação	Valor	Responsável pela Elaboração
Avaliação Externa (Presencial e Individual por área)	60%	Secretaria de Educação
Duas atividades em grupo e em sala	20%	Professor
Atividades de autogestão do conhecimento	20%	Professor

> 2.11 - Todos os trabalhos em autogestão do conhecimento deverão ser organizados pelo/a Educador/a de modo que apontem os seguintes aspectos:
> a) Registro dos objetivos que almeja alcançar com o trabalho.
> b) Orientação de procedimentos para o estudo.
> c) Sugestões de estratégias que possam ser utilizadas para obtenção do conhecimento. (PREFEITURA MUNICIPAL DE SÃO BERNARDO DO CAMPO, 2012, p. 102).

Depois a avaliação individual passou a ser elaborada pela própria Unidade Escolar.

Além das Diretrizes Curriculares, foram publicados os volumes I, II, III e IV das Práticas Pedagógicas, que trazem a reflexão após formação e as práticas das escolas, como forma de construção, sistematização desse currículo vivo. A partir disso, estruturou-se uma organização do trabalho pedagógico com a caracterização das turmas com o levantamento dos seguintes aspectos: investigação temática, visão de mundo e situação de opressão (fala significativa), diversidade dos sujeitos da EJA (evidenciada), desejos e expectativas. E também compõem essa organização os seguintes itens:

- Falas significativas; Contratema; Problematizações; Eixos do conhecimento; Conteúdos.

Esses itens deviam estar interligados dentro do projeto para que ocorra "a integração dos saberes para que os educandos/as tenham a oportunidade de reconstruir e sistematizar os conhecimentos por meio da reflexão sobre a realidade para a sua transformação." (PREFEITURA MUNICIPAL DE SÃO BERNARDO DO CAMPO, 2012, p. 35).

"A tarefa do educador dialógico é, trabalhando em equipe interdisciplinar este universo temático recolhido na investigação, devolvê-lo, como um problema, não como dissertação, aos homens de quem recebeu." (FREIRE, 2011, p. 142).

No quadro a seguir, apresentamos um exemplo com as explicações de cada item, a partir de um quadro de problematizações elaborado por uma professora e que foi incluída no conteúdo de um curso de formação para os professores de EJA:

Quadro 18 – Explicação sobre o Quadro de Problematização

| Fala significativa | "deve representar a situação-limite do coletivo e ser problematizada e refletida num propósito de se evidenciar a intencionalidade de todo o processo pedagógico, por meio da categoria denominada de Contratema." (Práticas Pedagógicas V: experiências e vivências em EJA, p. 14, 2016) | *"Tenho mais de 55 anos e trabalho como faxineira em um prédio, onde sou proibida de utilizar os elevadores. Para chegar aos andares, eu subo e desço escadas o dia inteiro, sinto tantas dores nas costas que, à noite não tenho ânimo para vir à escola."* |

Contratema	Explicação crítica e possibilidades de superação da situação.	O trabalho no contexto da cidadania tem na sua definição atual, a transformação da natureza e de si mesmo. São imprescindíveis a reflexão e o debate sobre essa definição humana de trabalho para a transformação de uma sociedade em que, tantas vezes, recorre ao seu passado escravocrata de uma única relação trabalhista, unilateral, de senhor e o escravo.
Problematização	Questões a partir da fala significativa, orientadas pelo contratema, para buscar possíveis respostas.	- O que é trabalho formal e informal? 2 - O que é possível realizar de forma comunitária que faça frente à essa realidade opressora?
Eixo do Conhecimento	Organização que orienta a prática pedagógica considerando a integração do conhecimento e as temáticas do mundo adulto.	- Cultura e Trabalho 2 – Memória e Territorialidade
Conteúdo relacionado ao eixo de conhecimento	Conhecimentos sistematizados que se relacionam com as problematizações no sentido de colaborar no processo de compreensão e superação das visões ingênuas que se manifestam na fala.	1 - Mundo do trabalho; Capitalismo, socialismo e neoliberalismo; Reformas trabalhistas no Brasil; Cooperativismo e economia solidária 2 - São Bernardo no Contexto da História do Brasil; O trabalho na região do ABC paulista nos anos 70; Imigração em SBC no século XX; Políticas públicas e distribuição de renda na cidade de SBC; Origem de comunidades tradicionais em SBC; A origem da comunidade DER (comunidade do entorno da escola) no contexto da construção da rodovia Anchieta e modernização de São Paulo.

Fonte: https://avamec.mec.gov.br/#/instituicao/saobernardodocampo/curso/2901/unidade/4862/acessar?continue=false. Acesso em: 22 fev. 2021

Nessa perspectiva, nota-se que as Diretrizes Curriculares de EJA de São Bernardo do Campo tinham como base teórica a concepção freireana e, portanto, da Educação Popular:

> Esta é a razão pela qual não são as "situações-limite", em si mesmas, geradoras de um clima de desesperança, mas a percepção que os homens tenham delas num dado momento histórico, como um freio a eles, como algo que eles não podem ultrapassar. No momento em que a percepção crítica se instaura, na ação mesma, se desenvolve um clima de esperança e confiança que leva os homens a se empenharem na superação das "situações-limite". (FREIRE, 2011, p. 126).

O trabalho pedagógico iniciava com a caracterização dos educandos no início do período letivo. Fazia parte desse processo a realização de roda de conversa, círculo de cultura, suscitada por um filme, figura, assuntos da comunidade, música, notícia, provocando assim, um diálogo, mas não um diálogo em que sobressaia a voz do educador. Tratava-se de um diálogo para o educador fazer a leitura dos educandos a partir de suas falas, o conhecimento desses sujeitos, reconhecendo a diversidade, suas expectativas, entre outros. Nesses diálogos, os educadores colhiam as falas significativas, que são aquelas que representavam situações que limitavam a vida dos sujeitos, uma fala fatalista, que representava, muitas vezes, um conformismo por não conseguirem vislumbrar uma saída, como se a realidade fosse estática. Verificando a fala que melhor representava a situação-limite do grupo, que, inclusive, poderia ser selecionada numa assembleia com os educandos, os educadores elaboravam o contratema, a forma de superação da realidade opressora. Feito isso, partia-se para as problematizações, perguntas que poderiam fazer o educando refletir e compreender essa realidade. Para isso, entravam os conteúdos, a serviço do conhecimento que importa. Então, partia-se da realidade concreta do educando, mas não significava que se limita a isso. A partir dessa organização, a proposta era que houvesse discussão com o grupo, pois as falas de todos importavam, e, diante disso, havia a construção coletiva de conhecimentos com o objetivo de encontrar caminhos para a superação da situação-limite apresentada inicialmente.

Essa forma de organização curricular proporcionava ao educando a possibilidade de conscientização, compreendendo, a partir do chão em que pisa, o lugar que ocupava na organização social e o porquê, entendendo a lógica da luta de classes. Somente a partir disso é que havia a possibilidade de transformação.

Por outro lado, essa dinâmica trazia alguns desafios ao educador, que necessitava desconstruir a lógica hegemônica de iniciar o período letivo com conteúdos considerados importantes numa sequência linear. Além disso, havia outros desafios como, de fato, compreender a realidade concreta do educando, saber fazer boas perguntas, havia a necessidade de realizar muitas pesquisas com os educandos, entre outros, para ser um educador que atuasse na perspectiva do currículo crítico-libertador.

3.3.3 Avaliação

Como já foi colocado na apresentação do currículo, a avaliação deve ser processual, havendo os momentos, também, para uma avaliação mais sistematizada em dois momentos no semestre que são os Conselhos de Classe. Como instrumento de avaliação, os professores apresentavam portfólios dos alunos, bem como relatórios do trabalho realizado na ocasião. A sistematização da avaliação era apresentada nas Fichas de Acompanhamento de Aprendizagem, com itens referentes aos eixos do conhecimento para os professores preencherem e avaliarem se os objetivos foram atingidos ou estão em processo. A diferença dessa Ficha na EJA do 2º Segmento é a de que os eixos eram substituídos por áreas de conhecimento. No caso do CAGECPM, havia impressos próprios em que avaliavam as questões referentes à autogestão do conhecimento, bem como o final de cada módulo.

É importante ressaltar que as Diretrizes Curriculares de EJA na época desse estudo, era ainda um documento recente, cuja a elaboração se deu numa ação coletiva com base nas formações realizadas a partir de 2009. Essa construção foi fruto da gestão petista que se manteve no poder na gestão seguinte até o ano de 2016. Foi uma ação ousada, visto que a EJA nem fazia parte do sistema municipal. O currículo foi sendo construído e, aos poucos, sendo apropriado pelos educadores, tendo, para isso, grande investimento em formação nesses dois mandatos.

Com esse currículo, tendo como objetivo o desenvolvimento da criticidade e a emancipação dos sujeitos, a expectativa era de que a avaliação refletisse esse impacto, porém os números não demonstraram esse reflexo, como vemos a seguir:

Gráfico 11 – Salas de EJA de 2016 a 2019

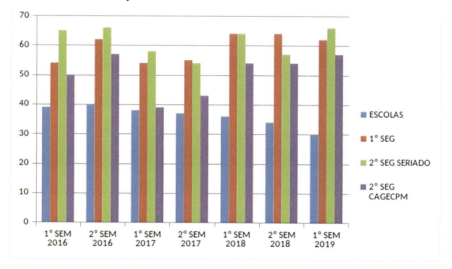

Fonte: organizado pela autora (2019)

Nesse primeiro gráfico, apresentamos os dados de matrícula, em que se pode notar que, entre o segundo semestre de 2016 e o primeiro semestre de 2019, houve o fechamento de escolas de EJA no município, e essa diminuição é acompanhada pela queda de matrículas dos educandos do 1º Segmento; no entanto, houve crescimento de número de matrículas no 2º Segmento, tanto seriado quanto modular (CAGECPM).

Os gráficos a seguir foram organizados a partir dos Mapas de Movimento em que as escolas preenchiam mensalmente e encaminhavam para a Secretaria de Educação. Portanto, os mapas não continham informações referentes aos educandos reprovados. Esse cálculo foi realizado a partir dos dados de matrícula, excluindo os aprovados e evadidos. É importante informar ainda que estão incluídos nos dados dos reprovados os educandos que solicitaram transferência, falecidos, reclusos, numa média de 5%.

Nos gráficos 12, 13 e 15, as colunas representam respectivamente:

- Alunos matriculados do 1º segmento
- Alunos aprovados do 1º segmento
- Alunos reprovados do 1º segmento
- Alunos evadidos do 1º segmento

Na mesma ordem, os alunos do 2º segmento e do CAGECPM

Gráfico 12 – Dados de 2016

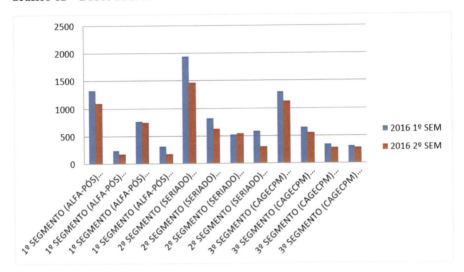

Fonte: organizado pela autora (2019)

Gráfico 13 – Dados de 2017

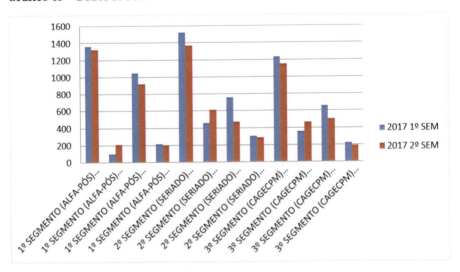

Fonte: organizado pela autora (2019)

Gráfico 14 – Dados de 2018

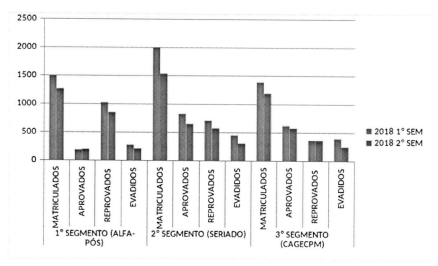

Fonte: organizado pela autora (2019)

Gráfico 15 – Dados de 2019

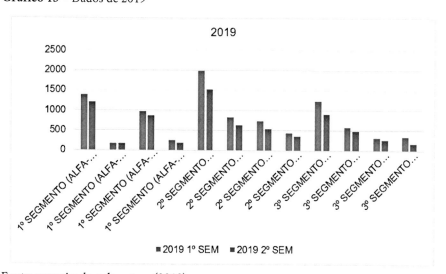

Fonte: organizado pela autora (2019)

Para a comparação de dados de 2016 a 2019 e melhor análise, levando em consideração os tipos de oferta, sistematizamos em média a porcentagem em números inteiros dos educandos considerados aprovados, reprovados e evadidos, na tabela a seguir:

Tabela 15 – Média de porcentagem de Educandos de EJA aprovados, reprovados e evadidos entre 2016 e 2019

Tipos de Atendimentos	% de Educandos		
	Aprovados	Reprovados	Evadidos
1º Segmento	14%	68%	18%
2º Segmento	41%	37%	22%
CAGECPM	44%	34%	22%

Fonte: organizado pela autora (2019)

A partir dessa tabela, podemos observar que a porcentagem dos alunos reprovados no 1º Segmento é quase o dobro comparado ao 2º Segmento, porém apresentam uma porcentagem menor de números de alunos evadidos, apesar de a diferença ser muito pouca; enquanto, em relação aos dois tipos de atendimentos do 2º Segmento, são semelhantes. Apesar de também ser pequena, há uma porcentagem maior de educandos promovidos no sistema modular.

As Diretrizes Curriculares da EJA contêm os seguintes objetivos:

> - Conceber a educação como uma prática que apresente possibilidade de criar situações problematizadoras e significativas para transformação social;
> - Desenvolver as potencialidades e capacidades dos educandos/as inerentes às condições concretas da vida social e do trabalho;
> - Flexibilizar tempos e espaços para a construção de conhecimento, respeitando a capacidade do/a educando/a de seguir seu próprio ritmo de aprendizagem;
> - Compreender que as tecnologias da informação e da comunicação fomentam uma nova visão de planejamento, aproveitando os ambientes colaborativos de aprendizagem;
> - Partilhar da concepção de integração das áreas do conhecimento e das práticas sociais e profissionais. (PREFEITURA MUNICIPAL DE SÃO BERNARDO DO CAMPO, 2012, p. 35).

Nesse sentido, realizando a análise dos dados e os objetivos apresentados, há a interpretação de que, apesar de ter um currículo que considere os sujeitos da EJA e suas especificidades, não foi possível para quase 50% dos educandos aprenderem.

A avaliação é parte de todo o processo pedagógico, apontando necessidades de ajuste. Pode-se ter como critério de análise:

- O tempo/período para aprendizagem não foi suficiente;
- O currículo crítico-libertador ainda não foi apropriado, consolidado pelos professores;
- Os professores trabalhavam com o currículo crítico-libertador, mas avaliavam com base num currículo apenas conteudista.

O fato de a EJA estar num sistema de ensino traz a seguinte contradição: por um lado é a garantia de direito enquanto política pública e papel do Estado, que é inegável. Por outro, traz o engessamento do processo, com legislações que limitam o tempo para aprender, que padronizam os períodos de avaliações e exigem o fechamento de semestre com resultados.

É importante ressaltar que os educadores são tão vítimas quanto os educandos nessa forma de avaliação. Assim como os educandos, cada educador foi formado por onde passou, tanto na formação inicial quanto continuada, mas sempre lhes foram exigidos resultados e registros desses resultados em cima de objetivos, muitas vezes tão distantes dos educandos, que alienam, que não tratam da superação da situação-limite. Não há tempo para diálogo, para reflexão a partir desse diálogo; não há nem processo para conscientização desses educadores sobre essa situação.

Mesmo assim, é possível ofertar uma EJA pautada na Educação Popular, levando em consideração os seus princípios, como a organização do currículo crítico-libertador, que pode ser considerada uma forma de resistência aos modelos de ensino alienantes que desconsideram as características dos educandos trabalhadores e não possibilitam a sua transformação.

Muitas vezes é dito aos educandos que é só eles se esforçarem que conseguem. Em diálogo com os educandos, eles mesmos repetem isso. Por trás dessa fala, estão escondidas as seguintes visões de mundo: *quem conseguiu terminar os estudos se esforçou; se eu me esforçar, vou conseguir; se eu me esforcei e não consegui, é porque sou burro; só as pessoas dotadas de inteligência é que conseguem.* Essa é uma visão da meritocracia.

É muito injusto para os sujeitos da EJA deixá-los alienados com esse pensamento. As pessoas que têm oportunidade de conviver com situações de escrita, leitura, contato com a cultura hegemônica ou mesmo uma vivência escolarizada anterior estão numa situação diferente daquelas que não tiveram oportunidade, que estarão mais distantes dos conteúdos escolarizados da cultura dominante, portanto não se trata de esforço. As pessoas partem de lugares diferentes, mas têm que chegar ao mesmo tempo no mesmo lugar.

Precisa-se considerar de onde os educandos partem, por que partem, sabendo que nem todos precisam chegar ao mesmo lugar nem ao mesmo tempo, mas precisam saber onde estão, por que estão, por que não estão lá, aonde querem chegar, como é lá, por que lá é assim, por que querem chegar lá, com quem querem chegar, por que uns estão e outros não, quem impede de chegarem, por que impedem, como fazer para chegarem e como transformar lá para ficar melhor para todos. Quando o educando e educador se veem dentro desse processo de reflexão e construção de conhecimento, estão dentro de um processo de avaliação emancipatória.

4

OS CAMINHOS DA PESQUISA

> *O estudo das realidades que formam o cotidiano tem se realizado por óticas diferentes. O conceito cotidiano não pode ser tomado univocamente como se todos os trajetos de vida estivessem sujeitos às mesmas condições e se traduzissem em realidades constantes e uniformes, independentes de condições objetivas em que essas vidas acontecem.*
>
> (Antonio Chizzotti)

Este capítulo apresenta o percurso trilhado para a realização da pesquisa e a opção do aporte teórico-metodológico. Retomando o objetivo geral deste estudo, "construir caminhos para a realização de avaliação emancipatória nos cursos de Educação de Jovens e Adultos", pressupõe-se uma ação, pois não se trata apenas de constatar com dados numéricos o fracasso escolar na EJA. Esta pesquisa inicia com a ampliação do estudo da realidade por outras óticas, como Chizzotti diz na epígrafe deste capítulo. Embora a EJA esteja, muitas vezes, amparada num currículo em que, no início do semestre, são consideradas as características dos sujeitos, essas mesmas características são desconsideradas no final do semestre. Há, então, uma ruptura no meio do processo.

Dessa forma, como muito já tem se falado em currículos emancipatórios na EJA, com princípios da Educação Popular, considerando os seus sujeitos. O objetivo é, a partir disso, trazer contribuições para a efetivação desses currículos por meio da avaliação emancipatória, junto aos educadores.

Como havia o entendimento do desafio desse processo em relação à limitação das possibilidades de intervenção e do tempo, foram traçados os objetivos específicos na intervenção da ação com os educadores que se aproximassem, que iniciassem o processo de construção, conforme objetivo geral. Desse modo, foram considerados os seguintes objetivos específicos:

I. Analisar a relação o currículo crítico-libertador e a avaliação emancipatória;

II. Analisar a relação da categoria freireana dialogicidade com a avaliação emancipatória;

III. Analisar a relação do processo de aprendizagem do aluno jovem, adulto, idoso da EJA com a avaliação emancipatória;

IV. Analisar o contexto de realização de avaliação que se aproxime da avaliação emancipatória;

V. Identificar possibilidades e dificuldades na realização de uma avaliação emancipatória na Educação de Jovens e Adultos.

Nos subitens a seguir, está explicitado o detalhamento referente à estrutura da pesquisa e o aporte teórico, o contexto da pesquisa, a realização dos encontros dialogados e formativos e a coleta de dados, que compõem os caminhos dessa pesquisa

4.1 Estrutura da Pesquisa e Aporte Teórico

4.1.1 Abordagem qualitativa

A avaliação da aprendizagem envolve os objetivos de aprendizagem, os fenômenos do ensino e da aprendizagem e determinados sujeitos que ensinam e determinados sujeitos que aprendem, num determinado contexto. No ambiente escolar, geralmente, os sujeitos que ensinam determinam os objetivos de aprendizagem e os conteúdos para isso (ou às vezes só consideram, uma vez os objetivos e conteúdos poderão estar pré-determinados), ensinam aos sujeitos que devem aprender, e estes devem apresentar a sua aprendizagem, que é materializada pelos sujeitos que ensinam em indicações quantitativas de aprendizagem. No caso da temática deste estudo, avaliação na EJA, poderia se evidenciar, a partir dos números já expressos, que mais da metade dos educandos da rede municipal de São Bernardo do Campo não tiveram sucesso escolar entre os anos de 2016 e 2019.

Poderia se optar por analisar apenas quais os conteúdos, em quais termos/módulos, os educandos não obtiveram resultado positivo para propor reforço escolar, contribuindo com a ideia de que se eles não aprendem, a responsabilidade seria deles mesmos, pois o Estado faz a sua parte, mas infelizmente nem todos aprendem. Esse tipo de pesquisa traz os números frios e neutros que privilegiam e, ao mesmo tempo, ocultam a cultura dominante e seus conteúdos. A pesquisa de caráter social, como a pesquisa-ação, que muitas vezes foi criticada pela pesquisa tradicional, traz o contraponto.

> A pesquisa-ação ingressa, em ciências sociais, nos anos de 1970, no bojo da crítica ao conhecimento e à ação, denunciando tanto o caráter ideológico da pesquisa, oculto sob o mote da neutralidade e objetividade científicas, quanto o alcance político da concepção convencional da pesquisa, na garantia prevalente do prestígio de indivíduos ou instituições, prestando-se à manutenção de privilégios. Ingressa nos foros das ciências sociais como um novo paradigma que reformula o conceito de mudança e que contesta os fundamentos da pesquisa tradicional. (CHIZZOTTI, 2011, p. 85).

Quando se intenciona investigar não o problema, que já está evidenciado, mas o caminho para sua superação, em favor dos oprimidos, deve-se considerar cada um dos sujeitos históricos, a relação subjetiva entre os sujeitos que ensinam e aprendem, a relação dos sujeitos com os fenômenos de ensinar e aprender, a relação dos objetivos e os conteúdos de aprendizagem entre eles e com os sujeitos, pois todas essas questões se relacionam e são necessárias tanto para compreender os processos avaliativos quanto para construir caminhos junto com os sujeitos da pesquisa. Dessa forma, optou-se por realizar a pesquisa utilizando uma abordagem qualitativa.

> A abordagem qualitativa parte do fundamento de que há uma relação dinâmica entre o mundo real e o sujeito, uma interdependência viva entre o sujeito e o objeto, um vínculo indissociável entre o mundo objetivo e a subjetividade do sujeito. O conhecimento não se reduz a um rol de dados isolados, conectados por uma teoria explicativa; o sujeito-observador é parte integrante do processo de conhecimento e interpreta os fenômenos, atribui-lhes um significado. O objeto não é um dado inerte e neutro; está possuído de significados e relações que os sujeitos concretos criam em suas ações. (CHIZZOTTI, 2001, p. 79).

A própria delimitação do problema enseja a pesquisa qualitativa, visto que não se trata de colher dados comprobatórios sobre a avaliação, nem verificar se o uso de determinado instrumento ou estratégia leva a um resultado positivo da avaliação. Para a investigação do problema, a saber, "Como colocar em prática a avaliação emancipatória na EJA de forma que os educandos possam obter sucesso escolar?", há necessidade de se considerar além das aparências imediatas, devendo, então, o pesquisador fazer uma imersão no contexto, no passado e nas circunstâncias presentes que condicionam o problema (CHIZZOTTI, 2001).

Para Chizzotti (2001), o pesquisador é parte fundamental da pesquisa qualitativa. Não é um relator passivo do processo. De fato, houve uma conduta participante em todo o processo, visto que se tratou de uma construção com o grupo de pesquisados.

> Na pesquisa qualitativa, todas as pessoas que participam da pesquisa são reconhecidas como sujeitos que elaboram conhecimentos e produzem práticas adequadas para intervir nos problemas que identificam. Pressupõem-se, pois, que elas têm um conhecimento prático, de senso comum e representações relativamente elaboradas que formam uma concepção de vida e orientam as suas ações individuais. (CHIZZOTTI, 2001, p. 83).

A intenção da pesquisa não é de realizar uma "invasão cultural", mas uma "síntese cultural" (FREIRE, 2011), por isso há a importância de se conhecerem os processos históricos, conforme 1.2 do Capítulo 1, para se compreender que, embora se tenham conquistas na EJA, ainda é um território de muita luta para não se perderem essas conquistas.

4.1.2 Pesquisa aplicada

Quanto à coleta de dados, observa-se que os objetivos específicos da pesquisa já indicam que não serão trazidos dados quantitativos, conforme sugerem os verbos desses objetivos: analisar a relação e o contexto e identificar possibilidade; de acordo com o objetivo geral, cujo verbo principal é construir, visto que se pretende contribuir para superar a realidade opressora de fracasso escolar nos cursos de Educação de Jovens e Adultos. Dessa forma, a presente pesquisa corrobora com o que Chizzotti (2001) traz:

> Em geral, a finalidade de uma pesquisa qualitativa é intervir em uma situação insatisfatória, mudar condições percebidas como transformáveis, onde pesquisador e pesquisados assumem, voluntariamente, uma posição reativa. No desenvolvimento da pesquisa, os dados colhidos em diversas etapas são constantemente analisados e avaliados. (CHIZZOTTI, 2001, p. 89).

Pode-se classificar, dessa forma, que a natureza da pesquisa é aplicada, visto que se tem a intencionalidade de contribuir com as soluções práticas (GIL, 2002).

4.1.3 Pesquisa exploratória

Pode-se considerar que a pesquisa é exploratória, pois trata-se da temática da avaliação já muito estudada, mas a intenção é de explorá-la de forma a trazê-la para conhecê-la melhor numa orientação para a prática emancipatória.

> Estas pesquisas têm como objetivo proporcionar maior familiaridade com o problema, com vistas a torná-lo mais explícito ou a constituir hipóteses. Pode-se dizer que estas pesquisas têm como objetivo principal o aprimoramento de ideias ou a descoberta de intuições. Seu planejamento é, portanto, bastante flexível, de modo que possibilite a consideração dos mais variados aspectos relativos ao fato estudado. (GIL, 2002, p. 41).

4.1.4 Pesquisa-ação participante

Para realizar a pesquisa, utilizamos o procedimento da pesquisa-ação participante. Thiollent (2011) afirma que a pesquisa-ação é uma pesquisa social, envolvendo uma ação ou resolução de um problema coletivo com a participação dos pesquisadores e dos envolvidos de modo cooperativo ou participativo. No caso deste estudo, temos a questão referente ao problema da repetência escolar pelos educandos de EJA, que é coletivo, pois não se trata de uma única turma, nem de um único período de tempo de educandos que não foram bem avaliados no final de um período letivo. A pesquisa ocorreu de forma que os envolvidos, no caso, os educadores, participassem da reflexão de modo a contribuir com a construção de uma avaliação emancipatória para EJA. Com relação à diferença entre pesquisa-ação e pesquisa participante, Thiollent (2011, p. 21) destaca que:

> Isto é uma questão de terminologia acerca da qual não há unanimidade. Nossa posição consiste em dizer que toda pesquisa-ação é de tipo participativo: a participação das pessoas implicadas nos problemas investigados é absolutamente necessária. No entanto, tudo o que é chamado participante não é pesquisa-ação. Isto porque a pesquisa participante é, em alguns casos, um tipo de pesquisa baseado numa metodologia de observação participante na qual os pesquisadores estabelecem relações comunicativas com pessoas ou grupos da situação investigada com o intuito de serem melhor aceitos.

Dessa forma, entendemos que, como há o envolvimento dos pesquisados na análise, reflexão e proposta de ação sobre o problema, a pesquisa é considerada uma pesquisa-ação participante.

Também explicitamos o alinhamento com alguns dos principais aspectos em que Thiollent (2011) resumiu em relação à estratégia metodológica da pesquisa social, os quais relacionamos com a presente pesquisa no Quadro 19.

Carlos Brandão (1986) foi outro referencial teórico utilizado para o processo deste estudo, referente à pesquisa participante. Segundo Borda (*apud* BRANDÃO, 1986), a pesquisa participante refere-se a uma pesquisa-ação voltada para as necessidades básicas dos indivíduos pertencentes às classes mais carentes. Nesse sentido, há uma consonância com esse estudo quando trouxemos no texto do primeiro capítulo, no item 1.2 sobre o histórico da EJA e no item 1.3.1, quando tratamos das denúncias e anúncios da EJA na sociedade, em que vimos que os sujeitos que tiveram de alguma forma o direito à educação negado historicamente são os que sofrem preconceitos, são os que têm menos oportunidade de emprego ou são os que trabalham na informalidade e também têm maior dificuldade de acessar os próprios direitos. O autor ainda complementa que se trata de uma "metodologia que procura incentivar o desenvolvimento autônomo (autoconfiante) a partir das bases e uma relativa independência do exterior." (BORDA *apud* BRANDÃO, 1986, p. 43). Com isso, há o entendimento de que uma proposta de avaliação emancipatória aos sujeitos da EJA traria autonomia e autoconfiança, uma vez que a proposta curricular é pautada na concepção de uma avaliação emancipatória, conforme o item 1.3.2.3, em que discorremos sobre as denúncias e os anúncios referentes ao currículo de EJA.

O ideal era que a pesquisa fosse realizada diretamente junto com os educandos, os quais compreendemos que se encontram numa situação de opressão pela organização escolar formal sistematizada, que não considera as características desses sujeitos e, portanto, de certa forma os exclui. Devido ao tempo e às possibilidades naquele momento a ação com eles foi realizada pelos educadores. Os encontros com esses educadores trouxeram elementos para uma reflexão de ação que envolvesse os educandos. Nesse sentido, os pesquisados tinham ação direta e necessária com os educandos para que estes pudessem, num processo de conscientização, compreender e participar da avaliação da sua aprendizagem.

> [...] a finalidade da pesquisa/ação é de favorecer a aquisição de um conhecimento e de uma consciência crítica do processo de transformação pelo grupo que está vivendo este processo, para que ele possa assumir, de forma cada vez mais lúcida e autônoma, seu papel de protagonista e ator social. (BRANDÃO, 1986, p. 27).

Brandão retoma aspectos importantes num artigo denominado "A pesquisa participante: um momento da educação popular", em que escreveu com Correa Borges (2007). Entre esses aspectos, está a origem da pesquisa, cujo foco, preferencialmente são experiências junto com os grupos ou camadas populares e deve estar situado em uma perspectiva da realidade social. Os autores afirmam que, na maior parte dos casos, essa forma de pesquisa está relacionada a um momento de trabalhos com a educação popular. Outro aspecto importante é com o compromisso social, político e ideológico, pois deve-se estar a serviço das comunidades, grupos e movimentos sociais, em geral populares. Nesse sentido, os autores trazem a reflexão sobre a ciência e a sua utilidade.

> Todo o conhecimento de qualquer ciência vocacionada ao alargamento do diálogo e à criação de estruturas sociais e de processos interativos - econômicos, políticos, científicos, tecnológicos ou o que seja - sempre mais humanizadores, integra antes, de algum modo, sujeitos e objetos em um projeto de mudança em direção ao bem, ao belo e ao verdadeiro. (BRANDÃO; CORREA BORGES, 2007, p. 13).

As características da pesquisa-ação e pesquisa participante convergem em muitos pontos e foram considerados como base para realização deste estudo, pois temos como objetivo a defesa do direito à educação às pessoas em que este lhes foi negado, para que se tenha uma EJA pautada em princípios freireanos, partindo da realidade concreta, num trabalho para que os próprios educandos se libertem, superando a situação opressora, envolvendo a construção do conhecimento de forma coletiva, a conscientização, a transformação, como consta no item 1.1 do Capítulo 1, pois essa é uma premissa das duas formas de pesquisa. Para melhor visualizar essa questão, trouxemos no quadro a seguir essas características da pesquisa-ação tendo como base Thiollent (2011) e as características da pesquisa participante com Brandão e Correa Borges (2007), bem como os procedimentos adotados neste estudo.

Quadro 19 – Relação do trabalho de pesquisa com alguns aspectos da pesquisa-ação e pesquisa participante

Pesquisa-ação	Pesquisa Participante	Características da presente pesquisa
Há uma ampla e explícita interação entre pesquisadores e pessoas implicadas na situação investigada.	A relação tradicional de sujeito-objeto, entre investigador-educador e os grupos populares deve ser progressivamente convertida em uma relação do tipo sujeito/sujeito, a partir do suposto de que todas as pessoas e todas as culturas são fontes originais de saber.	Houve uma interação entre a pesquisadora e as pessoas pesquisadas, mediada por duas situações: vínculo empregatício, pois todos atuavam na mesma rede municipal de ensino, mesmo que em diferentes funções e a base da interação que é a pauta da EJA.
Desta interação resulta a ordem de prioridade dos problemas a serem pesquisados e das soluções a serem encaminhadas sob forma de ação concreta.	Deve-se partir da realidade concreta da vida cotidiana dos próprios participantes individuais e coletivos do processo.	Os resultados negativos da avaliação na EJA são uma realidade concreta que afeta os educandos.
O objeto de investigação não é construído pelas pessoas, e sim pela situação social e pelos problemas de diferentes naturezas encontrados nesta situação.	E é a possibilidade de transformação de saberes, de sensibilidades e de motivações populares em nome da transformação da sociedade desigual, excludente e regida por princípios e valores do mercado de bens e de capitais, em nome da humanização da vida social, que os conhecimentos de uma pesquisa participante devem ser produzidos, lidos e integrados como uma forma alternativa emancipatória de saber popular.	O fracasso escolar na Educação de Jovens e Adultos é um problema criado pelo sistema educacional, que traz consequência social. Como consta no Capítulo 1 deste trabalho, 6,8 % das pessoas com 15 anos ou mais não estavam alfabetizados e 33,19% das pessoas com mais de 25 anos ou mais não tinham terminado o ensino fundamental. Então, no total, quase 40% da população brasileira não tinha terminado nem sequer o ensino fundamental, de forma que se pode relacionar essa situação com várias questões sociais. E ainda quando se cursa a EJA e não se conclui nem o ensino fundamental, o problema se amplia.

Pesquisa-ação	Pesquisa Participante	Características da presente pesquisa
O objetivo da pesquisa-ação consiste em resolver ou, pelo menos, em elucidar os problemas da situação observada.	A investigação, a educação e a ação social convertem-se em momentos metodológicos de um único processo dirigido à transformação social.	O objetivo geral da pesquisa é de contribuir para superar a situação de exclusão escolar, uma vez que muitos entram e metade deles não concluem os estudos. Essa ação consiste tanto na compreensão do problema como na construção caminhos para uma avaliação emancipatória.
Há durante o processo, um acompanhamento das decisões, das ações e de toda a atividade intencional dos atores da situação.	Deve-se partir da realidade concreta da vida cotidiana dos próprios participantes individuais e coletivos do processo.	Embora houvesse a limitação do tempo tanto de duração quanto de periodicidade, a partir do diálogo, nos encontros a pesquisadora sempre recuperava os anteriores bem como trazia problematizações para as questões levantadas anteriormente.
A pesquisa não se limita a uma forma de ação (risco de ativismo): pretende-se aumentar o conhecimento dos pesquisadores ou o "nível de consciência" das pessoas e dos grupos considerados.	Deve-se partir sempre da busca de unidade entre a teoria e a prática, e construir e reconstruir a teoria a partir de uma sequência de práticas refletidas criticamente.	Os momentos das discussões, no decorrer dos encontros, trouxeram momentos reflexivos, os conhecimentos da pesquisadora e os conhecimentos dos pesquisados formaram novos conhecimentos.

Fonte: organizado pela autora (2021)

Podemos, ainda, trazer à pesquisa-ação participativa uma contribuição de Kemmis, MCtaggart e Nixon (2013), que corrobora o tipo de processo deste estudo. Essa pesquisa tem os seguintes atributos para diferenciar da pesquisa convencional: propriedade compartilhada dos projetos de pesquisa, análise baseada na comunidade de problemas sociais e uma orientação para a ação comunitária. Os autores colocam ainda que, a partir da pesquisa-ação participativa, as pessoas envolvidas poderão compreender suas práticas sociais e educacionais, como elas são produzidas e reproduzidas, e, com isso, pode-se chegar a pistas sobre como pode ser possível transformá-las. Para isso, os pesquisadores buscam na sua prática elementos a serem investigados como questões voltadas à comunicação, cultura, produção, poder, conhecimento, que se relacionam entre si numa espiral autorreflexiva. Além disso, os autores citam sete características-chave, sendo elas: processo social, participativa, prática e colaborativa, crítica, reflexiva e emancipatória.

> A pesquisa-ação participativa é emancipatória. A pesquisa-ação participativa visa ajudar as pessoas a se recuperarem e a se libertarem das restrições das estruturas sociais irracionais, produtivas, injustas e insatisfatórias que limitam seu autodesenvolvimento e autodeterminação. É um processo no qual as pessoas exploram as maneiras pelas quais suas práticas são moldadas e restritas por fatores sociais (culturais, econômicos e políticos) mais amplos e consideram se elas podem intervir para se libertarem dessas restrições para minimizar a extensão na qual elas contribuem para a irracionalidade, a falta de produtividade (ineficiência), injustiça e insatisfação (alienação) como pessoas cujo trabalho e vidas contribuem para a estruturação de uma vida social compartilhada. (KEMMIS; MCTTARGAT; NIXON, 2013, p. 10).

Nesse sentido, consideramos que as avaliações, para os educandos de EJA que sofreram reprovações, são parte de uma estrutura dos sistemas de ensino, que são voltados aos educandos do ensino regular; dessa forma, que não são adequadas e, portanto, são injustas e insatisfatórias e limitam os educandos de EJA ao acesso a diversos fatores que exigem a escolaridade, o conhecimento e a continuidade aos estudos, isto é, limitam o seu autodesenvolvimento. Para essa questão, tem-se a proposta de os educadores analisarem como se dá a avaliação, levando em consideração, entre outras questões, as culturais da escola, podendo, a partir disso, refletir e agir a partir de formas de superação desse tipo de avaliação alienante.

4.1.5 Análise

Quanto à análise, foi considerada a análise documental, pois faz parte da investigação o que se propõe em relação ao trabalho pedagógico que está descrito no Projeto Político-Pedagógico (PPP) das unidades escolares, bem como a forma de avaliação. Além disso, os documentos referentes ao registro das avaliações também são objetos importantes desta pesquisa.

Também há outros dados coletados a partir das entrevistas, após os encontros. Esses dados serão tratados por uma das técnicas de análise de conteúdo (BARDIN, 1977): a categorial. Para isso, seguiram-se os passos de organização do material, a codificação, a categorização, a inferência.

Dessa forma, a pesquisa teve a seguinte organização:

Quadro 20 – Organização da Pesquisa

Organização da Pesquisa	
Abordagem	Qualitativa
Natureza	Pesquisa aplicada
Objetivos	Pesquisa exploratória
Procedimentos	Pesquisa-ação participante
Análise de dados	Análise documental Análise de conteúdo

Fonte: organizado pela autora (2021)

4.2 O contexto da pesquisa

No ano de 2009, a gestão municipal de São Bernardo do Campo do então prefeito Luiz Marinho, criou, dentro da Secretaria de Educação, uma Divisão de Educação de Jovens e Adultos e Educação Profissional, pois, em governos anteriores, a oferta da EJA dava-se por meio de programa, como vimos no Capítulo 3, no subitem 3.2. Nessa Divisão, continham duas seções, uma de Educação de Jovens e Adultos e uma de Educação Profissional.

A partir disso, muitas ações foram realizadas para organizar a oferta da EJA, nos aspectos estruturantes, iniciando pela legislação, contratação de professores, chamada pública para matrícula de educandos, abertura de escola no período noturno, alimentação, transporte, material, uniforme, além da organização da equipe gestora para acompanhar, bem como a abertura das bibliotecas e laboratórios de informática. Em paralelo a essa questão, também foi organizado o serviço de Educação Profissional com oito eixos tecnológicos, sendo eles: Saúde, Tecnologias Digitais da Informação e Comunicação, Construção Civil, Alimentação, Meio Ambiente, Cultura e Sustentabilidade, Produção Moveleira, Imagem Pessoal e Confecção.

Outro aspecto importantíssimo nesse período foi a elaboração do documento que embasa o currículo da EJA, Diretrizes Curriculares de EJA[11], que se deu de forma coletiva, com embasamento teórico, estudo com especialistas das áreas e discussão na escola. As dimensões cultura, trabalho e ciência eram previstas no currículo e colocadas em prática. Quanto ao aspecto cultural, eram oportunizadas experiências aos educandos de EJA por meio de oficinas com educadores populares, nas áreas de artesanato, música, pintura em tela, dança de salão, hip-hop, além das vivências culturais que eram atividades de manifestação cultural na área musical, literária, teatral. Referente à questão do trabalho, além do fazer parte da discussão curricular no sentido ontológico, havia um grupo responsável pela orientação profissional, e, também, em algumas unidades escolares havia a oferta de cursos qualificação profissional atrelada à elevação de escolaridade.

O documento que embasa o currículo da EJA, Diretrizes Curriculares de EJA, tinha uma história muito recente comparado ao período da pesquisa, com uma lógica diferente ao que os professores estavam acostumados a trabalhar no dia a dia nas salas de aula, pois tratava de uma lógica que partia da realidade do educando, uma lógica da Educação Popular. Dessa forma, houve um grande investimento na formação com atendimento direto aos orientadores pedagógicos, às equipes gestoras, aos professores.

Mesmo com toda essa dinâmica, ainda havia, como apresentando no gráfico 12, no item 3.3.3, sobre avaliação, muitas reprovações. Dessa forma, elaborou-se uma proposta de um estudo com a rede sobre essa temática.

É importante ressaltar que, em 2017, uma nova gestão assumia a prefeitura, com outras vertentes. Nessa nova situação, a EJA de São Bernardo deixou de ser uma divisão. Já não havia a oferta de serviço relacionado à Educação Profissional, nem a dimensão cultural, bem como a formação. O atendimento à EJA continuou, e a nova gestão manteve as Diretrizes Curriculares da EJA como referência para a rede.

Para a realização da pesquisa, optou-se pelo público os educadores do primeiro segmento num primeiro momento, entendendo que, numa reflexão pautada na avaliação emancipatória no segundo segmento seriado, isto é, o atendimento do 6º ao 9º termo, haveria, ainda, a necessidade da superação da fragmentação, pois o atendimento é realizado com educadores de diversas áreas de conhecimento, a saber: Língua Portuguesa, Matemática, Ciências, História, Geografia, Arte, Inglês e Educação Física.

---

[11] Ver em: https://educacao.saobernardo.sp.gov.br/images/orientacoes_gerais_2/Diretrizes_Curriculares_2012. pdf. Acesso em: 25 ago. 2021.

Posteriormente, em diálogo com as equipes gestoras, também incluímos as turmas de EJA Modular, o CAGECPM, por ter apenas um educador no semestre. Em algumas turmas, há também o educador de Educação Física, porém não foi possível incluí-lo devido a ter apenas uma aula na semana.

Quando se implementou uma nova diretriz curricular, cada rede, cada unidade escolar, cada educador foi construindo o seu percurso de aproximação. Com entendimento a esse processo, convidamos dez das 35 unidades escolares que atendiam à EJA, considerando o envolvimento da equipe gestora com o currículo nas discussões relativas à EJA nos momentos formativos, entre outros fatores.

Uma das limitações, sem a qual ficaria difícil o apoio dos professores e da equipe de gestão, foi a contrapartida de os encontros serem realizados nos Horários de Trabalho Pedagógico Coletivo (HTPC) ou nos Horários de Trabalho Pedagógico (HTP) uma vez por mês. No caso da EJA, cuja maioria dos educadores tem uma carga horária de trabalho de 25 horas semanais, o HTPC é o horário semanal de duas horas para reuniões coletivas dos educadores com os coordenadores pedagógicos, e o HTP é o horário em que o educador cumpre na unidade escolar para realizar o planejamento, reuniões entre outros. Nesse caso, os coordenadores cederam o período de HTPC, e, em alguns casos, os educadores cederam o HTP para a realização da pesquisa. Dessa forma, ocorreu no horário de serviço, com a autorização por parte da Secretaria de Educação.

Das dez escolas convidadas, duas não se interessaram e, em uma, antes mesmo do primeiro encontro, teve uma devolutiva negativa por parte da educadora, restando assim sete. Nessas escolas houve uma conversa com os coordenadores pedagógicos e foi marcado o primeiro encontro com os educadores.

O detalhamento dos encontros com os educadores, encontra-se no item 4.3. Em duas unidades escolares, não foi possível iniciar com a pesquisa. Em uma delas, a troca de equipe de gestão e a falta de apoio da nova equipe ocasionaram a pouca receptividade por parte das educadoras. Na outra, a coordenadora pedagógica colocou a dificuldade de ceder as duas horas do HTPC para a realização da pesquisa, além da dificuldade de se utilizar o horário do HTP.

4.2.1 Escola e seus educadores

Dessa forma, de dez escolas indicadas, finalizamos com cinco, e as identificamos homenageando com nome de flores:

1. Escola Cravo;

2. Escola Lírio;

3. Escola de Flor de Lótus;

4. Escola Margarida;

5. Escola Violeta.

Após o primeiro encontro, que se configurou como um momento formativo, também foi feito o convite para os educadores, os quais ficaram à vontade para responder, posteriormente, se fariam a adesão à pesquisa. Posteriormente, recebemos as respostas, em que se verificou que 13 educadores aceitaram o convite, e três das cinco unidades escolares tiveram o acompanhamento próximo de um dos membros da equipe de gestão, de forma que, com a qualidade de educadores, foram incorporados à pesquisa também.

Para melhor organização da análise, identificamos os educadores com um número, ficando distribuídos da seguinte forma:

Quadro 21 – Participantes da Pesquisa – Escolas e Educadores

Escola	Equipe de Gestão	Professores	Turma
Lírio	E 16 – Educadora 16	E1 – Educador 1	CAGECPM
		E2 – Educadora 2	Pós-alfabetização
		E3 – Educadora 3	Alfabetização
Violeta		E4 – Educadora 4	CAGECPM
		E5 – Educadora 5	CAGECPM
		E6 – Educadora 6	CAGECPM
Cravo		E7 – Educadora 7	CAGECPM
		E8 – Educadora 8	Multisseriada
		E9 – Educadora 9	Alfabetização
		E10 – Educadora 10	Pós-alfabetização
Margarida	E15 – Educadora 15	E11 – Educador 11	CAGECPM
Flor de Lótus	E14 – Educador 14	E12 – Educadora 12	CAGECPM
		E13 – Educadora 13	Multisseriada

Fonte: organizado pela autora (2020)

A partir do quadro, pode-se observar que cerca de 50% dos educadores trabalham no CAGEPM, 50% dos educadores também têm uma pessoa da equipe de gestão participando da pesquisa. Dentre os 16 participantes, houve apenas a desistência de uma educadora, por motivos de saúde.

4.3 Planejamento e execução dos encontros formativos e dialogados

A partir da reflexão sobre como colocar em prática a avaliação emancipatória na EJA, de tal forma que os educandos possam obter sucesso escolar, duas questões foram importantes para serem consideradas no contexto:

1. O currículo crítico-libertador, que tem como ponto de partida do processo pedagógico a realidade concreta dos educandos, com levantamento da situação-limite por meio das falas significativas e as problematizações a partir dessas falas. Essas questões não podem estar descoladas da aprendizagem dos conteúdos, necessários para superação da situação-limite.

2. Aprendizagem desses conteúdos e a avaliação da aprendizagem.

Considerando que as Diretrizes Curriculares da EJA ainda eram a referência oficial da rede municipal de São Bernardo do Campo e que houve investimento formativo até 2016, entendeu-se que o processo de discussão sobre o estudo da realidade, levantamento de falas significativas, problematização no sentido de desmistificar o fatalismo, muitas vezes trazidas por essas falas e a elaboração do projeto, já faziam parte da prática nas unidades escolares.

O item 2.3 deste estudo, referente à temática "Quem e como se avalia o que se aprende na EJA", traz algumas reflexões referentes à aprendizagem do educando e como isso é visto na escola. Por um lado, há o "saber da experiência feito", saber esse em que os sujeitos construíram estratégias de sobrevivência num mundo letrado; por outro lado, existem os medos: de errar, de fracassar, de não conseguir, de se expor.

Com isso, foram elencados objetivos de intervenção, considerando, como consta no item 2.4.1 – Por que e como realizar uma avaliação emancipatória na EJA?: a avaliação como uma forma de os educandos se perceberem enquanto sujeitos que aprendem, conhecem caminhos de como aprendem, conhecem os caminhos de como podem aprender mais, sabem o que querem aprender e por que querem aprender, acessam os seus direitos à cidadania; educandos que participam do processo sendo protagonistas. Para isso, há necessidade, como consta no mesmo item de: o educador compreender, respeitar e valorizar os conhecimentos dos educandos por eles e pelos educadores; compreender como o educando aprende, que recursos mobiliza para realizar as relações com os objetos de conhecimento, entre outras condições.

Dessa forma, foram elaborados os objetivos de intervenção, que sofreram algumas alterações de acordo com o contexto de demanda e disponibilidade, tanto a nosso ver quanto dos participantes da pesquisa, ficando assim organizados:

1º Encontro – Compreender a contradição existente entre o projeto elaborado de acordo com as Diretrizes Curriculares de EJA de São Bernardo do Campo e a forma de avaliação;

2º Encontro – Compreender que os educandos, de acordo com suas histórias de vida, apresentam proximidade ou distanciamento da dinâmica escolar institucionalizada, o que influencia na sua avaliação;

3º Encontro – Refletir sobre como os educandos se veem no processo de avaliação e como fazê-los participar nesse processo da avaliação da sua aprendizagem;

4º Encontro – Compreender que os educandos utilizam estratégias próprias para resolverem situações referentes ao mundo letrado e as levam para dentro da escola;

5º Encontro – Refletir sobre as formas do acompanhamento e participação do processo de aprendizagem e, portanto, da avaliação, tanto pelo educador quanto pelo grupo de educandos, num processo de avaliação emancipatória;

6º Encontro – Refletir sobre o processo de aprendizagem dos educandos, para que assim, possam realizar intervenções mais ajustadas.

Tendo, então, esses objetivos, foram realizadas as ações com encontros formativos e dialógicos, que se apresentam no quadro a seguir, juntamente com os procedimentos iniciais apresentados no item 4.2, de forma cronológica.

AVALIAÇÃO EMANCIPATÓRIA NA EDUCAÇÃO DE JOVENS E ADULTOS:
UM CAMINHO A SER CONSTRUÍDO DA EXCLUSÃO À EMANCIPAÇÃO

Quadro 22 – Cronograma da pesquisa de campo

08.02.2019	Contato telefônico com as escolas para marcar encontro com a equipe de gestão
12.02.2019	Conversa com a gestão das Emebs Alecrim e Cravo
13.02.2019	Conversa com a gestão das Emebs Margarida e Lírio
14.02.2019	Conversa com a gestão das Emebs Jasmim e Salgueiro
15.02.2019	Conversa com a gestão das Emebs Violeta e Orquídea
21.02.2019	Contato com as escolas para marcar conversa com educadores
22.02.2019	Contato com as escolas para marcar conversa com educadores
25.02.2019	Conversa com os educadores da Emeb Margarida no HTPC
26.02.2019	Conversa com os educadores da Emeb Cravo em 2 HTPCs
28.02.2019	Conversa com os educadores da Emeb Alecrim
01.03.2019	Conversa com os educadores da Emeb Lírio
07.03.2019	Conversa com a gestão da Emeb Jasmim
08.03.2019	Conversa com os educadores da Emeb Violeta
11.03.2019	Conversa com os educadores da Emeb Jasmim
12.03.2019	Conversa com os educadores da Emeb Flor de Lótus
14.03.2019	Contato com as escolas para agendar o 2º encontro
22.03.2019	2º Encontro – Emeb Lírio
26.03.2019	2º Encontro – Emeb Flor de Lótus
29.03.2019	2º Encontro – Emeb Violeta, Cravo e Margarida
15.04.2019	Levantamento do número de educandos matriculados, retidos, promovidos e evadidos
23.04.2019	Continuação do levantamento do número de educandos matriculados, retidos, promovidos e evadidos
26.04.2019	3º Encontro – Com as Emebs Margarida (faltou a Educadora 15) Lírio (faltaram o Educador 1 e a Educadora 2) Violeta (faltou a Educadora 6) Cravo (vieram todas)
07.05.2019	3º Encontro – Com a Emeb Flor de Lótus

20.05.2019	4º Encontro com os educadores de todas as Emebs
19.06.2019	5º Encontro – Violeta
26.06.2019	5º Encontro – Flor de Lótus
02.07.2019	5º Encontro – Margarida
03.07.2019	5º Encontro – Cravo
04.07.2019	5º Encontro – Lírio
21.08.2019	6º Encontro – Flor de Lótus
23.08.2019	6º Encontro – Violeta
26.08.2019	6º Encontro – Margarida
29.08.2019	6º Encontro – Violeta – com Educadora que não estava no dia 23
30.08.2019	6º Encontro – Lírio
02.09.2019	6º Encontro – Cravo
21.11.2019	7º Encontro – Flor de Lótus – Pesquisa com educadores
22.11.2019	7º Encontro – Violeta – Pesquisa com educadores
26.11.2019	7º Encontro – Cravo – Pesquisa com educadores Pesquisa com educandos da Emeb Violeta
27.11.2019	7º Encontro – Margarida – Pesquisa com educadores e educandos. Pesquisa com educanda do Flor de Lótus
28.11.2019	7º Encontro – Lírio – Pesquisa com educadores e educandos
06.12.2019	Continuação do 7º Encontro com Cravo
11.12.2019	Encaminhamento de formulário google para os educadores

Fonte: organizado pela autora (2021)

A seguir, há a organização dos encontros realizados com os agrupamentos, com as temáticas trabalhadas. Em todos os encontros, foi utilizada uma apresentação em Power Point para apoio ao diálogo e foi feita a gravação de alguns momentos.

Primeiro encontro

O primeiro encontro foi realizado com todos os educadores da EJA que participaram do HTPC, sendo que foi necessário estar mais de uma vez em uma das unidades escolares para garantir a participação de todos.

Nesse encontro, para iniciar o diálogo, houve uma rodada de apresentação dos presentes e foi exposta a proposta de pesquisa, com o detalhamento dos passos, com explicação sobre quanto tempo os educadores precisariam dispor para a participação da pesquisa. Também foi explicitado o fato de haver a proteção de identidade dos participantes, sendo usado, para isso, um nome fictício.

Para a provocação do diálogo, levamos um vídeo com a música "Credo", de Milton Nascimento:

Caminhando pela noite de nossa cidade
Acendendo a esperança e apagando a escuridão
Vamos, caminhando pelas ruas de nossa cidade
Viver derramando a juventude pelos corações
Tenha fé no nosso povo que ele resiste
Tenha fé no nosso povo que ele insiste
E acordar novo, forte, alegre, cheio de paixão

Vamos, caminhando de mãos dadas com a alma nova
Viver semeando a liberdade em cada coração
Tenha fé no nosso povo que ele acorda
Tenha fé no nosso povo que ele assusta

Caminhando e vivendo com a alma aberta
Aquecidos pelo sol que vem depois do temporal
Vamos, companheiros pelas ruas de nossa cidade
Cantar semeando um sonho que vai ter de ser real
Caminhemos pela noite com a esperança
Caminhemos pela noite com a juventude.

Composição: Fernando Brant / Milton Nascimento

Em seguida, foi aberto o diálogo com a questão: *Que relação podemos fazer entre letra da música e a EJA?* Na continuidade, foi trazida outra pergunta: *O que é EJA, então?* Ainda referente ao conceito de EJA, trouxemos um quadro sobre o "Não" da sociedade e o "Sim" da EJA, para que os participantes elencassem as formas de exclusão sofridas pelas pessoas que não iniciaram, ou não concluíram, os estudos e as possibilidades de desenvolvimento do ser, da formação como cidadão crítico, de conscientização e, com isso, a possibilidade de transformação dos sujeitos, a partir da EJA. Considerando que foram trazidas as características do público da EJA, para continuar a provocar o diálogo, foi acrescentada a questão: Como avaliar, o que avaliar na EJA, levando em consideração a característica desse público?

Em seguida, foram apresentados excertos das Diretrizes Curriculares de EJA de São Bernardo do Campo que mencionam a avaliação, de forma a reafirmar a concepção, sejam eles:

> A avaliação é concebida numa perspectiva processual, com necessidade de registros permanentes durante a prática educativa. Esses registros devem subsidiar a ficha de avaliação semestral que permitirá a avaliação individual dos/as educandos/as conforme objetivos propostos ao trabalho. Essa avaliação é condução do novo planejar que se fará a partir das necessidades e especificidades dos sujeitos. (PREFEITURA MUNICIPAL DE SÃO BERNARDO DO CAMPO, 2012, p. 78).
>
> **3. Avaliação**
> 3.1 - A avaliação é processual e os conselhos de classe/ciclo se realizam bimestralmente. Para cada um desses encontros é necessário um registro de avaliação da turma e dos/as educandos/as individualmente, com descrição de potencialidades, dificuldades e novos encaminhamentos didáticos. No final do semestre preenche-se a ficha de acompanhamento do/a educando/a com a menção final, além da ata de resultados finais que servirá de base para o preenchimento do histórico escolar. (PREFEITURA MUNICIPAL DE SÃO BERNARDO DO CAMPO, 2012, p. 90).
>
> 3.2 – As menções da avaliação, no decorrer do ciclo apresentam a denominação **EP (em processo** de construção do conhecimento) e **A (atingiu** os objetivos propostos). Ao final de cada ciclo os/as educandos/as serão considerados/as aprovados/ as ou reprovados/as. (PREFEITURA MUNICIPAL DE SÃO BERNARDO DO CAMPO, 2012, p. 90-91).
>
> EJA pautada no direito à educação ao longo da vida, garantindo o acesso, a permanência, a gestão democrática e a qualidade social na formação integral dos sujeitos para sua emancipação (PREFEITURA MUNICIPAL DE SÃO BERNARDO DO CAMPO, 2012, p. 91).

Em seguida, houve a seguinte situação:

Ao final do semestre, a professora justifica e anuncia ao educando que frequentará mais um semestre no pós-alfabetização. O educando compreende, mas, verificando que o colega vai para o CAGECPM, comenta consternado: "É... no próximo ano, eu também vou...".

Com essa situação, refletimos sobre a avaliação atribuída pelo professor, sem a compreensão do educando, de forma que ele pode se julgar inferior comparado ao educando que passou.

Após essa discussão, foi apresentada a proposta, com menção à linha de pesquisa que seguimos, trazendo alguns excertos de autores, como: Ana Saul, Miguel Arroyo, Paulo Freire, Valdo Barcelos e Valter Giovedi, e as perguntas: como colocar isso em prática, levando em consideração o currículo e a organização da EJA em São Bernardo do Campo? Como realizar uma avaliação emancipatória com os educandos?

Com relação a isso, foram levantados itens referentes à questão: *O que precisamos saber?*

- Qual o conhecimento que realmente importa?
- Que concepções o educando tem de: escola, aluno, aprendizagem, avaliação?
- O que diferencia a aprendizagem da criança e do adulto?
- Como o educando adulto aprende?
- O que é avaliação?
- O que avaliar?
- Como organizar?
- Com que intencionalidade?
- Com que instrumentos?
- Como registrar?
- Como os educandos participam desse processo individual e coletivamente?
- Que expectativas temos?
- O que isso mudaria no meu fazer pedagógico quanto à metodologia e ao conteúdo?

Por último, foi lançado o convite: *Para contribuir com a academia, para formação de outros professores, vamos realizar essa pesquisa na prática?*

Foi combinado que as devolutivas, em relação ao convite, seriam dadas posteriormente para se ter o tempo de discussão.

Segundo encontro

Esse encontro já foi realizado com o grupo de pessoas que fizeram a opção de adesão à pesquisa, de forma que a primeira fala foi a de agradecimento e explicação sobre o que seria a pesquisa-ação participante.

Em seguida, foi realizada uma primeira entrevista escrita com as seguintes questões:

1. O que é avaliação?

2. O que se leva em consideração para avaliar o educando?

3. Como o educando de EJA compreende o processo de avaliação?

4. O educando participa do processo de sua avaliação? Se sim, como ocorre?

No terceiro ponto desse encontro, houve diálogo, com a provocação "Como é o tempo dos educandos?". A questão foi dialogada a partir da leitura do texto "Como articular o tempo de trabalho informal e o tempo da EJA?", de Miguel Arroyo, do livro *Passageiros da Noite: do trabalho para a EJA*.

No quarto ponto, foi trazida a seguinte reflexão: *A vivência que cada educando teve, no decorrer da vida, trouxe, de alguma forma, facilidade ou dificuldade à aprendizagem escolar?* Por exemplo, quando o educando, no trabalho, tem contato com material escrito.

Após esse momento, foi realizada uma dinâmica, o Percurso da EJA, que julgamos ter sido significativo e impactante para os educadores, visto que, depois, eles solicitaram o material utilizado para reproduzirem e adaptarem para trabalhar com os educandos. Esse material assemelha-se a um jogo de percurso (Figura 4), em que há quatro educandos representados, com as respectivas linhas de chegada, e quatro cartas, com o histórico de vida de cada um deles. A dinâmica trazia a percepção das questões que aproximam e distanciam o educando da rotina e conteúdos escolares. O que diferencia essa dinâmica de um jogo de percurso é o fato de que as cartas já estavam marcadas com o histórico de vida de cada educando.

Figura 5 – Material utilizado na dinâmica Percurso da EJA do 2º encontro

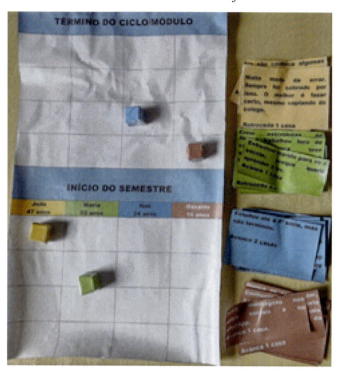

Fonte: autoria (2019)

Entre os objetivos dessa dinâmica, estavam:

- Refletir sobre o currículo escolar homogêneo, que, devido à diversidade que atende, exclui os educandos da EJA, conforme tratado no item 1.3.2.3 – Quais são as denúncias e os anúncios referentes ao currículo da EJA?, também levando em consideração a cultura escolarizada;

- Refletir sobre a diversidade na EJA e a relação com a organização social, desenhando um perfil de educando de EJA, conforme tratado no item 1.1 – Por que a EJA é importante?;

- Refletir sobre a aprendizagem do aluno jovem, adulto, idoso, e as estratégias que cada educando criou para sobreviver no mundo letrado, bem como a proximidade ou distanciamento com o currículo dominante e a relação da avaliação nesse processo, de acordo com o item 2.3 – Quem e como se avalia o que se aprende na EJA?

- Refletir que cada educando tem um percurso e que não existe uma competição, pois nem todos saem do mesmo lugar e nem todos precisam chegar ao mesmo lugar nem ao mesmo tempo. Todos têm condições de aprender, mas esse processo não precisa ser da mesma forma que é ensinado na escola.

Em seguida, foi lançada a seguinte provocação: *Qual a relação da dinâmica com esta imagem?* (referente à Figura 5).

Figura 6 – Imagem utilizada no 2º encontro

Fonte: https://www.topimagens.com.br/outros/13824-sistema-educacional.html. Acesso em: 23 mar. 2019. Autoria (2019)

Para finalizar o segundo encontro, deixamos algumas questões para discutirmos no próximo:

- Como os alunos se veem? Referentes à meritocracia e classificação?
- Como fazê-los perceber que o percurso individual é diferente para cada um?
- Como organizar de forma que todos colaborem na aprendizagem de todos?
- Como os educandos poderiam acompanhar o próprio percurso formativo e, portanto, sua avaliação?

Terceiro encontro

Nesse encontro, reuniram-se quatro escolas de uma vez — Margarida, Cravo, Violeta e Lírio —, embora quatro educadores não tenham comparecido. Posteriormente, realizou-se o encontro com a equipe da escola Flor de Lótus.

O objetivo do encontro foi discutir sobre as questões deixadas no encontro anterior. Antes, porém, foram apresentados os dados da EJA de São Bernardo do Campo referentes ao número de alunos matriculados, aprovados, reprovados e evadidos de 2016 a 2018, os mesmos constantes no item 3.3.3 – Avaliação.

Em seguida, cada um dos educadores trouxe a reflexão a respeito das questões do encontro anterior.

Segue o destaque de alguns materiais socializados nesse encontro:

- O Educador 11 aproveitou para realizar, com os educandos, uma autoavaliação, em que apresentou a Figura 6 do encontro anterior com o objetivo de explicar e refletir sobre as especificidades (escolar) na EJA e o próprio processo formativo de cada um. Trouxe as falas dos educandos:

  1. *"O homem é um professor, e os animais, os alunos."*

  2. *"Um professor carrasco."*

  3. *"O professor quer saber a especialidade de cada animal, mas só dois vão passar na prova."*

  4. *"No dia em que fizemos a prova, eu fiquei igual aquele pinguim."*

  5. *"Só o passarinho e o macaco vão passar na prova."*

  6. *"Mas se fosse outro tipo de prova, será que o macaco e o passarinho passariam?"*

  7. *"É uma prova injusta."*

Na discussão, segundo o educador, os educandos expressaram a importância de desenvolvermos, em sala de aula, ações pedagógicas mais colaborativas, para os que sabem mais possam ajudar os que sabem menos e os respeitassem, no seu processo formativo. Em seguida, o educador lançou algumas questões escritas de autoavaliação e acrescentou no seu relato:

> *A autoavaliação permitiu aos alunos da EJA entenderem que os percursos são diferentes, como também a importância de desenvolver autonomia no seu processo formativo para que haja transformação de suas realidades.*
>
> *As falas significativas e questionários, certamente, servirão como subsídios para melhor conduzir o processo de avaliação na EJA.* (Educador 11).

- Um grupo de educadoras da Emeb Lírio trouxe uma apresentação, com relato da utilização, também, da Figura 6. Perguntaram sobre o animal que conseguiria realizar a tarefa proposta, e os educandos responderam: macaco e passarinho. Também apresentaram como realizaram, com os educandos, uma avaliação das propostas em sala de aula, envolvendo a leitura, a escrita, a oralidade, números e operações matemáticas. As propostas envolvendo situações-problema tinham, em cada um dos itens, as alternativas de múltipla escolha: ótimo, bom, regular e ruim, com um espaço para justificar a resposta. Além disso, apresentaram uma autoavaliação com as questões:

1. O que eu aprendi nesse bimestre (Fevereiro/Março)?

2. O que não aprendi nesse bimestre (Fevereiro/Março)?

3. Qual sua maior dificuldade?

4. O que eu quero aprender?

Os educadores relataram que, após a explicação de como fariam a proposta, perguntaram sobre o que os afligia quando a professora inicia a atividade de leitura e escrita. Partilharam algumas falas dos educandos nesse sentido:

> Na nossa sala de aula, alguns sabem mais, outros sabem menos!
> Dizem que quem sabe ler, sabe escrever. Não concordo.
> Quando chego em casa, não vou dormir. Vou para a cozinha e fico tentando escrever.
> A ansiedade de ler e escrever atrapalha!
> Quando o texto é muito longo, fico nervoso.
> Fico, nem sei dizer a palavra, aflita, quando os colegas terminam antes de mim.

- A Educadora 3 trouxe o seguinte relato escrito:

> *Em uma roda de conversa com os alunos, iniciei perguntando se conseguiam perceber que entre eles haviam aqueles que sabem mais e os que sabem menos. Responderam que sim, que umas pessoas já sabem ler e escrever e que já podiam estar em outra sala mais avan-*

çada, mas que não se importavam de eles estarem na sala, porque, assim, "podiam ajudar a gente que não sabe muito"; ao mesmo tempo, os que estão nessa situação de "mais avançados", se diziam que "estamos gostando de ficar nesta sala, porque assim conseguimos entender melhor", na questão da escrita e da leitura. Percebo, assim, uma insegurança quanto às suas aprendizagens, enquanto um grupo sente uma ansiedade, uma pressa em aprender, outro se sente confortável onde está, com medo de avançar ainda mais. Na minha sala, trabalho bastante com agrupamentos, sempre procurando inserir algum leitor ou escriba nesses grupos. De início, ficam muito resistentes com essa situação, não gostam ou não querem dividir seus medos com outrem, mas sempre converso com eles para que percebam que essa troca é benéfica em seus avanços, que isso os ajuda a aprenderem um pouco mais com o colega que sabe mais, mas os alerto que não é o outro fazer por ele e nem ele copiar do colega, mas, sim, a discussão, o conflito entre o grupo é que irá levá-los a continuar no caminho do aprender. Como adquiri o costume de fazer atividades diferenciadas com os níveis de conhecimento, os alunos perceberam essa mudança nas avaliações. Disseram que realmente não adianta passar algo difícil para alguém que ainda não aprendeu, ao mesmo tempo que se quem faz alguma atividade que já sabe, acaba se desinteressando pelas aulas. Ainda assim, não é um procedimento ideal, por não haver a participação efetiva dos alunos na elaboração de tais atividades. Eles não souberam me dizer como poderiam participar nessas decisões, pois têm a visão de que quem sabe ou deve fazer isso é a própria professora.

- As Educadoras 7 e 8 trouxeram o exemplo de uma autoavaliação que utilizaram com as questões:

  1. Quais suas maiores dificuldades? ( ) Ler e interpretar o texto ( ) Escrever sem copiar ( ) Inglês ( ) Informática

  2. Como foi a sua participação neste semestre? ( ) Boa ( ) Regular ( ) Ruim. Por quê?

  3. Você acredita que está aprendendo de que forma? ( ) Boa ( ) Regular ( ) Ruim. Por quê?

  4. Devo permanecer no mesmo módulo? ( ) Sim ( ) Não.

A Educadora 7 ainda apresentou mapas de acompanhamento do desenvolvimento dos educandos. As educadoras mencionaram a possibilidade de compartilhar esse mapa entre os alunos, dependendo da relação e da maturidade que se estabelece no grupo, visto que o mapa traz informações de outros educandos, além da individual. Em relação a isso, a Educadora 7 apresentou a experiência de um pré-conselho em uma escola, com participação da professora, da gestão e do educando, com atividades iniciais e realizadas posteriormente. A gestão, que traz um olhar de fora, percebia os avanços, segundo ela. Nesse sentido, entende que poderia realizar metas plausíveis com os educandos.

Desencadeou-se uma discussão sobre a importância da participação e conscientização do educando em relação ao seu percurso escolar, com as escolas, contando ações que estavam se aproximando dessa prática.

- A Educadora 5 relatou que utilizou a Pirâmide de Aprendizagem, de William Glasser, como estratégia para a discussão com os educandos sobre as questões do encontro anterior e socializou as seguintes falas e considerações dos educandos:

    1. O professor é que sabe avaliar os alunos.

    2. Os alunos percebem as diferenças. Acham que uns têm mais interesse que outros. E que tem aqueles que só querem se "encostar". Alguns falaram que não têm paciência com os colegas.

    3. Uns ajudando os outros, explicando para os colegas, fazendo trabalho em grupo, discutindo mais, fazendo resumos, assistindo palestras.

    4. Disseram que o professor é que sabe avaliar. Disseram que a pergunta é difícil de responder.

Figura 7 – Pirâmide de Aprendizagem

Fonte: foto trazida pela Educadora 5 (2019)

- A Educadora 15 expôs e trouxe a seguinte reflexão:

> *Na modalidade de EJA, percebo que os educandos, apesar da trajetória de pouco sucesso que trazem em seus percursos escolares, esperam da escola uma rotina tradicional de tarefas e conteúdos nos cadernos e também da avaliação, como forma de terem certeza que dessa vez estão conquistando as aprendizagens que no passado não lhes foi possível. Por outro lado, temem essa mesma rotina e esse mesmo processo avaliativo que são os indicadores do sucesso ou não de suas conquistas. Frente à classificação de seus resultados, ao perceberem poucos avanços, já se sentem desmotivados, com a autoestima rebaixada e impossibilitados de continuar na caminhada. A tênue linha que separa ambas as situações deve ser cuidada pela escola e seus educadores, pois são determinantes do sucesso escolar.*
>
> *O acompanhamento dos educandos em seus trajetos individualizados é missão importante dos educadores, difícil sim, mas necessária para que o educando se veja no processo, perceba-se como sujeito histórico e responsável pelas escolhas que faz frente à continuidade dos estudos e possibilidades de realização de seu projeto de vida. Cabe ao educador lançar mão de diferentes metodologias para 'alcançar seus educandos', trata-se do conhecimento técnico, estético e ético do fazer docente. Práticas mais contextualizadas, diversificadas e significativas são colaboradoras para a qualidade de aprendizagem dos educandos. Também se soma aqui a questão do reconhecimento dos educandos em seus saberes e expectativas, o acolhimento e o respeito por suas histórias de vida.*
>
> *A participação dos educandos nos Conselhos de ano/ciclo, a socialização da elaboração das aprendizagens pensadas para a classe e a organização de portfólios de aprendizagens são uma forma de aproximar os educandos de seu percurso formativo.*

- A Educadora 4 também apresentou as reflexões a partir das questões:

> **Como os alunos se veem? Referentes à meritocracia e classificação?**
>
> *Referente à meritocracia e avaliação no meu ponto de vista, a escola é organizada de forma que possibilita a comparação entre os alunos, desde as séries iniciais, o que gera competições nem sempre são boas, pois ao mesmo tempo que edifica alguns, outros sentem-se incapaz. Isso também perpetua a desigualdade social. A meritocracia também atinge professores das redes estaduais com o sistema de bonificação, onde escolas mais afastadas, apresentam professores que não são titulares de cargo e assim maior rotatividade de professores, o que colabora para um trabalho truncado. Desta forma, ao não receberem essa bonificação também são rotuladas*

> *como escolas "fracas" e não merecedoras. Também já ouvi alguns alunos se recusam em ir para escola no dia desta prova por não estarem de acordo com esse sistema.*
>
> *A avaliação também se pauta em um processo de medição dos conhecimentos, onde muitas vezes não é utilizada para verificação dos objetivos alcançados e dos que necessitam ser retomados, mas sim, sinalizando para os alunos o que eles não foram capazes de aprender.*
>
> **Como fazê-los perceber que o percurso individual de cada um é diferente?**
>
> **Como organizar de forma que todos se colaborem na aprendizagem de todos?**
>
> *Entendo que o percurso é o mais importante, que apesar de falarmos que todos partem do mesmo ponto, isso não é uma realidade. Cada aluno traz consigo uma história, uma experiência.... Ao chegar na escola não podemos excluir seus saberes. Para tanto a conversa, as assembleias, as organizações de atividades em grupo auxiliam muito no compartilhamento desses saberes.*
>
> **Como os educandos poderiam acompanhar o seu percurso formativo e, portanto, sua avaliação?**
>
> *Eu, enquanto professora, faço a revisão das avaliações coletivamente, mas cada aluno tem sua avaliação na mão, para que possam tirar as dúvidas. Por outro lado, procuro trabalhar a autoavaliação, entregando portfólios para eles compararem suas atividades em diferentes meses, assim possam perceber o quanto evoluíram em seu aprendizado escolar.*

- O Educador 1 explicou que fez uma explanação do tema "avaliação" com os educandos. Para iniciar, escolheu o vídeo "500 anos do Brasil em 1 hora", por contemplar o conteúdo de História. Trouxe, também, a Figura 6 e, na discussão com os educandos, ressaltou a questão de que cada educando tem o seu tempo de aprendizagem e que é necessário um trabalho em equipe para que todos possam atingir as expectativas de aprendizagem. Na sua visão, a maioria compreendeu o fato de cada um ter o seu tempo, porém, na questão referente ao trabalho em equipe, os educandos não se mostraram muito confortáveis. Após a discussão, o educador concluiu que:

> *Muitos alunos entendem a avaliação como um instrumento escrito onde este irá colocar o seu conhecimento absorvido. Eles também acreditam que o professor leva em consideração na hora da avaliação as atividades realizadas pelos alunos. No tocante à participação, quase todos responderam que não participam do processo de avaliação e por fim todos colocaram que não com-*

> *preendem o processo de avaliação. Depois foi o momento em que eu resolvi explanar o conceito de avaliação, sendo que eu resolvi levá-la além dos muros da escola, ou seja, expliquei a eles que a todo momento nós fazemos avaliação, desde o momento em que acordamos até o momento em que vamos dormir. Avaliamos o dia, as coisas que devem ser feitas, as decisões a serem tomadas e por fim as mais diversas situações do cotidiano. A partir daí eles passaram a compreender melhor o conceito da palavra avaliação e também compreenderam pelo fato de eu ter perguntado a respeito do vídeo exibido. Cheguei à conclusão que devo trabalhar mais atividades coletivas para que estes educandos compreendam o real sentido da cooperação mútua, que pode ser estimulada também com jogos cooperativos. Penso que uma participação mais efetiva do educando na avaliação dentro do processo ensino aprendizagem possa ocorrer com maior eficácia no final do módulo. Vejo também o aluno da Educação de Jovens e Adultos como um sujeito individualista e que em alguns momentos não colabora com os seus companheiros talvez por falta de conhecimento ou mesmo por falta de iniciativa. (Educador 1).*

- As educadoras 9 e 10 realizaram a dinâmica do Percurso da EJA, utilizada no segundo encontro. Socializaram que "os alunos de inclusão" participaram muito, sendo que eles se reconheceram na dinâmica, dizendo que a sua história estava ali. Destacaram a fala de outro educando, que disse que sente preconceito. Também apresentaram relatos dos educandos que não estavam sendo contemplados na sua diversidade. As educadoras relataram que estão trabalhando histórias de vida dos educandos e trouxeram a reflexão de quanto tiveram dificuldade na vida e o quanto já conseguiram superar, pelas habilidades que foram desenvolvendo, até chegarem onde estão. Com relação à compreensão do conceito de meritocracia, trabalharam dois vídeos, um deles sobre a Olímpiada e outro sobre a corrida de Fórmula 1, tratando das diferentes condições, investimentos que cada um recebeu para participar da mesma prova. Na discussão, relataram que os educandos trouxeram uma avaliação do percurso, reconhecendo o seu desenvolvimento e a vontade de prosseguir. Por último, as educadoras relataram que essa dinâmica foi muito interessante para os educandos, mas também para elas.

O fechamento deu-se com a leitura e reflexão do excerto a seguir, proporcionando diálogo sobre a temática: conhecimento dos educandos.

> Se, de um lado, cometeria um grande erro, o educador progressista que, em nome do respeito à cultura, à identidade cultural dos educandos reduzisse sua prática político-educativa a um *basismo*, sempre míope, a um *focalismo*, não menos míope e alienante seria a prática educativa que, autoritária e arrogante, menosprezasse, como coisa imprestável, o saber popular, a linguagem popular, os sonhos do povo. Não é possível superar a ingenuidade, o senso comum, sem "assumi-los". Já disse uma vez e vale a pena repetir: ninguém chega lá partindo de lá, mas daqui. (FREIRE, 2015, p. 80).

Embora a proposta para essa reunião tivesse outros itens de pauta, não houve tempo de desenvolvê-los, e ficou encaminhada a continuidade da reflexão sobre a questão de como os educandos poderiam acompanhar o seu percurso formativo e, portanto, a sua avaliação.

Quarto encontro

Esse encontro teve a presença de todos os educadores, de todas as Emebs, após negociação com as equipes gestoras, e, por ser antes de um evento em que todos deveriam, obrigatoriamente, estar no mesmo local, para assistirem a uma palestra.

Para o acolhimento, foi exibido um vídeo sobre Paulo Freire e a ação realizada em Angicos. A discussão, após o vídeo, deu-se em torno da descaracterização que está havendo sobre Paulo Freire e dos ataques que o educador tem sofrido, com a ameaça de tirá-lo como patrono da Educação Brasileira.

Foi feita a retomada do encontro anterior e foi realizada a socialização da ação desenvolvida na Emeb Cravo, visto que tinha sido planejado trabalhar com o "Percurso da EJA". As educadoras contaram que, durante a dinâmica, houve a identificação com os personagens, como em situações de opressão contra a proibição de a mulher estudar, por parte de seu cônjuge. No avanço da dinâmica, já iam identificando os papéis. Ao final, concluíram que, para não retroceder, precisavam não desistir. Uma educadora disse que um educando, embora tenha entendido a dinâmica, perguntou por que ela trouxe aquele "jogo", e ela respondeu que, assim como ele, também estava estudando para ajudá-los, destacando que somos seres inacabados. Trabalhando a Figura 6, também discutiram a relação da justiça. A temática da discussão englobou a ansiedade e a cobrança que os educandos têm de si mesmo. A Educadora 15 destacou uma contradição: ao mesmo tempo que se fala de emancipação, há uma expectativa de postura de aluno na escola.

Em relação a isso, como já estava planejado, fizemos a leitura sobre o termo "emancipação" do *Dicionário Paulo Freire* (STRECK; REDIN; ZITKOSKI, 2010) e discutimos o que seria uma avaliação emancipatória.

Em seguida, foi realizada a leitura dialogada do Capítulo 6 – Narrativas autobiográficas de estudantes de EJA e sua relação com a Matemática ao longo da vida, do livro *Educar Matematicamente Jovens e Adultos na Contemporaneidade* (ALVES; MAGALHÃES, 2018).

Após, foi realizada a dinâmica de resolução do seguinte desafio em grupo: "Um carteiro entregou 100 telegramas em 5 dias. A cada dia, a partir do primeiro, entregou 7 telegramas a mais que no dia anterior. Quantos telegramas entregou em cada dia?". Após a socialização de como cada grupo chegou a resolver, o diálogo foi sobre as diferentes formas que foram utilizadas, fazendo essa reflexão paralela no caso dos educandos. Nesse sentido, trouxemos os seguintes desafios:

- O educando de EJA organiza-se para resolver as situações na vida letrada. Já criou para isso estratégias de "sobrevivência". Sempre recorre a elas e às representações que tem da escola para realizar as atividades escolares. Nós, enquanto educadores, conhecemos quais são essas estratégias? Como podemos conhecer essas estratégias? Como esses saberes dialogam com os conteúdos escolares? Qual a relação dessas questões com a avaliação? Que ações podemos realizar em nossa sala de aula para compreender como o educando pensa, aprende, se organiza para responder às demandas escolares e, com isso, como posso intervir?

Ao final, o grupo discutiu dificuldades e facilidades em relação a essas possibilidades.

Quinto encontro

Esse encontro foi realizado em cada uma das unidades escolares separadamente. Como acolhimento, foi trazido o vídeo da Rede de Educação Cidadã sobre Educação Popular. Como sempre, foi feita uma retomada desde o primeiro encontro. Nesse sentido, foi trazida uma leitura das reflexões feitas no último encontro para confirmar com os educadores: compreensão da diversidade, tempo de cada educando, os educandos em processo de reconhecer que os percursos de cada um são diferenciados.

Com relação a isso, os educadores trouxeram, nos encontros, vários aspectos, como:

Emeb Cravo:

- Contradição da documentação de avaliação;
- Importância de romper com a cultura da educação bancária para haver o diálogo;
- Importância da confiança do aluno em si mesmo;
- Investimento em grupos de estudo;
- Importância da devolutiva ao educando e do registro do percurso.

Emeb Lírio:

- Educação como processo de transformação;
- Autonomia conquistada a partir do domínio da leitura e escrita;
- Expectativas dos educandos e educadores;
- Estratégias dos educandos, como o uso do corretor do celular. Uso de tecnologia para pesquisa. A escola necessita lidar com isso;
- O erro e a compreensão do educando.

Emeb Flor de Lótus:

- Reconhecimento dos níveis de aprendizagem dos educandos;
- Importância da leitura;
- Necessidade de mais trabalho em grupo;
- Reconhecimento de condições de aprendizagem dos educandos por eles mesmos;
- Diálogo entre educadora e educando.

Emeb Margarida:

- Autoavaliação como um processo libertador;
- Reconhecimento do processo de diferentes níveis de aprendizagem por parte dos educandos;
- Realização de roda de conversa com temática da avaliação;
- Negociação do processo de como chegar ao final de semestre com os educandos;

- Uso da estratégia de perguntas para perceber como os educandos estão pensando.

Emeb Violeta:

- Percepção de estratégias dos educandos pelas educadoras;
- Importância da interação entre os educandos;
- Importância da negociação com os educandos adolescentes.

Em seguida, foi apresentado o texto referente à Trilha da Metodológica da Avaliação Emancipatória, da Professora Ana Saul, excerto do seu livro *Avaliação Emancipatória*, que traz os três momentos de investigação: descrição da realidade, crítica da realidade e criação coletiva. Foi explicitado que a autora trata de uma avaliação de projeto, mas que os passos da trilha são os mesmos em outros processos, como a avaliação da aprendizagem. Do mesmo livro, posteriormente, foi apresentado o paradigma da avaliação emancipatória e a relação do trabalho que está sendo desenvolvido nessa pesquisa.

Sexto encontro

Esse encontro também foi realizado por escola e foi o último antes da entrevista, embora tenha tido o encaminhamento de mais um encontro após o Conselho de Classe. Entretanto, devido às demandas, tanto das escolas como nossa, infelizmente, não foi possível realizar outro encontro.

No sexto encontro, a pauta foi a mesma para todas as unidades escolares que, além do resgate dos anteriores, tinha como foco a aprendizagem, partindo da reflexão sobre a própria aprendizagem dos educadores.

Quadro 23 – Reflexões sobre a aprendizagem no 6º encontro

Educadores	O que estamos aprendendo agora?	O que te move a aprender?	O que te ajuda a aprender?	A partir disso, que indicadores sobre aprendizagem podemos elencar para os educandos de EJA?
Educador 1	Novas metodologias mais dinâmicas, com participação ativa, atraente	Continuar motivado	Curiosidade, vontade de investigar, aprimorar	

Educadores	O que estamos aprendendo agora?	O que te move a aprender?	O que te ajuda a aprender?	A partir disso, que indicadores sobre aprendizagem podemos elencar para os educandos de EJA?
Educadora 2	TCC – educação a distância Scratch – aprendizagem criativa	Preparar profissionalmente, melhorar o trabalho, necessidade pessoal e profissional	Foco no objetivo	
Educadora 3	Pedagogia, avaliação educacional e da aprendizagem Consciência fonológica	Gostar e por necessidade	Vontade, interesse	
Educadora 4	A ser mais flexível	Curiosidade Necessidade	Pesquisa Organização	Pesquisa Organização
Educadora 5	Pesquisas – sobre imigrantes	Necessidade de se adaptar Prazer	Conflito do dia a dia Troca	Conflito do dia a dia Troca
Educadora 6	Processo de aprendizagem dos alunos, novas tecnologias	Desafio Tema do projeto da escola – desafio	Medo da dependência Estímulo A troca social com os colegas	Medo da dependência Estímulo A troca social com os colegas
Educadora 7	Aproveitar o tempo do trabalho Lidar com as questões o cotidiano Sobreviver	Necessidade do ambiente	Fuga – a partir de outras ações que dá prazer	Exemplos Sinestesia Prazer
Educadora 8	Lidar com ser humano, Curso logoterapia	Ambiente	Sinestesia	

Educadores	O que estamos aprendendo agora?	O que te move a aprender?	O que te ajuda a aprender?	A partir disso, que indicadores sobre aprendizagem podemos elencar para os educandos de EJA?
Educadora 10	Aprender a lidar com adolescente Gameficação	Prazer	Desafio	Exemplos Sinestesia Prazer
Educador 11	Formação da sociedade contemporânea brasileira	Aprofundar no campo profissional, melhor formação para os alunos	Necessidade de construir uma educação significativa Identidade	Curiosidade – iniciativa Necessidade para resolver uma situação Para tomar decisão Comunicação Oralidade Como registrar o conhecimento
Educadora 12	Avamec		Três questões que são colocados na atividade do Infantil	Organização Provocação Prática Dificuldade – fuga da dificuldade
Educadora 13	EJA aprendizagem – as questões da pesquisa, inovar		Vivenciar a prática	
Educador 14	Saberes do lugar em que ocupa		Tempo e organização	
Educadora 15	Produção de conteúdos educacionais	Sistematizar os conhecimentos para partilhar, para colaborar na formação	Curiosidade	Curiosidade – iniciativa Necessidade para resolver uma situação Para tomar decisão Comunicação Oralidade Como registrar o conhecimento

Educadores	O que estamos aprendendo agora?	O que te move a aprender?	O que te ajuda a aprender?	A partir disso, que indicadores sobre aprendizagem podemos elencar para os educandos de EJA?
Educadora16	Mediação de conflito	Prazer	Prática	

Fonte: organizado pela autora (2021)

Ainda nesse encontro, houve leitura dialogada do texto "A aprendizagem precisa ser criativa", de Moacir Gadotti, do livro *A escola dos meus sonhos* (2019). A partir da leitura e discussão, foi realizada a nuvem de palavras, incluindo todas as escolas, utilizando a ferramenta tecnológica do Mentimeter.

> As nuvens de palavras são, portanto, representações gráfico-visual que mostram o grau de frequência das palavras em um texto. Quanto mais a palavra é utilizada, mais chamativa é a representação dessa palavra no gráfico. As palavras aparecem em fontes de vários tamanhos e em diferentes cores, indicando o que é mais relevante e o que é menos relevante no contexto. (VILELA; RIBEIRO; BATISTA, 2020, p. 32).

Nessa nuvem, pode-se observar que, como o próprio texto traz, a palavra "significado" teve o seu destaque e, na discussão, foi relacionada com o currículo crítico-libertador, uma vez que o projeto trabalhado nas turmas parte das falas-significativas dos sujeitos.

Figura 8 – Nuvem de palavras a partir do texto A aprendizagem precisa ser significativa

Fonte: construção da autora (2021)

Foi combinado que os educadores escolheriam um ou dois dos educandos para dialogar e acompanhar o processo de sua aprendizagem e avaliação para socializar no próximo encontro, após o Conselho de Classe, pois se entende que, no processo, muitas vezes, devido ao tempo e às demandas, não seria possível o acompanhamento de todos os educandos naquele momento. Em algumas das unidades escolares, nesse encontro, já foram levantados os nomes desses educandos com as justificativas dos educadores sobre a escolha. Porém, como já foi colocado, o encontro não aconteceu, mas alguns detalhes desse processo foram trazidos na entrevista.

4.4 Coleta de dados

Para a organização da coleta de dados, considerou-se a importância da retomada dos objetivos específicos, no sentido de apresentar o alinhamento dos dados colhidos com as indagações que os pressupõem:

I. Analisar a relação do currículo crítico-libertador com a avaliação emancipatória;

II. Analisar a relação da categoria freireana dialogicidade com a avaliação emancipatória;

III. Analisar a relação do processo de aprendizagem do aluno jovem, adulto, idoso da EJA com a avaliação emancipatória;

IV. Analisar contexto de realização de avaliação que se aproxime da avaliação emancipatória;

V. Identificar possibilidades e dificuldades na realização de uma avaliação emancipatória na Educação de Jovens e Adultos.

Considera-se que a escolha do município, a organização do currículo da EJA, as informações referentes à avaliação dos educandos, as escolas e seus documentos, a Secretaria de Educação e suas legislações são dados iniciais do contexto da pesquisa, e esse enredo tem como "personagem principal" os educandos que, de certa forma, estão enfrentando barreiras para chegarem ao empoderamento, que a EJA se propõe. Para estudo e possibilidades de auxiliar na resolução desse problema, que dados são importantes? Onde poderão ser encontrados? O fato é que, conforme o item 1.3.2.3 – Quais são as denúncias e os anúncios referentes ao currículo da EJA?, esse estudo não pode ser "para" o educando, precisa ser "com" ele. Porém dois foram os motivos para a não realização da pesquisa direta com os educandos:

primeiro, devido à impossibilidade, dado o tempo da pesquisa, para criar vínculo com os educandos do referido município e o tempo disponível deles e nosso para essa ação; segundo, devido a esse impedimento e para ampliar o estudo, houve a opção pela realização em parceria com os educadores, pois estes já possuem vínculos estabelecidos com os educandos, sem contar que o trabalho reflexivo de um grupo de pessoas é muito mais produtivo do que a ação isolada.

Dessa forma, os dados coletados foram referentes às ações e reflexões desses educadores com os seus educandos e, portanto, dados subjetivos. É importante destacar que a pesquisa não trará dados concretos se os educandos alcançaram o processo de emancipação por meio da avaliação, e nem se tem essa pretensão, mas de estudar a possibilidade de contexto que propicie a realização da avaliação emancipatória. Nesse sentido, deve-se levar em consideração o histórico de vida desses educadores e sua relação com o trabalho da EJA em São Bernardo do Campo, a sua formação, a sua curiosidade, a disponibilidade para a descoberta de outras possibilidades, o contexto da escola em que atuam, considerando a equipe de gestão e a comunidade em que está inserida; além, logicamente, do histórico de vida de cada um dos educandos, que os caracterizou enquanto sujeitos da EJA.

Para Chizzotti (2001), na pesquisa qualitativa, os dados são colhidos durante e de acordo com o andamento da pesquisa e devem ser analisados e avaliados constantemente. "Os aspectos particulares novos descobertos no processo de análise são investigados para orientar uma ação que modifique as condições e as circunstâncias indesejadas." (CHIZZOTTI, 2001, p. 89).

Nesse sentido, houve uma série de cuidados, desde o convite para a realização da pesquisa até o estabelecimento da parceria com os educadores, respeitando o tempo dos processos e, a partir disso, o redimensionamento das ações da pesquisa, visto que se trata de uma pesquisa-ação participante. Os dados foram coletados a partir do 2º encontro, quando já tinham sido definidos os participantes da pesquisa, que foram considerados em alguns momentos da análise, porém, para a análise mais minuciosa, foram considerados cinco desses materiais coletados:

a. Questionário aberto;

b. Entrevista semiestruturada com educadores;

c. Entrevista semiestruturada com educandos;

d. Questionário semiaberto; e

e. Documentação da EJA de São Bernardo do Campo; os quais serão explicitados a seguir.

a. Questionário aberto

O referido questionário consta de quatro questões que focaram sobre o objeto de estudo, a avaliação, que tinha como objetivo refletir sobre os aspectos tratados, no decorrer dos encontros.

O questionário foi aplicado no segundo encontro, já com os grupos de trabalho, quando foi destinado um curto período de tempo para preenchimento à mão. Foi recolhido sem o objetivo de dar devolutiva, pois o propósito era apenas colher informações sobre o que os educadores pensavam a respeito do assunto.

b. Entrevista semiestruturada com educadores

A opção por realizar a entrevista semiestruturada se deu devido à intencionalidade de focar questões referentes à pesquisa de uma forma dialogada, como tem sido nos encontros, mas sem perder o objetivo.

> Para Manzini (1990/1991, p. 154), a entrevista semi-estruturada está focalizada em um assunto sobre o qual confeccionamos um roteiro com perguntas principais, complementadas por outras questões inerentes às circunstâncias momentâneas à entrevista. Para o autor, esse tipo de entrevista pode fazer emergir informações de forma mais livre e as respostas não estão condicionadas a uma padronização de alternativas. (MANZINI, 2004, p. 2).

Dessa forma, foi elaborado um roteiro para a entrevista, com o planejamento prévio contendo o resgate dos encontros ao longo do ano. As questões orientadoras foram divididas em blocos de assuntos, com os respectivos objetivos. A intenção não era de que os pesquisados respondessem às questões uma a uma, mas uma forma de organizar a entrevista:

> [...] Manzini (2003) salienta que é possível um planejamento da coleta de informações por meio da elaboração de um roteiro com perguntas que atinjam os objetivos pretendidos. O roteiro serviria, então, além de coletar as informações básicas, como um meio para o pesquisador se organizar para o processo de interação com o informante. (MANZINI, 2004, p. 2).

Os blocos de assunto foram planejados de acordo com os objetivos específicos, como se pode observar no quadro a seguir:

Quadro 24 – Organização da entrevista semiestruturada com educador

Objetivos Específicos	Bloco	Objetivos das questões
I – Analisar a relação do currículo crítico-libertador com a avaliação emancipatória	Bloco 1 Proposta	Obter informações de como foi feita a proposta com os educandos
	Bloco 7 Currículo	Verificar se o currículo crítico--libertador fortaleceu a avaliação emancipatória
II – Analisar a relação da categoria freireana dialogicidade com a avaliação emancipatória	Bloco 4 Dialogicidade	Verificar se na prática pedagógica houve aproximação da categoria dialogicidade
III – Analisar a relação do processo de aprendizagem do educando jovem, adulto, idoso da EJA com a avaliação emancipatória	Bloco 2 Processo	Compreender como foi o processo de avaliação diferenciada
	Bloco 5 Ensino e Aprendizagem	Como o processo facilitou ou dificultou o processo de aprendizagem dos educandos?
IV – Analisar contexto de realização de avaliação que se aproxime da avaliação emancipatória	Bloco 6 Emancipação Níveis de participação	Verificar se na prática pedagógica houve aproximação da categoria emancipação
	Bloco 10 Perspectivas Aplicabilidade	Verificar se o professor se apropriou do processo de uma prática considerando a avaliação emancipatória
V – Identificar possibilidades e dificuldades na realização de uma avaliação emancipatória na Educação de Jovens e Adultos	Bloco 3 Instrumento e acompanhamento	Verificar que instrumentos foram utilizados e como este facilitou ou dificultou o processo
	Bloco 8 Formação	Verificar se a formação auxiliou no processo de reflexão e ação de avaliação emancipatória
	Bloco 9 Estrutura	Verificar o quanto a estrutura da rede dificulta ou facilita o processo de reflexão e ação de uma avaliação emancipatória

Fonte: organizado pela autora (2021)

AVALIAÇÃO EMANCIPATÓRIA NA EDUCAÇÃO DE JOVENS E ADULTOS:
UM CAMINHO A SER CONSTRUÍDO DA EXCLUSÃO À EMANCIPAÇÃO

A hipótese que se tem em relação ao objetivo I é a de que a avaliação emancipatória esteja subentendida no processo de elaboração do projeto das turmas de EJA, com base no currículo crítico-libertador, havendo a necessidade de reflexão sobre a temática para que se perceba a relação intrínseca.

Com relação ao objetivo II, Brandão (1986) explica que um dos princípios metodológicos da pesquisa participante é a ciência modesta e técnicas dialogais, o que supõe a necessidade da humildade do pesquisador, isto é, sem a arrogância do erudito, para, de fato, aprender a ter a escuta. No caso dessa pesquisa, refere-se ao educador ter uma escuta dos educandos sobre as questões de aprendizagem e avaliação, numa posição diferente de o educador indicar ao educando o processo de aprendizagem e avaliação, desconsiderando os saberes de experiência feitos, que são saberes que devem ser levados em conta no desenvolvimento de uma avaliação emancipatória.

> Portanto, a "ciência modesta" e as técnicas dialogais ou de participação constituem referências quase compulsórias para todo esforço que procure estimular a ciência popular, ou para se aprender com a sabedoria e a cultura popular, ampliando este conhecimento até um nível mais geral. Isto é do que trata a pesquisa participante, com o apoio necessário das ciências emergentes e subversivas. (BRANDÃO, 1986, p. 56).

Quando se trouxe o objetivo III para a pesquisa, considerou-se a avaliação da aprendizagem, conforme o item 2.3 – Quem e como se avalia o que se aprende na EJA?. Desse estudo, em que há necessidade de se compreender a forma como o educando foi dando resposta para os desafios de sobreviver num mundo letrado, sem, muitas vezes, estar alfabetizado. A falta de compreensão desse processo gera a avaliação negativa por parte do educador, entendendo que o educando sempre se esquece do que aprendeu no dia anterior e a insatisfação do educando, que "percebe" que não aprende, tendo uma avaliação negativa a respeito de sua aprendizagem.

O objetivo IV está relacionado à ação, após reflexão dos encontros, quando foram trazidas as questões no 2º encontro e que passaram a ser retomadas e discutidas em todos os demais:

- Como os alunos se veem, referentes à meritocracia e classificação?

- Como fazê-los perceber que o percurso individual é diferente para cada um de cada um?

- Como organizar de forma que todos colaborem na aprendizagem de todos?

- Como os educandos poderiam acompanhar o seu percurso formativo e, portanto, sua avaliação?

Referente ao objetivo V, no caso da rede municipal de São Bernardo do Campo, há a hipótese de que a organização de tempos rígidos, as documentações pedagógicas, principalmente as que se prestam ao registro das avaliações individuais dos educandos, por não considerarem o percurso do projeto, são fatores dificultadores para a realização de uma avaliação emancipatória.

Realizadas as devidas explicações referentes às questões da entrevista e à relação com os objetivos específicos, há o esclarecimento do contexto da entrevista. Elas ocorreram em encontros com os educadores por unidade escolar, sendo que, em uma delas, devido ao tempo, foram necessários dois encontros. A dinâmica já tinha sido combinada com os educadores, mantendo-se a característica dos encontros anteriores, com o formato dialogado, sendo que a diferença, nesse encontro, era de que não havia apoio de apresentação em Power Point e, ao invés da gravação, realizamos a filmagem para coleta de dados, que foi transcrita. Apesar disso, também, teve-se o cuidado, por se tratar de entrevista, de se manter o foco.

> Além de indicar sua compreensão, a atuação do entrevistador pode dar-se no sentido de manter o foco do problema estudado na sua pesquisa. Sua participação pode ocorrer de diferentes formas: elaborando sínteses, formulando questões de esclarecimento, questões focalizadoras, questões de aprofundamento. (SZYMANSKI, 2004, p. 43).

Cada encontro teve uma característica, sendo que, em alguns, havia a necessidade de questões focalizadoras; em outros, da reorganização da ordem das questões orientadoras, visto que o assunto já tinha sido trazido antecipadamente no desenvolvimento da entrevista.

c. Entrevista semiestruturada com educandos

Os educandos de EJA estão no centro do objetivo desta pesquisa, então a opção da escuta desses sujeitos que passaram (ou não) pelo processo é essencial, pois na pesquisa-ação participante

> Em outras palavras, ao invés de se preocupar somente com a explicação dos fenômenos sociais depois que eles aconteceram, a finalidade da pesquisa/ação é de favorecer a aquisição de um conhecimento e de uma consciência crítica do processo de transformação pelo grupo que está vivendo este

processo, para que ele possa assumir, de forma cada vez mais lúcida e autônoma, seu papel de protagonista e ator social. (BRANDÃO, 1986, p. 27).

Como consta no objetivo geral, qual seja, construir caminhos para a realização de avaliação emancipatória nos cursos de Educação de Jovens e Adultos, a intenção é de que haja a transformação num processo com educandos de forma que eles se tornem protagonistas na avaliação de sua aprendizagem, de forma emancipatória, alterando, assim, a realidade de exclusão deles dos cursos de EJA com as avaliações classificatórias e meritocráticas. No estudo da realidade, nota-se que o educando, devido a esse tipo de avaliação, desconsidera o sujeito histórico que é, acaba acreditando na sua incapacidade de aprender e isso ainda é validado, muitas vezes, pela reprovação. Dessa forma, para que haja a transformação, educador e educando precisam reconhecer, respeitar e problematizar o processo de aprendizagem do educando, e, para isso, precisa haver uma relação dialógica. A organização do projeto com base no currículo crítico-libertador propicia esse diálogo e, assim, a participação efetiva do educando que, com a problematização da realidade, da pesquisa, entre outras ações, possa desenvolver a consciência crítica da situação, compreendendo que a avaliação pode ser um processo libertador. Tudo isso foi levado em consideração para a elaboração da entrevista semiestruturada com os educandos.

Quadro 25 – Organização da entrevista semiestruturada com educando

Objetivos Específicos	Bloco	Objetivos das questões
I – Analisar a relação do currículo crítico-libertador com a avaliação emancipatória	Bloco 5 Currículo	Verificar se os educandos compreendem a intencionalidade do projeto da escola. Verificar se o currículo crítico-libertador fortaleceu a avaliação emancipatória.
II – Analisar a relação da categoria freireana dialogicidade com a avaliação emancipatória	Bloco 3 Dialogicidade	Verificar se os educandos percebem a dialogicidade presente na sala de aula.
III – Analisar a relação do processo de aprendizagem do aluno jovem, adulto, idoso da EJA com a avaliação emancipatória	Bloco 2 Aprendizagem	Verificar se o educando compreende o seu processo de aprendizagem.

Objetivos Específicos	Bloco	Objetivos das questões
IV – Analisar contexto de realização de avaliação que se aproxime da avaliação emancipatória V – Identificar possibilidades e dificuldades na realização de uma avaliação emancipatória na Educação de Jovens e Adultos	Bloco 6 Avaliação	Verificar se os educandos diferenciam os processos avaliativos na escola em que estudaram quando eram crianças.

Fonte: organizado pela autora (2021)

O Bloco 1 não aparece no quadro, pois se trata da identificação e caracterização dos educandos. Foram oito sujeitos entrevistados, sendo escolhidos aleatoriamente pelos educadores, considerando os que se dispunham a participar da pesquisa e os que estavam frequentes, visto que era final de ano e nesse período geralmente há uma diminuição na frequência dos educandos.

Além disso, havia, ainda, a disponibilidade da organização da escola. Essa questão influenciou o número de educandos por escola, de forma que em uma delas não foi nem possível realizar essa entrevista.

Quadro 26 – Caracterização dos educandos

Educando	A	B	C	D	E	F	G	H
Escola	Lírio	Lírio	Lírio	Violeta	Violeta	Margarida	Margarida	Flor de Lótus
Sexo	M	F	F	M	M	M	F	F
Idade	55	54	39	20	31	29	24	47
Profissão	Pedreiro	Empregada doméstica	Desempregada	Desempregado	Desempregado	Motoboy	Ajudante geral	Auxiliar de limpeza
Tempo em que está na EJA	2 anos	6 meses	2 anos	6 meses	9 anos	1 ano	1 ano	1 ano e meio
Estudou em idade regular	Não	Sim	Sim	Sim	Sim	Sim	Sim	Sim

Fonte: organizado pela autora (2021)

O contexto da pesquisa foi diferente, comparado com o dos educadores, visto que os educandos não tiveram contato anterior com a pesquisadora e , além disso, tratava-se de uma pessoa fora do ambiente escolar. Dessa forma, foi realizado um aquecimento inicial, com uma conversa sobre estudar, houve o cuidado com a linguagem, conforme orienta Szymanski (2004) e com o objetivo da entrevista, em que os educadores já devem ter adiantado para eles. "[...] os objetivos da entrevista devem estar claros, assim como a informação que se pretende obter, a fim de se buscar uma compreensão do material que está sendo colhido e direcioná-la melhor." (SZYMANSKI, 2004, p. 19).

Por fim, é importante informar, dentro desse contexto, que a entrevista foi realizada na escola, antes da entrada ou no intervalo das aulas, sem a presença dos educadores, de forma que foi considerado o limite de tempo para essa realização. Duas entrevistas ocorreram com a presença de dois educandos ao mesmo tempo. As demais foram realizadas individualmente.

d. Questionário semiaberto

Como último instrumento de coleta de dados, foi encaminhado para os educadores um questionário semiestruturado, por meio da ferramenta Google Formulário.

O questionário tinha os seguintes objetivos:

- Coletar dados para a caracterização do grupo. Embora essas informações tinham sido levantadas no início da pesquisa, na apresentação dos sujeitos, e outras tinham surgido no percurso dos encontros, o instrumento tinha como objetivo formalizar e organizar esses dados;

- Retomar as questões iniciais que foram levantadas no questionário aberto e aplicado no segundo encontro, com o objetivo de verificar se a pesquisa-ação participante possibilitou trazer contribuições na reflexão acerca da avaliação. Com relação a isso, foram acrescentadas mais três questões com foco na implicação na reflexão sobre a prática a respeito da avaliação após os encontros dialogados da pesquisa, ao final desse mesmo instrumento.

A partir dos dados dos participantes da pesquisa, foi elaborado o Quadro 27, que não está completo devido ao fato de duas pessoas não terem respondido e uma que, no meio do processo, precisou se afastar por motivo de saúde.

Quadro 27 – Caracterização dos educadores

Identificação	Idade	Função	Turma	Tempo de magistério	Tempo de Rede (SBC)	Tempo de EJA na Rede
Educador 1	46	Professor	CAGECPM	17	7	7
Educadora 2	51	Professora	Pós-alfabetização	8	6	2
Educadora 3	49	Professora	Alfabetização	29	7	6
Educadora 4	56	Professora	CAGECPM	24	11	5
Educadora 5	52	Professora	Pós-alfabetização	18	18	11
Educadora 6		Professora	CAGECPM	21	20	6
Educadora 7	52	Professora	CAGECPM	30	28	10
Educadora 8	___	Professora	Multisseriada	----	----	----
Educadora 9	___	Professora	Alfabetização	----	----	----
Educadora 10	----	Professora	Pós-alfabetização	----	----	----
Educador 11	___	Professor	CAGECPM	8	8	7
Educadora 12	46	Professora	CAGECPM	18	14	2
Educadora 13	54	Professora	Multisseriada	9	9	8
Educador 14	36	Coordenador Pedagógico	___	7	7	3
Educadora 15	48	Diretora	-----	30	22	8
Educadora 16	54	Coordenadora Pedagógica	-----	13	7	6

Fonte: organizado pela autora (2021)

Há uma observação importante a ser realizada sobre a coluna referente ao tempo em que atua na EJA de São Bernardo do Campo, pois pode-se considerar que os que responderam que têm mais de três anos passaram por uma formação mais densa em relação à discussão do currículo. Dessa forma, há apenas dois educadores que não passaram por esse processo e, com exceção do Educador 14, todos os demais coordenadores vivenciaram a construção do currículo da EJA, inclusive, sendo esse o motivo pelo qual fizeram parte dessa pesquisa.

e. Documentação da EJA de São Bernardo do Campo

A avaliação da aprendizagem, temática central desta pesquisa, está presente nas documentações, desde o planejamento das aulas até a documentação final de avaliação.

Esses documentos são essenciais para a leitura do processo de avaliação, uma vez que desvelam a concepção de ensino, aprendizagem e avaliação; além do critério para a escolha de conteúdos. Em todas essas questões, estão implícitas, também, as concepções de educador, educando e escola, contendo grande material de análise, desde a organização das aulas (tempo e espaço), tipos de atividades, dinâmica para a realização dessas atividades, escolha do material didático, até os instrumentos das avaliações e seus documentos de registro.

Porém, para este trabalho, cujo objetivo está relacionado com o estudo sobre a possibilidade da realização de uma avaliação emancipatória na EJA, foi feita a opção de um recorte, visto que não se trata de verificar evidências nos processos de avaliação. Praticamente a pesquisa visa dar continuidade a um processo de construção de um currículo, pois a rede de ensino de São Bernardo do Campo já estudou e trilhou para a elaboração de uma proposta de currículo que contemplasse a EJA na perspectiva da Educação Popular, com elementos que dialogam com as dimensões da justiça curricular, como consta no item 1.3.2.3 – Quais são as denúncias e os anúncios referentes ao currículo da EJA?. Essa opção está de acordo com o que Chizzotti (2001, p. 19) orienta:

> A pesquisa documental é, pois, uma etapa importante para se reunir os conhecimentos produzidos e eleger os instrumentos necessários ao estudo de um problema relevante e atual, sem incidir em questões já resolvidas, ou trilhar percursos já realizados. O interessado deve ter presente para que servem os documentos que procura, quais documentos precisa, onde encontrá-los e como reuni-los.

Nesse sentido, optou-se pela escolha de dois tipos de documentos, com a intencionalidade de analisar se houve uma coerência com o que se propunha e o que foi realizado, pois a hipótese é de que, se a concepção está no documento inicial e se perde no documento final, havendo assim um dificultador para a realização de uma avaliação na perspectiva emancipatória.

Os documentos analisados foram:

1. PPP das escolas

No Documento Orientador 2019[12], o PPP é colocado como a:

> [...] própria organização do trabalho da escola como um todo e que é construído e vivenciado em todos os momentos, por todos os envolvidos com o processo educativo da escola, fundado em princípios norteadores da escola democrática, pública e gratuita. (PREFEITURA MUNICIPAL DE SÃO BERNARDO DO CAMPO, 2019, p. 5).

Esse documento é elaborado por escola, anualmente, com a orientação de que essa construção seja de forma coletiva com toda a equipe escolar. A estrutura contém a identificação da unidade escolar, as concepções, os vários planos de ação e, entre outros, a organização e desenvolvimento do trabalho pedagógico. Nessa última parte, a escola organiza, com os educadores, por níveis e modalidades de ensino, o plano de ensino anual, geralmente com objetivos e conteúdos a serem trabalhados por turma.

No caso da EJA, de acordo com as Diretrizes Curriculares de EJA, a organização do trabalho se dá por meio do projeto que é produzido a partir da caracterização do grupo, do qual são levantadas as falas significativas dos educandos e organizadas dentro do quadro de problematizações, com a elaboração do contratema ou superação da fala significativa, problematizações macro e micro, de acordo com os eixos do conhecimento e os conteúdos que ajudam a responder as problematizações. Para ilustrar, a seguir, apresentamos um recorte de um exemplo de quadro de problematização[13], visto que faltam os demais eixos de conhecimento.

---

[12] Documento Orientador 2019 – Documento Interno da Rede Municipal de São Bernardo do Campo, que geralmente é entregue pela Secretária de Educação às escolas no início do ano para orientar as ações e procedimentos a serem adotados durante o ano letivo, sendo um deles, a elaboração do Projeto Político Pedagógico (PPP).

[13] Retirado do E-book da Aula 11 – Diretrizes Curriculares da EJA SBC e BNCC – Refletindo sobre o Currículo, página 26, produzido pela Secretaria de Educação de São Bernardo do Campo em 2020. O e-book faz parte de uma sequência de aulas on-line entre os anos de 2019 a 2020, promovida pela Secretaria Municipal de São Bernardo do Campo para todos os professores e coordenadores pedagógicos de EJA da Rede Municipal.

Figura 9 – Exemplo de Quadro de Problematizações

Fala Significativa			Superação da Fala	
"O trabalho é apenas para receber algum salário". "Ser trabalhador é ser obediente e ter disciplina". "O esforço em si garante um emprego"			Por meio do trabalho a humanidade cria e recria o mundo em que vive, produz a sua vida socialmente e esse sentido precisa ser recuperado, além da necessidade de desconstruir a ideia de meritocracia, compreendendo as desigualdades sociais como construção da sociedade em que vivemos que impede ou restringe oportunidades para todas as pessoas.	
Problematização Microfocal	**Problematização Macro**	**Eixo do conhecimento**	**Conteúdo Micro**	**Conteúdo Macro**
•O que é ser um adolescente trabalhador? •Você faz algum dia de trabalho que não tem remuneração? •Você realiza ou realizou algum trabalho com remuneração? •Que oportunidade têm de trabalho os jovens de São Bernardo do Campo? •Quem sustenta a sua família e quais as fontes de renda? •O que impede os jovens e sua família a viver melhor? •O que é trabalho e o que é emprego? •Qual a relação da escolaridade com mundo do trabalho? •Por que e para que trabalhamos?	•Qual a diferença entre trabalho e emprego? •Como foi a organização histórica do trabalho no brasil? •O que está acontecendo com o momento atual em relação aos direitos das trabalhadoras e trabalhadores (reforma trabalhista, terceirização do trabalho e reforma na CLT)? •Quais são as possibilidades de atuação para mantermos os direitos das trabalhadoras e trabalhadores? •Como o trabalho modifica a realidade?	Memória e Territorialidade	•A luta das trabalhadoras e trabalhadores na cidade de São Bernardo na construção de direitos e acesso ao trabalho •Programas de incentivo ao primeiro emprego na cidade.	Estudo sobre a organização das trabalhadoras e trabalhadores no Brasil e na cidade. Conhecer as principais lutas dos trabalhadores e trabalhadoras nas conquistas de direitos Observação e compreensão das áreas da cidade e busca por trabalho e emprego
		Cultura e Trabalho	•Formação escravocrata da sociedade brasileira. •Conceito de trabalho x emprego •Sistema taylorista de produção •Outras formas de produção: trabalho cooperativado e economia solidaria. •Compreender o processo de terceirização do trabalho •Compreender a reformas trabalhistas ocorrida em 2017 e a proposta da reforma da previdência social •Jovens x ocupação no mercado de trabalho •Jovens x salário no mercado de trabalho •Jovens x escolarização mercado de trabalho •O que é ser estagiário •O que é ser estagiário no setor público municipal de SBC	•Trabalho escravo x trabalho livre •Diferença entre trabalho e emprego •Trabalho como resultado da cultura e construção e ferramentas e modificaram a existência humana •Diferença entre trabalho humano e de outros seres vivos •Os jovens e o mercado de trabalho •Trabalho x sociedade capitalista •Direitos das trabalhadoras e trabalhadores x reformas atuais

Fonte: E-book da Aula 11 – Diretrizes Curriculares da EJA SBC e BNCC – Refletindo sobre o Currículo (2020)

O recorte para análise desse trabalho são os 5 PPPs de 2019, com foco no projeto da EJA, elaborado a partir das Diretrizes Curriculares da EJA de São Bernardo do Campo.

2. Documentos sobre registros das avaliações finais

As documentações pedagógicas são fontes importantes para a análise de todo o processo de ensino, aprendizagem e avaliação, juntamente a concepção de educação. Além disso, apresentam o percurso individual de cada educando durante o curso.

Para o registro e o acompanhamento do trabalho pedagógico e desenvolvimento dos educandos, muitas escolas organizam impressos próprios, como planilhas, mapas, relatórios, diários de bordo, portfólios, autoavaliações, entre outros.

> Para além dos documentos oficiais, a localização de documentos escolares como planos individuais de ensino, cadernos de alunos, provas escolares, atas de reuniões de professores, livros didáticos, dentre outros, é adentrar à "caixa preta" da escola tentando enxergar vestígios, padrões de seleção e tratamento dos conteúdos a serem ensinados, uma prática investigativa que vêm mobilizando novos olhares para a escola. (PINTO, 2014, p. 130).

Reconhece-se a importância dessa documentação, porém, para compor a pesquisa, optou-se por trazer os documentos oficiais em que são registrados os processos de avaliação, pois são os que são comuns e, portanto, apresentam a concepção da rede.

Nesse sentido, foram trazidos os seguintes documentos:

Quadro 28 – Documentos sobre Registros de Avaliação

Documento	Informações sobre o documento
Ficha de Acompanhamento de Aprendizagem – EJA 1	Ficha individual para educandos do Ensino Fundamental dos Anos Iniciais. A Ficha deve ser preenchida pelo educador ao final do semestre letivo.
Ficha de Acompanhamento de Aprendizagem – EJA 2	Ficha individual para educandos do Ensino Fundamental dos Anos Finais. A Ficha deve ser preenchida pelos educadores de cada área de conhecimento ao final do semestre letivo com os objetivos considerados para o semestre e classificá-los em "em processo" e "atingido".

AVALIAÇÃO EMANCIPATÓRIA NA EDUCAÇÃO DE JOVENS E ADULTOS:
UM CAMINHO A SER CONSTRUÍDO DA EXCLUSÃO À EMANCIPAÇÃO

Documento	Informações sobre o documento
Ata de Conselho de Termo / Ciclo	A Ata de Conselho de Termo / Ciclo é um documento em que é preenchido ao final do semestre na reunião de Conselho de Classe com todos os professores da turma ou do ciclo.
Relatório Final de Frequência e Avaliação de Alunos	O Relatório Final é um documento que resume a avaliação da turma ao final do semestre, com os nomes de todos os educandos daquela turma, tanto da EJA Ensino Fundamental Anos Iniciais, quanto dos Finais. Há colunas em que cada educador do termo/ciclo (no caso do Ensino Fundamental dos Anos Iniciais), ou as áreas de conhecimento (no caso do Ensino Fundamental dos Anos Finais) preenche com as faltas de cada educando no semestre. Há uma legenda de classificação e outras informações, contendo as seguintes siglas: A – Aprovado R – Retido AB – Abandono RC – Reclassificado TR - Transferido
Histórico Escolar 1º e 2º segmento	O Histórico Escolar é um documento que é expedido pela escola ao término do curso ou quando o educando solicita transferência para outra unidade escolar. Nesse documento, há o resumo da avaliação de todo os semestres cursados pelos educandos. Para cada termo cursado, deve ser atribuída uma menção pelas áreas de conhecimento.
Resultado de Avaliação Final de Módulo	O Documento Resultado da Avaliação de Final de Módulo trata-se um impresso que o educador deve preencher para cada educando que cursou um módulo de CAGECPM.
Atestado de Eliminação de Módulo	O referido atestado deve ser expedido pela escola cada vez que o educando eliminar um módulo.
Ata de Resultados Finais	A Ata de Resultados Finais contém o resumo da avaliação final de turma, com todos os educandos com os respectivos créditos e notas, dos mesmos itens que constam no documento Resultado de Avaliação Final de Módulo.
Certificado de Conclusão Telessala	O Certificado de Conclusão contém as notas e datas de exame de cada módulo.

Fonte: organizado pela autora (2021)

ANÁLISE DE DADOS

Todo conhecimento é inacabado, isto é um processo que se desenvolve continuamente, incorporando novos elementos e jamais deixando de questionar a si mesmo.
(Paulo Freire)

Este capítulo traz os elementos de todos os demais para dialogarem sobre a temática do estudo: a leitura da realidade, os conceitos, a política, a legislação, as formações e, sobretudo, as pessoas, com as suas concepções, seus sentimentos, suas histórias, suas expectativas, suas frustrações, suas aprendizagens, suas descobertas em suas falas. Mas não são elementos para montagem de um quadro estático.

> Esta não é uma etapa que se realiza automaticamente. Exige criatividade, caso contrário o trabalho não ultrapassa o nível da simples compilação de dados ou opiniões sobre um determinado tema. A análise de dados é importante, justamente porque através dessa atividade há condições de evidenciar-se a criatividade do pesquisador. De outra forma, não haveria sentido na atividade da pesquisa (PÁDUA, 2016, p. 87).

Considerando essas questões, iniciou-se a construção de uma trama multidimensional com possibilidades de novos entrelaçamentos ou inserção de novos elementos.

Essa trama tem como articulação as análises de dados, sendo que para este trabalho foram utilizados análise documental e análise de conteúdo.

5.1 Análise Documental

É importante salientar que a pesquisa tem como procedimento a pesquisa-ação participante, de forma que a análise documental é uma parte que completa a análise de conteúdo, que tem o maior número de dados coletados a partir da entrevista com os sujeitos.

Considerando que uma das condições importantes para a escolha do município, para realizar a pesquisa, foi a existência de um currículo de EJA que se alinhasse com o projeto de sociedade voltada à emancipação dos sujeitos, numa perspectiva freireana, a análise documental teve como objetivo investigar a documentação pedagógica, sejam elas, o PPP e os documentos de registro final de avaliação dos educandos e a relação com o currículo crítico-libertador.

E ainda, considerando que:

> Assim, a escolha de pistas documentais apresentadas no leque que é oferecido ao pesquisador, deve ser feita à luz do questionamento inicial. Porém, as descobertas e as surpresas que o aguardam às vezes obrigam-no a modificar ou a enriquecer o referido questionamento. (CELLARD, 2008, p. 303 *apud* ALVES *et al.*, 2021, p. 56).

A análise focou em, principalmente, dois dos cinco objetivos específicos:

- Analisar a relação do currículo crítico-libertador com a avaliação emancipatória;

- Identificar possibilidades e dificuldades na realização de uma avaliação emancipatória na Educação de Jovens e Adultos.

Considerando a importância do fazer pedagógico com base no currículo crítico-libertador, a investigação, com foco no primeiro objetivo, analisou indicativos de alinhamento dessa base teórica nesses documentos. A partir dessa primeira análise, foi possível realizar o estudo relativo ao segundo objetivo, visto que a presença ou ausência do referido alinhamento indicou possibilidades e dificuldades de aproximação da realização de uma avaliação emancipatória.

Esses documentos são fontes primárias, pois são dados originais, sendo que os PPPs estavam disponíveis no Portal da Educação, no site: https://educacao.saobernardo.sp.gov.br/ e os demais eram de uso interno das unidades escolares.

Para a análise dos PPPs das cinco escolas que participaram da pesquisa-ação participante, como consta no item 4.4 – Dados Coletados, optou-se pelo recorte do ano de 2019 e, em cada um dos PPPs, buscou-se estudar o item referente ao Plano de Ensino Anual da EJA. Para essa análise, as categorias foram elaboradas a partir dos possíveis elementos que compõem o projeto da EJA, que são:

Quadro 29 – Elementos que compõem o projeto da EJA de São Bernardo do Campo

Caracterização	Aspectos importantes a serem considerados na elaboração da caracterização: A – Investigação sobre os temas que serão desenvolvidos em sala de aula B – Visão de mundo e situação de opressão (fala significativa) C – Diversidade dos sujeitos da EJA (evidenciada) D – Desejos e expectativa
Fala Significativa	"deve representar a situação-limite do coletivo e ser problematizada e refletida num propósito de se evidenciar a intencionalidade de todo o processo pedagógico, por meio da categoria denominada de Contratema." (Práticas Pedagógicas V: experiências e vivências em EJA, p. 14, 2016).
O que propomos (contratema)	Explicação crítica e possibilidades de superação da situação-limite.
Problematização	Questões a partir da fala significativa, orientadas pelo contratema, para buscar possíveis respostas.
Eixos do Conhecimento	Organização que orienta a prática pedagógica considerando a integração do conhecimento e as temáticas do mundo adulto, sendo eles: - Memória e Territorialidade - Meio Ambiente e Saúde - Cultura e Trabalho - Linguagem – envolvendo Língua Oral e Escrita, Matemática, Corporal e Tecnológica
Conteúdo relacionado ao eixo do conhecimento	Conhecimentos sistematizados que se relacionam com as problematizações, no sentido de colaborar no processo de compreensão e superação das visões ingênuas que se manifestam na fala significativa.

Fonte: E-book da Aula 3 – Diretrizes Curriculares da EJA SBC e BNCC – Refletindo sobre o Currículo (2020)

A seguir, a análise dos PPPs de cada uma das unidades escolares:

Quadro 30 – Análise do PPP 2019 da Escola Lírio

Observação	Constam no PPP da escola, dois quadros de problematização: 1 – Referente às turmas de Alfabetização e Pós-alfabetização 2 – CAGECPM Nos dois quadros, a fala significativa e o contratema são os mesmos.

Caracterização	Não consta no PPP
Fala Significativa	*"Estou desempregado, tenho a convicção de que o estudo vai ajudar a arrumar um emprego"* Essa fala caracteriza-se por ser uma fala significativa, visto que representa uma visão de mundo de forma fatalística.
O que propomos (contratema)	*"A relação entre educação e maior possibilidade de inserção no mercado de trabalho atrela a primeira a segunda, porém nada garante que obtendo a certificação o emprego está assegurado".* Traz a relação com a fala significativa, mas poderia ampliar a compreensão no sentido de explicitar o motivo pelo qual a certificação não garante o emprego.
Problematização	As problematizações estão divididas em micro e macro e estão relacionadas com o contratema, trazendo questões como: *"Essas pessoas têm melhores condições de vida? Que condições são essas?"* *"Quanto tempo de estudo é necessário para ter um bom emprego? Ter um bom emprego significa ganhar muito dinheiro? Ficar rico?"* Porém, não amplia para uma visão da organização social e econômico do trabalho, aspecto também verificado no contratema, porém aparece no conteúdo.
Eixos do Conhecimento	Todos os eixos estão contemplados.
Conteúdo relacionado ao eixo do conhecimento	Alguns conteúdos têm relação com as problematizações e outros não: *"Compreensão das relações entre solo, água e seres vivos na fertilidade do solo, no escoamento da água e na erosão, valorizando medidas de proteção."* *"Compreensão da relação entre o desenvolvimento do capitalismo e as questões do trabalho assalariado, considerando suas diferentes formas de organização; as relações emprego/desemprego."*

Fonte: organizado pela autora (2021)

Quadro 31 – Análise do PPP 2019 da Escola Violeta

Observação	O PPP, em relação à EJA, apresenta todas as caracterizações por turma, os objetivos e conteúdos por eixos do conhecimento para as turmas de Alfabetização e Pós-alfabetização. Para as turmas de CAGECPM, os planos estão divididos em objetivos e conteúdos por área de conhecimento.

Caracterização	Os textos trazem, no geral: - Composição das turmas – quantidade, sexo, idade, alunos em continuidade - Local e condição de moradia, profissão, - Interação - Expectativas e justificativas, como: *"para saber mais", "recuperar o tempo perdido", "ter um bom futuro", "porque é bom estudar".* - Conhecimento em relação aos conteúdos: *"A grande maioria possui pouca compreensão de interpretação textual, e produção de pequenos textos, com ausência de elementos fundamentais como coesão e coerência".* - Diversidade *"A diversidade dos participantes da Educação de Jovens e Adultos – EJA, não se apresenta apenas na idade, mas também nos interesses, o que nos leva a elaboração e reelaboração de um currículo que atenda as especificidades destes sujeitos".* - Levantamento do tema gerador: *"Como tema gerador surgiu na fala dos alunos, em assembleia geral e filme, a questão como respeito, pobreza, violência, amor, união onde algumas falas puderam ser registradas, dentre elas:* *Não existe mais união entre os familiares.* *A pobreza não justifica a falta de união".* - Alunos de "inclusão" (referindo-se às pessoas com deficiência) - Questões referentes à adolescência Na caracterização pode se inferir, pela escrita de algumas educadoras, que o projeto foi elaborado, mas não consta no PPP.
Fala Significativa	Em uma das caracterizações, há um trecho em que a educadora relata o processo desse levantamento: *"Falas Significativas* *A falta de segurança para andar nas ruas da cidade e falta de áreas de lazer e praças, foram predominantemente a queixas apontadas, há um questionamento das mudanças que sentem necessidade de serem adotadas, para o local onde nossos educandos residem. Relatos como: cidade abandonada, precariedade no atendimento à saúde da população e falta de vagas em creches também foram levantadas, só que em menor escala.* *"O que mudariam na sociedade onde vivem", encontramos falas significativas como:* *_ Já pensou numa criança de 5 anos com uma arma na mão?* *_Segurança principalmente para as escolas.*

Fala Significativa	_Bandidos têm mais direitos do que nós!_ _ Armamento preocupa. Está tudo ao contrário! Tem que armar é a polícia!!!_ _ Não concorda com o uso de armas pela população!_ *Quanto ao que eles entendem por política, foi respondido por apenas um aluno que disse: "A gente elege eles para nos representar e isso não acontece". Nenhum outro aluno presente se manifestou, restringindo-se a endossar esta única fala."* Não há na nessa caracterização a informação se foi escolhida uma única fala depois ou se foram consideradas todas.
O que propomos (contratema)	Não consta.
Problematização	Não consta.
Eixos do Conhecimento	Aparecem apenas nas turmas de Alfabetização e Pós-alfabetização.
Conteúdo relacionado ao eixo do conhecimento	- Há um número elevado de objetivos e conteúdos para as turmas de Alfabetização e Pós-Alfabetização, como 14 conteúdos de linguagem escrita, 35 de linguagem matemática, 20 de meio ambiente, 22 de memória e territorialidade em discrepância com 2 de cultura e trabalho. Mas em nenhuma delas há objetivos ou conteúdos referentes às falas significativas. Já nas turmas de CAGECPM, há também um número elevado de objetivos e conteúdos por área de conhecimento. Infere-se aqui, talvez, a justificativa de os educandos terem contato com essas áreas apenas um semestre durante todo o curso. Por exemplo, há 47 em Língua Portuguesa, 87 em História com temas amplos, como: *O capitalismo* *O socialismo* *O modo de produção na antiguidade clássica* *Feudalismo* *Revolução industrial* *A sociedade de consumo e a sustentabilidade* *As possessões portuguesas na África* *A África nas relações comerciais portuguesas* *A escravidão do africano* *O escravo como mercadoria* *As relações comerciais no Atlântico* *O africano escravizado na América portuguesa* Não se pode realizar a análise com a fala significativa e problematização, pela ausência delas.

Fonte: organizado pela autora (2021)

Quadro 32 – Análise do PPP 2019 da Escola Margarida

Observação	Há uma observação sobre a reorganização curricular: *"Referente ao percurso da EJA, destacamos os seguintes itens para o debate da reorganização curricular:* *• Os conhecimentos de saberes já existentes;* *• O saber da existência do outro/sujeito histórico;* *• A consciência crítica;* *• A escuta rigorosa;* *• A coletividade;* *• A transformação social;* *• A ação e a reflexão."* Há uma explicação de como está organizada a EJA no município, detalhando as formas de oferta. Há, em seguida, um texto extensamente explicativo sobre a organização curricular e o motivo pelo qual se divide pelos eixos de conhecimento: *"Com base nestas três dimensões que permeiam a nossa vida, trabalho, ciência e cultura, vislumbramos a possibilidade de reconstrução do conhecimento pelos alunos da EJA, através de eixos temáticos integradores. Memória e Territorialidade, Língua Portuguesa, Matemática, Corporal e Tecnologia da Informação. Essa organização visa facilitar a integração de todas as áreas do conhecimento, são os elementos de organização do processo de ensino aprendizagem."* Ainda o texto se complementa com a explanação de cada um desses eixos. Em seguida, são apresentados os objetivos e conteúdos de cada eixo do conhecimento, com a seguinte explicação: *"Com o objetivo de orientar a prática pedagógica e facilitar a integração de todas as áreas do conhecimento, a EJA I Segmento está organizada através dos eixos temáticos integradores".* Há um texto introdutório sobre o eixo antes da listagem dos objetivos e conteúdos. Em relação ao CAGECPM, há uma introdução referente à organização dos módulos e, para cada um deles há os conteúdos de cada eixo temático e das áreas de conhecimento a que se refere, por exemplo, para o módulo de Língua Portuguesa, Inglês e Arte, há uma lista de conteúdos dessas áreas. Há apenas a apresentação de um quadro de problematização para as turmas do Programa de Educação do Adolescente para o Trabalho (PEAT), portanto não foi considerada para análise das turmas de EJA.

Caracterização	Não consta.
Fala Significativa	Não consta.
O que propomos (contratema)	Não consta.
Problematização	Não consta.
Eixos do Conhecimento	Constam tanto na EJA I, quanto nos módulos do CAGECPM. Um exemplo de um dos módulos: *"EIXOS TEMÁTICOS MEMÓRIA E TERRITORIALIDADE - diversidade e identidade/ mudanças e permanências na história de vida e do local onde vive / organização territorial local, nacional e mundial / formação do povo brasileiro / organização social / organização histórica do poder no mundo e nos territórios brasileiros / desigualdade social.* *MEIO AMBIENTE - urbanização / biodiversidade / produção industrial e agrícola / saúde e qualidade de vida / recursos naturais / consumismo x capitalização x degradação / sustentabilidade e ambiental, social e tecnológica/ impacto social / permacultura / biodiversidade.* *LINGUAGENS:* *- ORAL: poder de argumentação / linguagens regionais / organização e alinhamento de ideias-discurso / diálogo / interação.* *- ESCRITA: acesso à informação / função social da escrita / comunicação / literatura / variação linguística / linguagem formal e informal / diversidade textual.* *MATEMÁTICA: configuração geométrica da cidade / desigualdade social: abismo entre o social e o econômico / economia no Brasil e no mundo.* *CORPORAL: dança / ludicidade / corporeidade / teatro. TECNOLÓGICA: evolução tecnológica.* *EJA E O MUNDO DO TRABALHO - história do trabalho / segurança no trabalho / o trabalho e a reorganização ambiental / formas de trabalho / organização dos trabalhadores / o trabalho entre os grupos sociais."* Não há como saber se esses conteúdos estão relacionadas com as problematizações.
Conteúdo relacionado ao eixo do conhecimento	São apresentados tanto nos eixos de cada módulo, como nas áreas de conhecimento do referido módulo. Exemplo de Módulo de Língua Portuguesa: *"CONTEÚDOS EM LÍNGUA PORTUGUESA* *- Linguagem verbal e não verbal. Língua e linguagens. Códigos.* *- Substantivos e sua classificação. Linguagem formal e informal. Gírias.*

Conteúdo relacionado ao eixo do conhecimento	*- Escrever: como escolher o assunto. O início do texto. - Radicais gregos e latinos. Sufixos, prefixos, artigos e numerais.*
	- Adjetivos. Ortografia: terminações - ez / eza / ês e esa. - Frases: declarativas, interrogativas, exclamativas, declarativa e imperativa. Ampliação de frases.
	- Pontuação. Reticências.
	- Tonicidade: palavras oxítonas, paroxítonas e proparoxítonas. Separação de sílabas e acentuação.
	- Telegrama, anúncio, redução e ampliação de textos.
	- Ordem alfabética. Dicionário. Sinônimos.
	- Discurso direto e indireto.
	- Pronomes pessoais e de tratamento.
	- Bilhete. Linguagem coloquial. Memorando. Pronomes de tratamento.
	- Sentido literal e figurado. Tempo verbal: presente e passado.
	- Substantivos coletivos. Gênero dos substantivos. Substantivos comuns-de dois gêneros e sobrecomuns.
	- Pronomes retos e oblíquos.
	- Linguagem jornalística. Jargão profissional (médico, economista, etc). Diminutivos/ Aumentativos - Advérbios. Campo semântico.
	- Narração em 1ª pessoa e 2ª pessoa.
	Eufemismo.
	Conjunções.
	Cartazes.
	Como utilizar argumentos e contra-argumentos. Expressões idiomáticas.
	- Provérbios: usos e significados. Locuções verbais. Os auxiliares modais.
	- Frases oracionais e não-oracionais. Frases interrogativas.
	- Dicionário: expressões idiomáticas e provérbios.
	- Entendimento de bulas de remédios e manual de instruções.
	- Como fazer resumos.
	- Verbos transitivos e intransitivos. Palavras homófonas. Complementos verbais.
	- Regência verbal. Concordância verbal.
	- Formação de palavras. Derivação e composição.
	- Redação de cartas.
	- Sentido denotativo e conotativo. Onomatopéia, Memorando, pronomes demonstrativos.
	- Textos jornalísticos: impressos, transmitidos pelo rádio e televisão.

Conteúdo relacionado ao eixo do conhecimento	*- Sintagma nominal. Núcleo e adjuntos. Requerimento. Aposto e vocativo.* *- Parônimos. Predicado nominal. Predicativos e adjuntos adverbiais de modo.* *- Discurso direto e indireto.* *- Preenchimento de formulários, cheques e recibos.* *- Redação de diálogos. Brasileirismos.* *- Voz ativa, passiva e reflexiva.* *- Neologismos. Períodos simples e compostos.* *- Gêneros textuais variados.* *- Redação dissertativa."*

Fonte: organizado pela autora (2021)

Quadro 33 – Análise do PPP 2019 da Escola Flor de Lótus

Observação	A parte referente à EJA no PPP é composta e organizada da seguinte forma: - Caracterização da sala multisseriada; - Caracterização da turma de CAGECPM; - Projeto contendo: justificativa do tema, objetivos, fundamentação teórica, metodologia, recursos, cronograma e avaliação. Em seguida, constam a fala significativa, o contratema, as problematizações micro e macro; - Objetivos e conteúdos de Alfabetização e Pós-alfabetização divididos em eixos do conhecimento; - Objetivos e conteúdos das áreas de História e Geografia.
Caracterização	Nas caracterizações, há detalhamento sobre: - Composição da turma; - Informações sobre a realização da assembleia com os educandos para o levantamento de falas significativas.
Fala Significativa	*"Falta limpeza no bairro".*
O que propomos (contratema)	*"Devemos buscar mecanismos para entender nossas dificuldades e tentar superá-las no coletivo, construindo laços sociais conscientes de que fazemos parte deste bairro, e que nos permitam uma participação cidadã com Direitos e Deveres sem andar separados."* Há a relação da fala significativa com o contratema no sentido de conscientização coletiva. Poderia ser ampliação para a discussão do que é público e privado.

Problematização	Estão divididas em problematizações macro e micro. Alguns exemplos: Micro: *"Há centros comunitários no bairro?* *Existe representante do Bairro?* *São realizadas Reuniões de bairro?"* Macro: *"Quais são as verbas públicas direcionadas a cidade?* *Qual a diferença entre qualidade de vida e política?"* Embora tenham referência com o contratema, são perguntas com respostas diretas, que não provocam a reflexão do que já está estabelecido e nem aprofundamento sobre a temática.
Eixos do Conhecimento	Com relação às turmas de Alfabetização e Pós-alfabetização, há os objetivos e conteúdos por eixo de conhecimento. Na turma de CAGECPM, foi considerado apenas o eixo de Memória e Territorialidade, provavelmente por relacionar o Módulo de História e Geografia com esse eixo.
Conteúdo relacionado ao eixo do conhecimento	Não há uma relação com as problematizações, como nos exemplos: Alfabetização e Pós-alfabetização Meio Ambiente *"Leituras de textos informativos e noticiário, sobre os temas abordados: Saúde, doença, meio ambiente, Vegetação e animais. Produção Coletiva de fichas técnicas sobre vegetais e animais quanto à sua classificação. Produção Coletiva de fichas técnicas sobre animais vertebrados e suas especificidades."* Memória e Territorialidade *"Compreender as diferentes culturas e as regiões brasileiras;* *Assistir filmes e documentários que permitam compreender a vida no planeta como a ação do homem sobre o ambiente;* *Reconhecer com uso de imagens, relatos e textos informativos as diferenças e semelhanças entre a produção no campo e na cidade."* CAGECPM: História *"História e trabalho.* *Processo de colonização no Brasil.* *Processo de independência no Brasil;*

	Identidade cultural Brasileira Governo e regime político.
	Cidadania no Brasil. Ditadura e Democracia no Brasil
	História Regional."
	Geografia
	"Características da Sociedade Brasileira.
Conteúdo relacionado ao eixo do conhecimento	Demografia e estrutura etária da população brasileira (regiões naturais e geográficas do Brasil e da Cidade).
	Transformação do espaço. Potencialidades econômicas do Brasil e da Cidade. Imigração, migração e emigração.
	Cooperativismo.
	Distribuição de renda e justiça. Dependência econômica.
	Divisão Político-administrativa no Brasil
	Atividades Econômicas no Brasil."

Fonte: organizado pela autora (2021)

Quadro 34 – Análise do PPP 2019 da Escola Cravo

Observação	O PPP apresenta a seguinte organização: caracterização da turma e o projeto.
	Cada qual está organizado de forma diferente, principalmente os projetos, mas apenas um tem o formato do quadro de problematização, que é de uma disciplina do Ensino Fundamental dos Anos Finais.
Caracterização	Foram analisadas três caracterizações, das quais observamos que estão presentes os seguintes aspectos:
	- Composição da turma
	- Origem dos educandos
	- Local de moradia
	- Motivos do retorno à escola
	- Diversidade
	- Gráficos a partir do levantamento de vários aspectos, como emprego, idade, sexo
	- Falas significativas
	- Hipótese de escrita e conhecimentos escolares.
Fala Significativa	Constam dentro da caracterização:
	"... outro dia uma colega me disse que não achava certo o negro fazer faculdade... e eu não concordo porque todos têm o mesmo direito – ao emprego, à saúde, à educação..."

Fala Significativa	*"... Professora! Estou me sentindo mal por chegar atrasada todos os dias na aula!! Acho que vou desistir!..."* *... não consigo escrever sem copiar da lousa... me desculpe professora amanhã não venho porque preciso trabalhar..."* *"Trabalho desde os meus sete anos de idade e ainda não consegui me aposentar, mas meu sonho é ter uma vida melhor... voltei pra escola pra aprender a ler e escrever direito pra conseguir um emprego melhor."*
O que propomos (contratema)	Não consta.
Problematização	Não consta.
Eixos do Conhecimento	Não consta.
Conteúdo relacio-nado ao eixo do conhecimento	Organizado por áreas de conhecimento.

Fonte: organizado pela autora (2021)

A partir das análises dos PPPs, é possível constatar:

a. Diferentes formatos de organização:

Todas as cinco escolas colocaram a EJA no PPP em diferentes formatos: três colocam a caracterização, quatro trouxeram as falas significativas, duas trouxeram contratema e problematização, em duas escolas, não há a organização dos conteúdos por eixo do conhecimento.

b. A relação das falas significativas, o contratema, as problematizações e os conteúdos:

Essa relação, com todos esses itens, foi apresentada em apenas uma escola. Para a conscientização em relação à consequência da situação apresentada para a superação da fala significativa, parece não ter sido considerada na seleção dos conteúdos em geral.

A análise da relação desses itens pelas outras unidades escolares foi prejudicada por apresentarem um ou outro item apenas.

Conforme o item 3.3.2 – Currículo, essa relação é de extrema importância para o currículo crítico-libertador, visto que o ponto de partida e chegada tem relação com a reflexão e conscientização em nível micro e macro da realidade concreta dos sujeitos, para superação da situação-limite apresentada.

> Para o educador-educando, dialógico, problematizador, o conteúdo programático da educação não é uma doação ou uma imposição - um conjunto de informes a ser depositado nos educandos - mas a devolução organizada, sistematizada e acrescentada ao povo daqueles elementos que este lhe entregou de forma desestruturada. (FREIRE, 2011, p. 116).

c. Projetos:

Das cinco escolas, há apenas uma que elabora o seu projeto com o quadro de problematizações. Outra escola levanta a fala significativa, elabora o contratema e as problematizações, mas os conteúdos não correspondem às problematizações.

Há a apresentação de outros projetos que são temáticos e que, portanto, não foram elaboradas a partir das falas significativas.

Pelos encontros realizados com os educadores, é possível inferir que os educadores elaboraram os projetos, por terem comentado a respeito, porém, se não consta no PPP, pode ser que seja considerado a parte do trabalho pedagógico, e mesmo a seleção de conteúdos constantes no PPP pode não ter relação com o projeto.

d. Aproximação com o currículo crítico-libertador:

Considera-se algumas questões com relação a essa análise:

- Conforme consta no item 1.3.2.4 – Quais são as denúncias e os anúncios relacionados à formação de professores da EJA?, foi colocado que numa proposta curricular com base na Educação Popular, como é o currículo crítico-libertador, que é numa perspectiva geralmente diferente do que o educador costuma trabalhar, há a necessidade constante de formação e diálogo com os pares. No período de 2017 até meados de 2019, não houve formação com esse foco na rede municipal de São Bernardo do Campo. Também, com a mudança da gestão municipal, o formato de acompanhamento dos orientadores pedagógicos à EJA sofreu alterações, o que poderia ter afetado a organização de documentação das escolas.

- Como o currículo ainda era compreendido como novo no período da pesquisa, há que se considerar o tempo de apropriação dos conceitos e, depois, a relação com a prática em momentos diferenciados, isto é, cada escola, cada educador encontra-se em diferenciados percursos na apropriação do currículo crítico-libertador.

- Porém pode-se concluir que, na maioria dos PPPs analisados dessas escolas, não há uma transparência no trabalho realizado com o currículo crítico-libertador.

Enquanto o PPP é o documento inicial indicativo do trabalho pedagógico, os documentos sobre registro da avaliação das turmas de EJA, abaixo citados, representam o fechamento de um ciclo.

A partir das informações trazidas no Quadro 28 – Documentos sobre Registros de Avaliação, foi feita a análise, considerando como critérios os indícios sobre a presença do trabalho pedagógico realizado com base no currículo crítico-libertador.

Quanto a isso, é importante registrar que, quando se trata de áreas de conhecimento, o documento refere-se aos componentes curriculares, conforme as Matrizes Curriculares, em que as escolas precisam cadastrar na plataforma do governo estadual Secretaria Escolar Digital (SED). Nessa plataforma, são centralizadas as informações da gestão administrativa, como criação de Registro de Aluno, abertura de turmas, validação de alunos concluintes, entre outros. No caso do ensino fundamental, os componentes curriculares, conforme Base Nacional Comum, são: Língua Portuguesa, Inglês, Arte, Matemática, Ciências, História, Geografia e Educação Física.

Porém, quando se trata dos eixos de conhecimento ou eixos temáticos, como constam nas Diretrizes Curriculares de EJA de São Bernardo do Campo, referem-se ao objetivo de uma organização diferente, conforme se segue:

> Essa organização se apresenta com o objetivo de orientar a prática pedagógica para facilitar a integração de todas as áreas do conhecimento.[...]. A opção por esses eixos é devido ao entendimento de que estes dialogam com o Mundo adulto. (PREFEITURA MUNICIPAL DE SÃO BERNARDO DO CAMPO, 2012, p. 46).

Assim, há a orientação de que esses eixos de conhecimento ou eixos temáticos sejam considerados no processo de ensino-aprendizagem, por se tratarem de temáticas que fazem parte da realidade concreta dos educandos, portanto significativos, e que perpassam pelas problematizações referente às situações-limites. São eles:

- Memória e Territorialidade;

- Linguagens – que englobam Linguagens Oral e Escrita, Linguagem Matemática, Linguagem Corporal, Linguagem da Tecnologia da Informação;

- Meio Ambiente e Saúde;

- Cultura e Trabalho.

Dessa forma, quando destacamos eixos de conhecimento, diferentemente das áreas de conhecimento, reconhece-se uma organização mais próxima ao currículo crítico-libertador.

O quadro a seguir traz os mesmos documentos e na mesma ordem dos que foram citados no Quadro 28, com esses observáveis.

Quadro 35 – Análise dos documentos sobre Registros de Avaliação

Documento	Informações sobre o documento
Ficha de Acompanhamento de Aprendizagem – EJA 1	Os objetivos estão divididos pelos eixos do conhecimento e cada objetivo deve ser classificado com "em processo" e "atingido".
Ficha de Acompanhamento de Aprendizagem – EJA 2 (2° segmento)	Os objetivos estão divididos por áreas de conhecimento, pois há um educador para cada área. Também devem ser preenchidas com os objetivos de cada área que devem ser classificados como "atingido" ou "em processo".
Ata de Conselho de Termo / Ciclo	Nesse documento há três planilhas para serem preenchidas com os nomes dos educandos, sendo a primeira com o nome dos alunos retidos, a segunda com o nome dos alunos aprovados pelo conselho e a última com o nome dos alunos reclassificados.
Relatório Final de Frequência e Avaliação de Alunos	Nesse documento, que é da turma, estão as linhas com os nomes dos alunos e as áreas de conhecimento nas colunas para serem preenchidas, porém, consta observação: "As áreas de conhecimento estão embasadas nos seguintes eixos: Memória e Territorialidade, Linguagem, Meio Ambiente e Mundo do Trabalho, conforme publicação das Diretrizes Curriculares na EJA em SBC – 2012". Lembrando que há uma legenda de classificação e outras informações, contendo as seguintes siglas: A – Aprovado R – Retido AB – Abandono RC – Reclassificado TR – Transferido.

Documento	Informações sobre o documento
Histórico Escolar 1º e 2º segmento	- Nesse documento, devem ser preenchidas as menções, conforme abaixo, para cada área de conhecimento.

MENÇÕES	CONCEITOS
A	OBJETIVOS ATINGIDOS
D	DISPENSADO

1. MENÇÕES	CONCEITOS	DEFINIÇÃO OPERACIONAL
A	Excelente	O aluno atingiu plenamente os objetivos
B	Bom	O aluno atingiu todos os objetivos
C	Satisfatório	O aluno atingiu os objetivos essenciais. Menção mínima para aprovação
D	Sofrível	O aluno atingiu parte dos objetivos essenciais
E	Insatisfatório	O aluno não atingiu os objetivos essenciais

- No campo de observações, consta que: "As áreas do conhecimento estão embasadas nos seguintes eixos: Memória e Territorialidade, Linguagem, Meio Ambiente e Mundo do Trabalho, conforme publicação das Diretrizes Curriculares da EJA em SBC – 2012."

Resultado de Avaliação Final de Módulo

Os itens a seguir referem-se ao CAGECPM.

É importante lembrar que o educando necessita eliminar todos os módulos para obter o certificado de conclusão do Ensino Fundamental, lembrando que são três módulos, sejam eles:

- Linguagens e Códigos: Língua Portuguesa e Língua Estrangeira Moderna e Arte

- Ciências Humanas: História e Geografia

- Ciências da Natureza e Matemática: Ciências Físicas e Biológicas e Matemática.

Para a eliminação de cada módulo, o educando deve obter no mínimo 70% de créditos, com a somatória:

- da avaliação final do módulo – 60% (3 atividades de 20%)

Documento	Informações sobre o documento
Resultado de Avaliação Final de Módulo	- da autogestão do conhecimento – 20% - da atividade em grupo – 20% Nesse documento, há espaço para preenchimento de todas essas informações e com espaço para nota de cada item acima que é calculada com base na porcentagem dos créditos.
Atestado de Eliminação de Módulo	Para cada módulo, há o espaço para preenchimento da nota, a escrita da nota por extenso e a data de exame.
Ata de Resultados Finais	Trata-se da junção de todas as informações que constam no documento Resultado de Avaliação Final de Módulo de todos os educandos da turma no semestre.
Certificado de Conclusão Telessala	Esse documento tem a junção de todas as informações do documento Atestado de Eliminação de Módulo, com as notas de todos os módulos do educando.

Fonte: organizado pela autora (2021)

A partir dessas observações, destaca-se que os documentos do 1º e do 2º segmentos (EJA I e II) apontam a existência do trabalho pedagógico com os eixos do conhecimento em três deles, sendo que em dois (Relatório Final de Frequência e Avaliação de Alunos e Histórico Escolar do Aluno) são consideradas as áreas de conhecimento e os eixos aparecem como observações.

Portanto, a percepção do trabalho com eixos está explícita apenas na Ficha de Acompanhamento de Aprendizagem (EJA 1). Além disso, os documentos são classificatórios e as informações apresentam-se diferentes em cada um dos documentos, pois na Ficha de Acompanhamento os educadores avaliam se os educandos atingiram os objetivos ou estão no processo; no relatório final, em cada área, o educador deve classificar se foi aprovado, retido entre outros; e no Histórico Escolar, é atribuída a menção de A a E em cada área de conhecimento.

Com relação ao CAGECPM, em nenhum dos documentos há a menção de que há o trabalho com os eixos de conhecimento, pois até os módulos são divididos em áreas do conhecimento. Porém, nesse tipo de atendimento, diferente das outras, as informações são as mesmas em todos os documentos: nota e porcentagem por módulo.

Pode-se verificar que, nas documentações analisadas, tanto do 1º e 2º segmento quanto do CAGECPM, não há, oficialmente, nada que registre o processo de aprendizagem, considerando os tempos e os espaços, bem como o trabalho com os Projetos da EJA. A documentação não se diferencia de um modelo "bancário". Nesse sentido, conforme o item 2.1 – Para que serve a avaliação?, a avaliação final é somativa, conforme Chizzotti (2016), mede a aprendizagem dos educandos e decide se estes serão promovidos ou não, gerando uma separação entre o ensinar e o aprender, trazendo a convicção de que a somatória dos pontos representa o sucesso do ensino e os erros, a incompetência discente para aprender. Nesse mesmo item, Cappelletti (2012) classifica esse modelo de avaliação como "Avaliação a serviço da decisão", em que a técnica sobrepõe ao humano e que essa racionalidade nas decisões também reflete na racionalidade no planejamento e nas ações.

Dessa forma, é possível verificar que há uma contradição no aspecto da forma de avaliar em que trazem os documentos oficiais da Secretaria de Educação com a forma de avaliar que é esperado de um currículo libertador.

Reconhecem-se os desafios de se fazer um currículo com base na Educação Popular num sistema de ensino público, que é formatado, padronizando tempos, espaços e disciplinas, como a SED que acaba gerando uma cultura do fazer escolar padronizado, incluindo as ações do educador que, com o tempo, torna-se, de certa forma, uma zona de conforto, no sentido do que é esperado da sua ação pedagógica: seleciona objetivos e conteúdos de acordo com segmento e termo pré-determinados por disciplinas, os distribui nesses termos, trabalha com os conteúdos e avalia se o educando aprendeu.

Porém é importante ressaltar que as disciplinas escolares, ou conforme o termo utilizado, áreas de conhecimento, segundo Pinto (2014, p. 132), vão além dos conteúdos programáticos, pois "este não é o único acesso à sua estrutura interna e à finalidade que cumpre na escolarização." A autora completa, citando Frago (2008), "que as disciplinas escolares não podem ser estudadas separadas dos principais agentes que lhes dão vida – os professores." (PINTO, 2014, p. 132). Nesse sentido, afirma que, quando há uma nova conjuntura política ou renovação do sistema educacional, é o momento propício para investigar a complexidade da organização pedagógica que envolve o ensino de uma disciplina, que engloba:

> [...] justificativas das alterações propostas, nas relações entre o antigo e o novo, na coerência dos procedimentos em relação às novas finalidades. Tais premissas são compartilhadas por Julia (2001, p. 15) quando caracteriza a cultura escolar como um *conforme* cuja compreensão requer a análise de normas e finalidades da escola, da profissionalização dos professores, dos conteúdos ensinados e também das práticas escolares. (PINTO, 2014, p. 132).

Dessa forma, não se pode analisar os documentos sem o contexto, e, nesse sentido, pode-se considerar que o currículo estava se constituindo ainda, com suas diversas etapas construídas coletivamente, mas que não tinham chegado, ainda, à discussão mais focalizada sobre a avaliação. Isso pode ter gerado um conflito no fazer pedagógico do educador, pois o desafia a pensar o processo pedagógico numa nova perspectiva, mas, apesar dessa intencionalidade, acaba por avaliar o educando na perspectiva em que se sente mais seguro, até porque os documentos apontam para isso. Talvez esse seja um dos motivos dos dados de reprovação trazidos no item 3.3.3 – Avaliação.

Retomando a hipótese da distância entre o documento inicial (PPP) e o documento final (documentos de registro de avaliação final) ser um dificultador para a realização de uma avaliação na perspectiva emancipatória, não foi evidenciado, pois na maioria dos PPPs analisados não havia uma transparência no trabalho com o currículo crítico-libertador.

Então, considerando todos os pontos trazidos na análise documental, a pesquisa apontou, nesse estudo, que as orientações (ou ausências) e determinações da Secretaria de Educação, tanto para os PPPs quanto referentes às documentações de registro de avaliação final, representam, ainda, um dificultador para a realização de uma avaliação emancipatória.

Porém é preciso considerar que essa documentação faz parte do currículo formal.

> Na caracterização do currículo formal, temos aquele que é estabelecido por diretrizes governamentais e estruturado por normativas prescritas, que almeja oferecer uma base comum a educação em nível nacional. Está assegurado pela lei 9.394 de 1996. Apresenta também uma outra base obrigatória que está pautada na formação de conteúdos complementares seguindo o contexto local e regional de cada instituição escolar. (TOLEDO; RAMOS, 2021, p. 17).

E que, como foi visto, traz os desafios de uma perspectiva de Educação Popular num sistema de ensino, mas devem ser consideradas as brechas que podem estar no currículo real.

> É a execução de um plano, é a efetivação do que foi planejado, mesmo que nesse caminho do planejar e do executar aconteçam mudanças, intervenção da própria experiência dos professores, decorrentes de seus valores, crenças, significados. É o currículo que sai da pratica dos professores, da percepção e do uso que os professores fazem do currículo formal assim como o que fica na percepção dos alunos. (LIBÂNEO, 2001, p. 99 *apud* TOLEDO; RAMOS, 2021, p. 18).

Além disso, há que se considerar, ainda, o currículo oculto.

> Na evidência do currículo oculto, tem-se a caracterização de que este é formado a partir de aspectos do ambiente escolar que não estão explicitados no currículo formal, contribuindo para aprendizagens. O currículo oculto representa tudo o que os alunos aprendem pela convivência espontânea em meio as várias práticas, atitudes, comportamentos, gestos, percepções, que vigoram no meio social e escolar. (LIBÂNEO, 2001, p. 100 *apud* TOLEDO; RAMOS, 2021, p. 18).

Esses dois últimos tipos de currículo poderão contribuir para a análise além da documentação, isto é, de outros elementos que estão presentes nos objetivos específicos deste trabalho e se apresenta no próximo item, na análise de conteúdo.

5.2 Análise de conteúdo

Para o estudo sobre a avaliação emancipatória, foi realizada a pesquisa-ação participante, que envolveu encontros formativos dialógicos com educadores e realização de entrevista tanto com os educadores quanto com os educandos, além da aplicação de dois questionários. Essas ações trouxeram muitos elementos que poderiam ser estudados, como o processo de construção do currículo, a formação de professores, a comunicação educando-educador, gestão pedagógica, entre outros. Cada um deles pertence a um emaranhado complexo que se articula com várias temáticas e que, certamente, poderia trazer dados de análise sobre a avaliação emancipatória. Porém haveria a dificuldade de se manter o foco no problema da pesquisa, podendo haver, também, muitas interpretações equivocadas se não houver um tratamento das informações.

Nesse sentido, com a preocupação de realizar uma análise científica, optou-se pela análise de conteúdo, pois, além de trazer foco para a pesquisa, conforme objetivos específicos, auxilia nas inferências desses dados, pois, segundo Bardin (1977, p. 38), "a intenção da análise de conteúdos é a inferência de conhecimentos relativos às condições de produção (ou eventualmente, de recepção), inferência esta que recorre a indicadores (quantitativos ou não)."

Bardin (1977) explica que a análise de conteúdo organiza-se em três etapas: pré-análise, a exploração do material e o tratamento de resultados, com a inferência e a interpretação.

5.2.1 Pré-análise

Dessa forma, conforme a autora, os trabalhos da análise de conteúdo iniciaram pela pré-análise. Segundo Bardin (1977, p. 95), essa fase "tem por objetivo tornar operacionais e sistematizar as ideias iniciais, de maneira a conduzir a um esquema preciso do desenvolvimento das operações sucessivas, num plano de análise."

Essa etapa subdivide-se em: leitura flutuante; escolha dos documentos; formulação das hipóteses e dos objetivos; elaboração dos índices e a elaboração dos indicadores; preparação do material.

Seguindo essa ordem, foi realizada a leitura flutuante. O material estava em vídeos e gravações de áudios e todas foram transcritas. Verificou-se que há transcrição de algumas partes dos encontros, mas não de todos; há também a transcrição completa das entrevistas, tanto dos educandos quanto dos educadores, além dos questionários. Nesse momento, pode-se dimensionar o volume do material ao longo do percurso da pesquisa.

Quadro 36 – Pré-análise

Material		Volume aproximado[14]
2º encontro	Flor de Lótus	5 páginas
	Lírio	22 páginas
	Margarida, Cravo e Violeta	2 páginas
3º encontro	Flor de Lótus	4 páginas
	Cravo, Margarida, Violeta, Lírio	14 páginas
4º encontro	Todas as unidades escolares	4 páginas
5º encontro	Cravo	10 páginas
	Lírio	12 páginas
	Flor de Lótus	2 páginas
	Margarida	13 páginas
	Violeta	8 páginas

---

[14] Os documentos de transcrição apresentam-se em uma única fonte: Arial 12, porém, os espaçamentos estão diferenciados, bem como, a disposição do texto, pois também há quadros.

Material		Volume aproximado[14]
6º encontro	Cravo	24 páginas
	Flor de Lótus	24 páginas
	Lírio	32 páginas
	Margarida	25 páginas
	Violeta	58 páginas
Entrevista com educadores	Cravo	43 páginas
	Flor de Lótus	21 páginas
	Lírio	9 páginas
	Margarida	17 páginas
	Violeta	18 páginas
Entrevista com educandos	Educando A	8 páginas
	Educando E	6 páginas
	Educandos F e G	8 páginas
	Educando D	5 páginas
	Educanda H	6 páginas
	Educandas B e C	10 páginas
Entrevista Inicial	16 respostas	16 páginas
Questionário Semiestruturado	7 repostas	7 páginas

Fonte: organizado pela autora (2021)

Para esta análise, optou-se pela utilização dos seguintes materiais: entrevista com educadores, entrevista com educandos, entrevista inicial e questionário semiestruturado. Dessa forma, não serão consideradas, para esta análise de conteúdo, as transcrições realizadas durante os encontros e as justificativas para isso são: esses registros são importantes históricos dos encontros, mas as reflexões sobre o processo estão concentradas na entrevista com educadores e educandos ao final deles. Além disso, correspondem a um grande volume de material: 259 páginas, pois há gravações dos encontros, quase inteiras, principalmente quando esses foram realizados coletivamente, e outros que representam apenas um trecho. Aqui, então, definiu-se a escolha dos documentos, outra etapa da pré-análise, constituindo-se, assim, o corpus da análise pela regra de pertinência: "os documentos retidos devem ser adequados, enquanto fonte de informação, de modo a corresponderem ao objeto que suscita a análise." (BARDIN, 1977, p. 98).

Em seguida, Bardin (1997) traz como outra etapa a formação das hipóteses e dos objetivos e explica que "formular hipóteses consiste, muitas vezes, em explicitar e precisar — e, por conseguinte, em dominar — dimensões e direções de análise, que apesar de tudo funcionam no processo." (BARDIN, 1977, p. 99).

A partir dessa explicação, optou-se por considerar, nessa etapa, os objetivos específicos, pois cumprem esse papel, os quais reapresentamos novamente:

I. Analisar a relação do currículo crítico-libertador com a avaliação emancipatória;

II. Analisar a relação da categoria freireana dialogicidade com a avaliação emancipatória;

III. Analisar a relação do processo de aprendizagem do aluno jovem, adulto, idoso da EJA com a avaliação emancipatória;

IV. Analisar contexto de realização de avaliação que se aproxime da avaliação emancipatória;

V. Identificar possibilidades e dificuldades na realização de uma avaliação emancipatória na Educação de Jovens e Adultos.

Em seguida, Bardin (1977) orienta a realizar a referenciação dos índices e a elaboração de indicadores. Nesse sentido, considerou-se como indicadores as temáticas a partir dos objetivos específicos.

Para essa análise, houve o preparo do material, uma vez que já tinha sido definido qual seria o corpus. Quanto a isso, houve tratamento diferenciado em relação à organização desse material, tendo algumas análises sido consideradas por grupo e outras individualmente.

Como as entrevistas com os educadores foram realizadas coletivamente por unidade escolar, não houve a identificação individual, visto que as ideias iam se complementando no decorrer da discussão.

> Ficou muito claro para nós pesquisadores que a entrevista coletiva é um excelente instrumento para a obtenção de determinados tipos de informação, desde que não se tenha

> necessidade identificá-las individualmente, bastando, ao contrário, ter-se uma visão geral das ideias dos grupos. (FAZENDA, 2004, p. 44).

Os materiais das entrevistas com os educandos, entrevista inicial e questionário semiestruturado foram tratados individualmente.

5.2.2 Exploração do material

Para a análise do material, foi utilizado o apoio do software Atlas.ti, por se tratar de um volume significativo e o recurso facilitar o manuseio dos recortes do texto com as respectivas codificações.

> O software Atlas.ti consiste em uma ferramenta para a análise de dados qualitativos podendo a sua utilização, segundo Cantero (2014), ser útil na formação em pesquisa qualitativa, visto que atribui maior visibilidade e transparência à análise de dados que, muitas vezes, representa a parte mais obscura do processo para os estudantes. Esse software teve sua primeira edição comercial em 1993 e, desde então, passou a ser empregado por diferentes áreas de conhecimento, como educação e administração, e em variados tipos de estudo, primeiramente pela grounded theory e, atualmente, por outras metodologias, como a análise de conteúdo. (WALTER; BACH, 2015, p. 276).

O primeiro material analisado foi a entrevista com os educadores. Para essa análise, foram consideradas as transcrições das entrevistas realizadas nas cinco unidades escolares, e, embora houvesse um roteiro para essas entrevistas, algumas informações foram encontradas ao longo dos textos. A partir das leituras, foram realizados recorte do texto considerando os indícios que correspondiam aos objetivos específicos desse trabalho, que são as unidades de registro.

> É a unidade de significação a codificar e corresponde ao segmento de conteúdo a considerar como unidade de base, visando a categorização e a contagem frequencial. A unidade de registro pode ser de natureza e de dimensões muito variáveis. [...] Efetivamente, executam-se certos recortes a nível semântico, o <tema>, por exemplo, enquanto que outros se efetuam a um nível aparentemente linguístico, como por exemplo, a <palavra> ou a <frase>. (BARDIN, 1977, p. 104).

Para o presente trabalho, as unidades de registro consideraram o tema, visto que, nas entrevistas, muitos assuntos foram trazidos com elementos importantes, num contexto de diálogo, de forma que as ideias não estavam explícitas, por exemplo, relacionando a palavra ao conceito.

> Na verdade, o tema é a unidade de significação que se liberta naturalmente de um texto analisado segundo certos critérios relativos à teoria que serve de guia à leitura. O texto pode ser recortado em ideias constituintes, em enunciados e em proposições portadores de significações isoláveis. (BARDIN, 1977, p. 105).

Também se buscou ter o cuidado de contextualizar a organização dos códigos, visto que as temáticas, por se tratarem de assuntos muito próximos, necessitam ser explicitadas dentro dos critérios que as caracterizaram.

> A unidade de contexto serve de unidade de compreensão para codificar a unidade de registro e corresponde ao segmento da mensagem, cujas dimensões (superiores às da unidade de registro) são óptimas para que se possa compreender a significação da unidade de registro. (BARDIN, 1977, p. 107).

Com isso, houve a criação dos códigos que, a princípio, são muitos, exatamente para trazer o detalhamento de análise necessária para melhor caracterizar, posteriormente, a categorização desses materiais.

> A codificação corresponde a uma transformação – efetuada segundo regras precisas – dos dados brutos do texto, transformação esta que, por recorte, agregação e enumeração, permite atingir uma representação do conteúdo, ou da expressão, suscetível de esclarecer o analista acerca das características do texto, [...]. (BARDIN, 1977, p. 103).

Quanto à frequência, optou-se pela medida frequencial simples, em que se considerou que as aparições possuem o mesmo peso, portanto "a importância de uma unidade de registro aumenta com a frequência da aparição." (BARDIN, 1977, p. 109).

Em seguida, foi realizada a categorização dos dados, com base nas temáticas presentes nos objetivos específicos deste estudo.

> A categorização é uma operação de classificação de elementos constitutivos de um conjunto, por diferenciação e, seguidamente, por reagrupamento segundo o gênero (analogia), com os critérios previamente definidos. As categorias, são

rubricas ou classes, as quais reúnem um grupo de elementos (unidades de registro, no caso de análise de conteúdo) sob um título genérico, agrupamento esse efetuado em razão dos caracteres comuns destes elementos. (BARDIN, 1977, p. 117).

No quadro a seguir, os elementos foram agrupados em decorrência da exploração dos materiais, considerando para a organização, como já foi dito, os objetivos essenciais.

Quadro 37 – Organização do material referente à entrevista com educadores para Análise de Conteúdo

Códigos Temas		Quantidade de Unidades de Registro encontrados (Frequência)	Unidade de Contexto	Categorias
1	Acompanha-mento da aprendizagem	33	Descoberta do processo de aprendizagem do educando; Possibilidades de acompanhar a aprendizagem dos educandos; Compreensão do processo de aprendizagem; Realização do acompanhamento da aprendizagem dos educandos; Estratégias de acompanhamento da aprendizagem dos educandos; Instrumentos de acompanhamento da aprendizagem dos educandos.	Aprendizagem
2	Aprendizagem	27	Compreensão da forma como os educandos aprendem; Conhecer o educando; Compreensão/ percepção dos educandos sobre o seu processo de aprendizagem; Fatores que auxiliam na aprendizagem dos educandos (significado, realidade); Aprendizagem ocorrida - Reconhecimento dos saberes dos educandos.	

Códigos Temas		Quantidade de Unidades de Registro encontrados (Frequência)	Unidade de Contexto	Categorias
3	Confiança	3	Necessidade do educando em confiar no educador e na escola para que ocorra a aprendizagem.	Aprendizagem
4	Avaliação	30	Avaliação dos educadores sobre a aprendizagem dos educandos; Processo de autoavaliação da aprendizagem pelos educandos; Apresentação da avaliação para os educandos pelos educadores; Processo de avaliação, reconhecendo a aprendizagem do educando; Instrumentos de avaliação da aprendizagem; Reflexão sobre a avaliação da aprendizagem.	
5	Autonomia	7	Compreensão das possibilidades de realização, de forma autônoma, das atividades, aprendizagem; Mecanismos que possibilitem a realização, de forma autônoma, das atividades, aprendizagem.	Avaliação Emancipatória
6	Avaliação emancipatória	28	Compreensão da avaliação como processo emancipatório e não excludente; Elementos que possibilitam a realização de avaliação emancipatória.	
7	Emancipação	3	Compreensão da situação e/ou superação de opressão.	
8	Trabalho coletivo	10	Compreensão e/ou superação da visão de competitividade na escola provocada pela avaliação; Trabalho coletivo para promoção da aprendizagem de todos; Confiança no grupo.	Diálogo

AVALIAÇÃO EMANCIPATÓRIA NA EDUCAÇÃO DE JOVENS E ADULTOS:
UM CAMINHO A SER CONSTRUÍDO DA EXCLUSÃO À EMANCIPAÇÃO

Códigos Temas		Quantidade de Unidades de Registro encontrados (Frequência)	Unidade de Contexto	Categorias
9	Diálogo	24	Ocorrência de diálogo entre educador e educando; Percepção do papel fundamental do diálogo na relação educador/educando.	Diálogo
10	Escuta	4	Escuta como forma de aproximação e vínculo educador/educando e educando/educando.	
11	Participação	10	Formas de participação dos educandos; Compreensão da importância da participação dos educandos no processo de avaliação emancipatória.	
12	Contratema	1	Reconhecimento de forma de superação da situação-limite.	Currículo crítico-libertador
13	Currículo crítico libertador	3	Presença de indícios do projeto com base no currículo crítico-libertador.	
14	Eixos do conhecimento	2	Presença de indícios do projeto com base no currículo crítico-libertador.	
15	Fala significativa	6	Presença de indícios do projeto com base no currículo crítico-libertador.	
16	Superação da fala	2	Presença de indícios do projeto com base no currículo crítico-libertador.	Currículo crítico-libertador
17	Problematização	1	Presença de indícios do projeto com base no currículo crítico-libertador.	

Códigos Temas		Quantidade de Unidades de Registro encontrados (Frequência)	Unidade de Contexto	Categorias
18	Dificuldade	26	Dificuldade para realização de uma proposta voltada à Educação Popular de diversas ordens, entre elas: - Cultural; - Estrutural.	Desafios e possibilidades
19	Documentação	9	Organização do sistema.	
20	Desafio	2	Pessoas com deficiência; Trabalho com a diversidade.	
21	Instrumento	16	Instrumentos que auxiliam no acompanhamento da aprendizagem dos educandos pelos educadores e por eles.	
22	Tempo	9	Tempo enquanto delimitador ou facilitador do processo de aprendizagem.	
23	Formação	20	Contribuição dos encontros dialogados.	

Fonte: organizado pela autora (2021)

Embora algumas unidades de registro se repitam nos códigos, a frequência traz dados para interpretação posterior de cada uma das categorias. Dessa forma, teremos as categorias com a quantidade de unidades de registro relacionados:

- Categoria Aprendizagem – 96
- Categoria Avaliação emancipatória – 38
- Categoria Diálogo – 48
- Categoria Currículo crítico libertador – 14
- Categoria Desafios e possibilidades – 82

5.2.3. O tratamento dos resultados, a inferência e a interpretação

5.2.3.1 O tratamento dos resultados, a inferência e a interpretação com educadores

Os dados aqui tratados são referentes à entrevista com os educadores.

Para esta análise, foram consideradas cada uma das categorias devidamente relacionadas com os objetivos específicos da tese. Foram trazidos, também, alguns excertos das transcrições das discussões realizadas apenas como exemplos, visto que não representam a totalidade dos assuntos tratados.

a. Categoria Acompanhamento da Aprendizagem

Quadro 38 – Categoria Acompanhamento da Aprendizagem

Categoria Acompanhamento da Aprendizagem			
	Código	**Escola**	**Excertos**
1	Acompanhamento da aprendizagem	Cravo	*Eu não tinha isso tão claro, da necessidade da gente pensar mesmo em que forma que a gente pode garantir que ele tenha consciência do que ele está conseguindo aprender ou não. Mas eu acho que isso eu preciso avançar um pouco mais.*
		Lírio	*Eu acho que ela, na verdade, eu entendi o processo de aprendizagem dela.*
		Violeta	*Eu consegui ver, visualizar. Consegui visualizar a estratégia de consulta, de referência, consegui perceber o quanto precisa pegar no concreto, às vezes.*
2	Aprendizagem	Cravo	*Professora, eu nunca tinha lido um livro inteiro. Porque eu começava ler e no meio do livro eu já desanimava porque eu não estava entendendo nada. Então por que eu ia ler aquilo que eu não estava entendendo?*
		Violeta	*Ela compreende, ela reconhece que ela evoluiu e que ela é capaz de evoluir.*
3	Confiança	Flor de Lótus	*Eles participam, eles trazem ideias, eles estão muito mais nessa confiança de que a escola não é um papel de autoritarismo e sim uma confiança dialógica. Há diálogo entre todos.*
		Cravo	*Foi pelo diálogo e pela confiança que eles foram depositando em mim porque, aí, eles não tinham medo de errar e de falar.*

Categoria Acompanhamento da Aprendizagem			
	Código	**Escola**	**Excertos**
4	Avaliação	Lírio	Às vezes, eu até entendo, *faço tudo aqui, mas na hora da prova, quando fala que é prova, dá um desespero. Aí, eu já não consigo, às vezes, coisas que eu sei, eu acabo esquecendo.*
		Violeta	*A gente percebe quando eles começam a falar mais, a participar mais, perdem esse medo. A gente percebe que eles estão percebendo que eles também sabem, que um não sabe mais que o outro, que um sabe uma coisa que o outro não sabe e um vai complementando o outro. A sociedade vai se complementando com os saberes de cada um.*

Fonte: organizado pela autora (2021)

Essa categoria está relacionada com o objetivo específico: analisar a relação do processo de aprendizagem do aluno jovem, adulto, idoso da EJA com a avaliação emancipatória.

Quando se pensa na avaliação da aprendizagem na EJA, há a necessidade de se ter atenção com relação à aprendizagem, como consta no item 2.3 – Quem e como se avalia o que se aprende na EJA?, de maneira a compreender o processo de aprendizagem desses sujeitos históricos. Cada educando foi criando estratégias para "sobreviver" no mundo letrado, criando um porto seguro, ou tem a crença de que não aprendeu porque não se esforçou e isso se dá com base na memória, entre outras situações. Essas questões são pontos importantes para serem observados pelo educador, pois o fato de os educandos não corresponderem positivamente às atividades aplicadas por ele pode ter relação com a forma como eles aprendem.

Ainda nesse sentido, é importante lembrar que, muitas vezes, o nível de escolaridade do educando na documentação não corresponde ao nível de aprendizagem em que ele está, principalmente se o documento é de um período muito anterior; é preciso considerar também que possivelmente ocorreram aprendizagens na história de vida desses sujeitos que podem se aproximar dos conteúdos escolares, ou ainda, a aprendizagem certificada na documentação não corresponder ao que o educando possui. Dessa forma, os pontos de partida são diferentes para cada educando, mesmo estando na mesma turma.

A pesquisa mostrou que, durante os encontros formativos dialógicos, essa questão foi um ponto de muita relevância para os educadores. Houve uma busca por esses saberes, principalmente quando eles foram convidados a escolher um a dois educandos para se ter esse olhar de forma mais minuciosa. Com relação a isso, foram os participantes que relataram a importância da confiança entre educador e educando para que esse processo ocorra.

Outro fator importante, trazido pelos grupos, é a percepção dos educandos sobre a sua aprendizagem, pois o acompanhamento da aprendizagem não deve ser somente pelo educador. Para tanto, foram discutidas formas de acompanhamento por meio de instrumento em que educadores e educandos pudessem acompanhar a aprendizagem dos educandos. A partir disso, houve a experiência de realização de acompanhamento pelo caderno, por portfólio e foram pensados outros que seriam planos para a próxima turma, pois, não houve tempo para executá-los durante aquele semestre.

b. Categoria Avaliação Emancipatória

Quadro 39 – Categoria Avaliação Emancipatória

Categoria Avaliação Emancipatória			
	Código	**Escola**	**Excertos**
5	Autonomia	Violeta	*A promoção de que ele possa tomar as rédeas do seu aprendizado.*
6	Avaliação emancipatória	Violeta	*Porque eu não tinha essa visão que ele era capaz dele mesmo ser avaliado, ele mesmo perguntar o porquê daquela atividade, qual o nexo disso, o que eu vou ganhar com isso. Só a partir da formação, em específico porque eu não tinha essa visibilidade. Eu percebia que ele estava, ali, melhorando, mas eu não tinha certeza de que aquilo tinha emancipado o conhecimento.*
		Margarida	*A gente tem uma discussão consolidada do macro, do currículo, das realidades de EJA, do conteúdo significativo para transformação do agora, mas a gente não chegou na nossa discussão ao longo dos anos: Mas, tá, no final das contas alguém aprendeu? Ficou faltando esse pedaço.*
7	Emancipação	Flor de Lótus	*E ela está conduzindo, está preparando esse abaixo-assinado, conversou com a sala, vai distribuir uma parte para cada aluno para que cada um fique responsável de pegar a assinatura para eles levarem para os dirigentes do bairro.*
		Violeta	*Um deles que, inclusive, tem um histórico de criminalidade violenta, tem o foco dele, fazendo pizza pelo SENAC no curso que teve, fez a inscrição, eu levei para fazer a inscrição e ele está amando, está se sentindo um profissional.*

Fonte: organizado pela autora (2021)

Esta categoria tem relação com o objetivo específico: analisar contexto de avaliação que se aproxime com a avaliação emancipatória.

Com relação a essa categoria, no item 2.4 – É possível avaliação emancipatória na EJA?, os autores Barcelos, Giovedi, Romão e Saul trouxeram importantes contribuições para se delinear como seria esse tipo de avaliação. Com isso, pode-se observar que são muitos elementos que compõem uma avaliação com essa característica, como educação como forma de justiça, consideração em relação à realidade do educando, autoavaliação, conscientização e emancipação.

O que não pode estar desconectada dessa questão é o currículo com base na Educação Popular e que emancipação tem relação com a superação da forma de opressão. Trata-se da libertação de algo que oprime os sujeitos, que os impede de viverem com dignidade, de acessar seus direitos e que , ao mesmo tempo, pode desvalorizá-los devido a questões econômicas, raciais, relacionadas à escolaridade, entre outros.

Compreendendo-se que, pelo período em que foi realizada a pesquisa, não houve tempo para o estudo e organização para atendimento de todas as características que envolvem uma avaliação emancipatória, a entrevista focou na compreensão e aproximação referente à emancipação e à autonomia.

Pela leitura das transcrições, é possível notar que o conceito de emancipação em relação à conquista, superação de forma de opressão, de liberdade está claro para os sujeitos pesquisados e eles reconhecem que o trabalho com o currículo crítico-libertador aponta para esse caminho.

Porém, a pesquisa também mostrou que houve uma reflexão inicial sobre avaliação emancipatória a partir dos encontros formativos dialógicos; portanto, ainda há algo que se encontra a uma certa distância, mas não como algo que não possa ser realizado.

c. Categoria Diálogo

Quadro 40 – Categoria Diálogo

Categoria Diálogo			
	Código	**Escola**	**Excertos**
8	Trabalho coletivo	Flor de Lótus	*Eles veem a dificuldade do outro, às vezes, eles sentam junto. Eu vejo que eles estão lá, um está do lado do outro e está ajudando, mesmo sem pedir.*

AVALIAÇÃO EMANCIPATÓRIA NA EDUCAÇÃO DE JOVENS E ADULTOS:
UM CAMINHO A SER CONSTRUÍDO DA EXCLUSÃO À EMANCIPAÇÃO

Categoria Diálogo			
	Código	**Escola**	**Excertos**
8	Trabalho coletivo	Lírio	*Então, eles tinham confiança tanto na proposta que a professora trazia e se sentiram confortáveis em compartilhar esses erros na leitura, essa leitura difícil.*
		Violeta	*Ele consegue participar do coletivo, mas se você não fizer uma intervenção específica, não for mostrando para ele que ele está melhorando, ele se perde no meio dos outros. Então tem que ter um atendimento específico sim.*
9	Diálogo	Violeta	*Mais uma coisa que ficou evidente para mim é essa: independente de qual turma que receba se eu tiver uma relação horizontal, eu consigo estabelecer um processo de conhecimento dessa forma, avaliação emancipatória. Eu consigo fazer ele se deslocar do estado dele de acomodação e se mover para algum lado. Isso é certeza.*
10	Escuta	Margarida	*Esse, aqui, não é um lugar que alguém vai ficar pegando no pé ou me discriminando ou me deixando de canto. Eu acho que ele está se sentindo diferente na escola.*
		Violeta	*Conforme você vai dialogando com eles vão participando mais e quando e vão participando mais é que eles começam a ouvir o outro porque a roda também facilita essa troca. E eu vou falando: Tá vendo como você sabe.*
11	Participação	Margarida	A gente percebe quando eles começam a falar mais, a participar mais, perdem esse medo. A gente percebe que eles estão percebendo que eles também sabem que um não sabe mais que o outro, que um sabe uma coisa que o outro não sabe e um vai complementando o outro. A sociedade vai se complementando com os saberes de cada um.
		Violeta	No começo eles falam pouco, eles são resistentes às propostas, eles vêm se justificar em rodas e a gente vai percebendo essa evolução à medida que eles vão se soltando. Eles vão participando mais, eles vão falando mais e eles vão também ouvindo, aprendendo a ouvir e aprendendo a pensar sobre aquilo que ele ouviu.
		Margarida	Até para você poder trazer para sistematizar essas coisas. Então, quando o aluno se sente a vontade de participar, que você cria um ambiente favorável para o debate, para a participação. Então, depois você vai fazendo as intervenções.

Fonte: organizado pela autora (2021)

Essa categoria tem relação com o objetivo específico: analisar a relação da categoria freireana dialogicidade com a avaliação emancipatória.

Com relação ao termo "dialogicidade", no item 1.3 – Quais são as denúncias e os anúncios na EJA?, foi trazida a Teoria da Ação Dialógica em que Freire (2011), fala da importância do diálogo. Para o autor, diálogo não é o educador fazer uma conversa com tom de voz da verdade, pois isso seria um ato de dominação; ao contrário, o diálogo se dá na humildade, no reconhecimento de todos como sujeitos históricos, para atuarem na "colaboração". "Não há, por outro lado, diálogo, se não há humildade. A pronúncia do mundo, com que os homens o recriam permanentemente, não pode ser um ato arrogante." (FREIRE, 2011, p. 111). O autor ainda fala do cuidado que deve se ter, pois, se não se acredita nesses sujeitos, "o diálogo é uma farsa. Transforma-se, na melhor das hipóteses, em manipulação adocicadamente paternalista." (FREIRE, 2011, p. 113).

> A fé nos homens é um dado a priori do diálogo. Por isto, existe antes mesmo de que ele se instale. O homem dialógico tem fé nos homens antes de encontrar-se frente a frente com eles. Esta, contudo, não é uma ingênua fé. O homem dialógico, que é crítico, sabe que, se o poder de fazer, de criar, de transformar, é um poder dos homens, sabe também que podem eles, em situação concreta, alienados, ter este poder prejudicado. Esta possibilidade, porém, em lugar de matar no homem dialógico a sua fé nos homens, aparece a ele, pelo contrário, como um desafio ao qual tem de responder. Está convencido de que este poder de fazer e transformar, mesmo que negado em situações concretas, tende a renascer. Pode renascer. Pode constituir-se. Não gratuitamente, mas na e pela luta por sua libertação. Com a instalação do trabalho não mais escravo, mas livre, que dá a alegria de viver. (FREIRE, 2011, p. 112).

Porém, reconhece-se a existência de contradição, pois os educadores são, de certa forma, cobrados a ensinar a "verdade", e, também, de certa forma, os educandos têm essa expectativa de receber conhecimento por aquele que o sabe, o seu professor. Nesse sentido, esta pesquisa analisou a possibilidade de superação dessa contradição, aproximando a prática pedagógica da dialogicidade.

A pesquisa mostra que esta categoria, a dialogicidade, teve uma aproximação com os participantes que trouxeram essa questão, em vários aspectos. Com relação a isso, pode-se citar a importância da ação do educador, quando faz uma intervenção para que haja o diálogo na sala, a participação de todos nesse diálogo e, com isso, fazendo com que os educandos também dialoguem entre si. É importante que os educandos superem algo que vem marcando, muitas vezes profundamente, o conceito de meritocracia atrelada à avaliação escolar, fazendo com que haja uma visão de competitividade e, com isso, a classificação dos bons e dos fracassados. Alguns educandos escondem que não sabem, inclusive do educador, pois não querem fazer parte dos fracassados e os outros se admitem como tal de forma fatalística, entendendo que os outros são melhores que ele. O diálogo tem um papel fundamental para a superação desses condicionamentos.

Uma questão apontada é o reconhecimento de que para haver diálogo há necessidade de estar aberto à escuta, ter a humildade.

O diálogo chegou à sala desses educadores de alguma forma e eles verificaram que, como isso, alcançaram, também, maior participação, escuta, reconhecimento dos saberes, confiança e reconhecimento do outro.

d. Categoria Currículo Crítico-Libertador

Quadro 41 – Categoria currículo crítico-libertador

Categoria currículo crítico-libertador			
	Código	**Escola**	**Excertos**
12	Contratema	Cravo	*A escrita e a leitura são armas poderosas, ferramentas poderosas para...*
13	Currículo crítico-li-bertador	Violeta	*Mas eu acho que a caracterização inicial, ela é fundamental para nortear o seu trabalho, tornar mais atrativo. Afetivo e atrativo. O conteúdo para você poder desenvolver aquela aprendizagem que importa. Porque o nó, para mim, é esse. É a aprendizagem que importa, que tem a ver com a avaliação.*
		Marga-rida	*Ele está entendendo que aquilo é importante, que aquele é o caminho que ele tem para transformar aquilo que incomoda na vida dele. Mas para a gente não é suficiente isso. A gente quer mais. Por sermos escola a gente quer o conteúdo, o que é do direito de aprendizagem para ele carregar com ele porque esse é o papel da escola. Mas a avaliação emancipadora é só a aprendizagem na escola? Ou é aprendizagem para a vida se a gente está num currículo crítico-libertador? E não é um nó muito grande?*
14	Eixos do conheci-mento	Cravo	*Então, em vários momentos de aula que a gente trazia o eixo de identidade de memória, de memória do bairro, da cidade.*

Categoria currículo crítico-libertador			
	Código	**Escola**	**Excertos**
15	Fala significativa	Lírio	*Baseado nas caracterizações, nas falas significativas eu quis chamar a atenção para essa questão dos Direitos Sociais.*
		Marga-rida	*E as falas significativas eram: Eu vou sair, meu contrato vai acabar e eu não sei como eu vou sustentar meus filhos.*
16	Superação da fala	Marga-rida	*Ela enxerga que o que vai ajudar ela superar determinadas lutas, dificuldades, as relações de trabalho que ela tem hoje, que ela vê que é de dominação, que é de exploração.*
17	Problema-tização	Violeta	Os refugiados, por exemplo, o venezuelano veio para cá, está tirando o meu emprego. Acha porque ele estudou, ele sabe mais que eu? Esse contexto eles perceberam sim que todos estamos buscando a oportunidade e que cada um construiu o conhecimento de uma forma e que cada um vai sobreviver da forma que foi se oportunizando, foi buscando.

Fonte: organizado pela autora (2021)

Essa categoria está relacionada com o objetivo específico: analisar a relação do currículo crítico-libertador com a avaliação emancipatória.

O currículo, como foi tratado no item 1.3.2.3 – Quais são as denúncias e os anúncios referentes ao currículo da EJA?, tem um papel fundamental na articulação com as outras questões, pois estão relacionadas a ele toda a organização pedagógica, inclusive a avaliação. De acordo com este estudo, foram identificadas algumas formas de denúncia, como as intervenções curriculares inadequadas, conforme Torres Santomé (2013) e as formas de violência curricular trazidas por Giovedi (2016); porém, também foram trazidos pelo mesmo autor, Giovedi (2016), os anúncios, como os elementos do currículo crítico-libertador e dimensões da justiça curricular, com Ponce e Araújo (2019). Como vimos no item 3.3.2, referente ao currículo de São Bernardo do Campo, as Diretrizes Curriculares de EJA têm uma proximidade muito grande com esses anúncios e, por isso, há a possibilidade de se estudar a realização de uma avaliação emancipatória nesse lugar. Somente num currículo que tem uma visão de projeto de sociedade com sujeitos emancipados, superando a condição de opressão com o desenvolvimento da conscientização, a avaliação emancipatória poderá fazer sentido.

Mas como está sendo trabalhado esse currículo na rede municipal? É apenas um currículo prescrito ou é um currículo em ação?

A pesquisa apontou que, na ação pedagógica dos educadores, o conceito está presente, então reconhece-se o currículo crítico-libertador enquanto diretriz curricular da rede. Com isso, há uma preocupação de trabalhar com a realidade concreta dos educandos, a partir das falas significativas. Também, em alguns grupos, fica evidente atrelar as falas significativas, situação-limite com a superação dessas falas, por meio dos projetos. Porém, não foram trazidas, nas falas dos educadores, o trabalho realizado com a elaboração de contratema, problematizações macro e micro e com os eixos do conhecimento. Esse fator pode estar relacionado com a análise documental, em que também se notou essa ausência desses itens, e que foi comentado sobre a justificativa da ausência de formação e de organização de acompanhamento das turmas de EJA pela Secretaria de Educação. Nesse sentido, se temos a fala significativa e um projeto temático relacionado a ela, certamente poderemos desenvolver um nível de consciência, porém será suficiente para superação da situação-limite?

e. Categoria Desafios e Possibilidades

Quadro 42 – Categoria Desafios e Possibilidades

Categoria Desafios e Possibilidades			
	Código	**Escola**	**Excertos**
18	Dificuldade	Cravo	*Mas eu acho que a gente precisa avançar numa discussão de conteúdos significativos para EJA. Então, por exemplo, eu estou falando porque agora eu estou com módulo de história e geografia. Se você pegar o que tem de história e geografia de quinta e oitava série. Você tem livros, livros e livros. Se você pegar, você tem um livro de cada termo. Mas o que daquilo tudo...*
		Violeta	*Se você for avaliar pensando no aluno, por ele mesmo, nas conquistas dele, então ele tem condição. Só que o próprio sistema vai cobrar outras coisas dele para ele prosseguir os estudos. E, aí, como fica?*
		Marga-rida	*Essa questão de eliminação de módulo não conversa com a formação integral. Porque eu penso assim: quando educando está, lá, no módulo de matemática e de ciências e é o último módulo dele, português não tem mais importância, onde fica a responsabilidade da importância da disciplina. O professor que vai fazendo a articulação e o aluno vai entender que aquilo é global porque eu não vou fazer matemática se eu não tiver uma boa interpretação eu não vou entender ciências. Está tudo interligado, mas quando você dá nome aos quadradinhos e separa, quebra.*

Categoria Desafios e Possibilidades			
	Código	**Escola**	**Excertos**
19	Documen-tação	Cravo	*Em que medida que a própria estrutura te facilita nesse viés de uma avaliação emancipatória? Porque se for ver a estrutura no CAGEC então, ela é toda fechadinha.*
		Lírio	*Eu estou cada vez menos preocupada com as formalidades e as regras do CAGEC e tenho tentado trazer para eles, realmente, é o conteúdo que importa, da forma que eu entendo que é o melhor.*
		Marga-rida	*Porque nós ainda temos, ainda recebemos, ainda temos que colocar, lá, a fichinha, objetivos comuns para todos. Ainda a gente tem um currículo que, por mais que a gente não efetive na prática, mas a gente tem que colocar no começo do semestre, a gente tem que colocar, lá, quantas aulas de memória, identidade, inclusive, vem como história e geografia, vem com uma outra nomenclatura que a gente tem que alterar.*
		Cravo	*... e, aí, entra um pouco naquilo: até que ponto essa burocracia impede, às vezes, o nosso trabalho. Então essa parte acabou meio que ficando sem concluir.*
20	Desafio	Violeta	*Então são coisas assim que eu não imaginei que eu ia salvar dois alunos. Um deles, da criminalidade, não achava um emprego, não tinha motivação para nada. Hoje ele anda 11 km para ir estudar, lá, no Cenforpe e volta. O outro tirei da biqueira, falei: Vai tentar fazer isso que você vai ganhar mais dinheiro. E está mais feliz, está mais realizado.*
		Cravo	*Então o que eu tento trabalhar nas duas turmas que eu tô? Que a reprovação... tirar esse peso da reprovação. Que a reprovação não é porque você não conseguiu, ao contrário, é porque você conseguiu que você quer... você precisa mais um pouco. Porque você já conseguiu, já, um pouco. Você precisa mais. Tirar esse peso.*
21	Instru-mento	Lírio	*A gente usa o Portfólio e eu acho que a gente usa as aprendiza-gens imprescindíveis, por exemplo, para passar para o segundo segmento tem que saber pelo menos as três operações. Eu acho que a gente usa isso e eu acho que a avaliação é uma coisa com-plicada. Não é emancipatória.*
22	Tempo	Flor de Lótus	*Sim. E para EJA 1, na verdade, a gente fala, a gente trabalha em semestre, mas EJA 1, eu penso que o ideal é anual porque um semestre passa muito corrido. Então normalmente é difícil um aluno vir para a turma da EJA 1, e conseguir concluir, atingir os objetivos todos em um semestre.*

Categoria Desafios e Possibilidades			
	Código	**Escola**	**Excertos**
23	Formação	Lírio	*Quando você veio com a proposta, mudou meu olhar porque eu tive que olhar como, como ele lê, ele está lendo.*
		Violeta	*Eu acho que essa foi a principal questão que eu, pelo menos, tive de ganho desde que a gente começou a conversar. Que foi você promover isso com o aluno. A promoção de que ele possa tomar as rédeas do seu aprendizado.*
		Cravo	*A gente tenta, mas você concorda que o legal seria fazer com o grupo da nossa escola. Até para gente avançar numa questão de concepção pedagógica, mas isso a gente não conseguiu. Então eu penso que o que foi legal no CEU é que a gente conseguia trocar entre nós.*
		Margarida	*Nós temos experiências de trabalho individualizado na EJA, que é o saber feito de cada um, que é aquele que a gente considerou para discutir a formação de São Bernardo do Campo, que foi a que nós temos e que é forte em nós. Esta é a nossa base e dessa, a gente não abre mão. Nós temos níveis de entendimento diferentes, nós temos possibilidades de práticas diferentes. Tem professor que é muito bom caracterizando, mas ele não desdobra aquilo em projeto. Tem professor que é muito bom para fazer o projeto, mas ele deixa passar detalhes da caracterização. Mas é a nossa base é fazer a caracterização, achar a situação problema, ter as falas significativas, elaborar os projetos e elencar os conteúdos. Isso é fato.*

Fonte: organizado pela autora (2021)

Essa categoria está relacionada com o objetivo específico: identificar possibilidades e dificuldades na realização de uma avaliação emancipatória na Educação de Jovens e Adultos.

Quanto a isso, os educadores trouxeram os seguintes aspectos:

- Reconhecimento do currículo como potência, mas fragilidade na execução, tendo como limitador a apropriação do currículo;

- Contradição que há no fato de um educando ter avanços e, mesmo assim, ter que ser considerado como retido, visto que não alcançou as aprendizagens necessárias. Também foi apontada a necessidade de se retirar o peso da avaliação, como resultado de fracasso do educando;

- Dificuldade de precisar quais seriam essas aprendizagens necessárias;

- Houve manifestações consideráveis falando da contradição do trabalho com o currículo crítico-libertador e a organização da documentação do CAGECPM, aspecto também apontada na análise documental. Ao mesmo tempo, há escolas que apontam a realização da proposta considerando o currículo e desconsiderando a documentação;

- Um outro aspecto levantado foi referente à estrutura, com salas com muitos educandos com deficiência; mas ao mesmo tempo há educadores que trouxeram o lugar da diversidade na EJA;

- Foi apontada a burocracia como limitador, embora se entenda a necessidade da documentação pedagógica como parte do processo, inclusive foi conversado sobre as possibilidades dos instrumentos, uma vez que poderia potencializar o acompanhamento da aprendizagem dos educandos, pelos educadores e por eles mesmos;

- Com relação à formação, foram apontadas como necessárias, pois foi a partir dela que foi possível provocar reflexões a respeito de aspectos relacionados à avaliação emancipatória, mas também foi apontada a necessidade de discussão com o grupo todo das unidades escolares e formação em nível de rede;

- Foi tratada, também, a questão do tempo, como limitador, visto que nem todos os educandos aprendem da mesma forma ao mesmo tempo, inclusive os educandos de EJA, que têm um espaço pequeno de tempo para sua alfabetização.

Para complementar a análise, pode-se cruzar as informações com as frequências das unidades de registro.

> Que esta inferência se realize tendo por base indicadores de frequência, ou, cada vez mais assiduamente, com a ajuda de indicadores combinados (cf. análise das co-ocorrências), toma-se consciência de que, a partir dos resultados da análise, se pode regressar às causas, ou até descer aos efeitos das características das comunicações. (BARDIN, 1977, p. 22).

É importante colocar que com essa pesquisa-ação participante não se chegou à prática de uma avaliação emancipatória, até porque não haveria tempo — há necessidade de se respeitar os processos que são coletivos.

Então, poderia se perguntar como se analisou a relação dos aspectos tratados na pesquisa com a avaliação emancipatória, visto que a maioria dos objetivos específicos trazem o verbo "analisar". Mas é possível verificar o efeito que essa provocação trouxe para os educadores e, por meio deles, aos educandos, certamente, em níveis diferentes para cada uma das escolas participantes, de acordo com o seu contexto. É exatamente nesse efeito que se instaura a análise. Se o objetivo de uma pesquisa-ação participante consiste em resolver ou esclarecer os problemas de uma situação observada (THIOLLENT, 2011), bem como produzir conhecimentos como uma forma alternativa emancipatória de saber popular (BRANDÃO; CORREA BORGES, 2007), pode-se afirmar que o pontapé foi dado, que o caminho começou a ser delineado.

Nesse sentido, a partir das informações organizadas pelos códigos, categorias e pela frequência, pode-se elaborar algumas inferências.

Quadro 43 – Resumo da Análise de Conteúdo de Entrevista com Educadores: inferência

Análise de Conteúdo Entrevista com Educadores			
Categoria	Frequência	Objetivos Específicos	Inferência
Aprendizagem	96	Analisar a relação do processo de aprendizagem do aluno jovem, adulto, idoso da EJA com a avaliação emancipatória.	Logicamente aqui estão considerados as discussões acumuladas nesse trabalho em relação ao tipo de currículo. Assim, verificou-se que a atenção voltada à aprendizagem dos educandos foi uma ação importante para iniciar um processo de avaliação justa e que se aproxima da avaliação emancipatória, pois se distancia da forma opressora e excludente. Reconhece-se a aprendizagem dos educandos na questão da promoção curiosidade ingênua à curiosidade epistemológica. Pode-se perceber que é a maior frequência dessa pesquisa, pois houve um diálogo em que possibilitou, de alguma forma, um processo de conscientização aos educadores referente a essa categoria.

Análise de Conteúdo Entrevista com Educadores			
Categoria	Frequência	Objetivos Específicos	Inferência
Avaliação emancipatória	38	Analisar contexto de avaliação que se aproxime com a avaliação emancipatória.	O fato de os educadores trazerem nas suas falas sobre os educandos participarem do processo de sua avaliação, reconhecerem o currículo como promotor dessa ação, que resulta no empoderamento dos educandos são fatores que se aproximam de um contexto favorável à realização de uma avaliação emancipatória. Porém, percebeu-se que não houve tempo para se ter discutido mais sobre o que é a avaliação emancipatória, pois demorou-se mais tempo na discussão da aprendizagem, que era o primeiro assunto a ser tratado. Talvez isso também explique a baixa frequência comparada a outras categorias.
Diálogo	48	Analisar a relação da categoria freireana dialogicidade com a avaliação emancipatória.	O diálogo foi uma temática em que trouxe aos participantes muitas reflexões, inclusive ações. Nos relatos, pode-se observar que os educandos, embora iniciassem tímidos, ampliaram a sua participação nas aulas, trazendo com isso, uma situação de confiança, entre educador e educando e educando e educando. Em alguns desses relatos houve, a partir do diálogo, a superação de conflitos referentes à situação de competição entre os educandos e que foi transformado em situação de colaboração. A partir do diálogo na concepção de Freire (2011), de fato se vê o outro, ama o outro, fica diante do outro. Portanto, o diálogo mostrou-se como uma ação inicial potente para se pensar numa realização de avaliação emancipatória.

Análise de Conteúdo Entrevista com Educadores			
Categoria	Frequência	Objetivos Específicos	Inferência
Currículo crítico libertador	14	Analisar a relação do currículo crítico-libertador com a avaliação emancipatória.	No diálogo com os educadores, é perceptível o conhecimento que trazem sobre os pontos principais do currículo crítico libertador, como caracterização, fala significativa, porém os conceitos na prática em relação aos conteúdos terem relação com as problematizações macro e micro não apareceram. A frequência diz e os educadores não falam, mas apontam na categoria sobre desafio e possibilidades da necessidade de se apropriarem mais do currículo. Esse apontamento na categoria deve ser a conclusão, nesse sentido: os educadores, no geral, não estão totalmente apropriados desse currículo ainda.
Desafios e possibilidades	82	Identificar possibilidades e dificuldades na realização de uma avaliação emancipatória na Educação de Jovens e Adultos.	As dificuldades foram em número maior de ocorrência que podem ser divididos em: - Dificuldades pessoais – apropriação do currículo, o que dificulta a compreender a possibilidade de ir de uma consciência ingênua para uma consciência epistemológica, atrelada à falta de formação da rede; - Dificuldade estrutural da rede – organização da documentação e de tempos. Apesar dessas dificuldades, pode-se observar pela pesquisa realizada que há possibilidade de aproximações, pois, o currículo, como referência da rede, possibilita a sua concretização, haveria a necessidade de estar no PPP para respaldar a ação na escola.

Fonte: organizado pela autora (2021)

5.2.3.2 O tratamento dos resultados, a inferência e a interpretação com educandos

As entrevistas com os educandos tinham como objetivos:

- Verificar se os educandos compreendem a intencionalidade do projeto da escola e se o currículo crítico-libertador fortaleceu a avaliação emancipatória;

- Verificar se os educandos percebem a dialogicidade presente na sala de aula;

- Verificar se os educandos compreendem o seu processo de aprendizagem;

- Verificar se os educandos diferenciam os processos avaliativos na escola em que estudaram quando eram crianças.

Porém, depois de as entrevistas serem realizadas, transcritas e analisadas, observou-se que as informações obtidas foram diversas, as quais foram codificadas e categorizadas como se segue:

Quadro 44 – Organização do material referente à entrevista com educandos para Análise de Conteúdo

Códigos Temas		Quantidade de Unidades de Registro encontrados (Frequência)	Unidade de Contexto	Categorias
1	Diferença da aprendizagem da criança e do adulto	9	O que diferencia da aprendizagem na escola em que estudou quando era criança e a escola da EJA	Aprendiza-gem
2	O que dificulta a aprendizagem	3	Fatores que os educandos julgam dificultar a aprendizagem	
3	O que facilita a aprendizagem	9	Fatores que os educandos julgam facilitar a aprendizagem	
4	Formas de aprender	6	Estratégias que os educandos compreendem que são boas para promover a aprendizagem	

AVALIAÇÃO EMANCIPATÓRIA NA EDUCAÇÃO DE JOVENS E ADULTOS:
UM CAMINHO A SER CONSTRUÍDO DA EXCLUSÃO À EMANCIPAÇÃO

	Códigos Temas	Quantidade de Unidades de Registro encontrados (Frequência)	Unidade de Contexto	Categorias
5	Percepção da aprendizagem	13	Percepção da aprendizagem após período cursando a EJA	Aprendizagem
6	O que gostaria de aprender mais	6	Expectativas de aprendizagem	
7	Situação na sala da EJA	8	Relatos de algumas situações no curso de EJA	Contextos das salas de aula da EJA
8	Diálogo	6	Diálogo que é realizado entre educador e educando, a situação em que ocorre	
9	Colaboração entre colegas	4	Colaboração entre os colegas para situação de aprendizagem	
10	Participação na sala de aula	3	Forma de participação na sala de aula	
11	Trabalho com Projeto	5	Projetos que são realizados em sala de aula	
12	Avaliação na escola regular	7	Lembrança de como ocorria a avaliação na escola em idade regular	Avaliação
13	Avaliação na EJA	9	Percepções sobre a avalição na EJA	
14	Vivências fora da escola	4	Relatos de situações em que os educandos sentiram dificuldades por falta da escolaridade	Importância da EJA
15	Situação de opressão em que vivenciou	9	Relatos dos educandos que trazem, de certa forma, situações de opressão	
16	Motivo de voltar a estudar	3	Relatos de motivos que trouxeram os educandos para a EJA	
17	Emancipação	4	Relato de algumas situações que antes não eram possíveis de serem realizadas e que, a EJA proporcionou.	

Fonte: organizado pela autora (2021)

Embora algumas unidades de registro se repitam nos códigos, a frequência traz dados para interpretação posterior de cada uma das categorias. Dessa forma, teremos as seguintes categorias com a quantidade de unidades de registro:

- Aprendizagem - 46
- Contextos das salas de aula da EJA - 26
- Avaliação - 16
- Importância da EJA - 20

Para essa análise, foram consideradas cada uma das categorias devidamente relacionada com alguns objetivos específicos da tese e outros com informações importantes para a realização das inferências. Foram trazidos, também, alguns excertos das transcrições das discussões realizadas apenas como exemplos, visto que não representam a totalidade dos assuntos tratados.

a. Categoria Acompanhamento da Aprendizagem

Quadro 45 – Categoria Aprendizagem

Categoria Aprendizagem		
Educando	**Excertos**	**Código**
A	*A criança só tem aquilo para fazer e o adulto não tem. O adulto tem muitas coisas para mexer. A preocupação é maior.*	Diferença da aprendizagem da criança e do adulto
A	*Porque a pessoa, vamos supor, só a criança, a criança tem a mente, aquilo ali, uma coisa pode ir enraizando e o adulto já está com aquelas coisas na cachola já está enraizada, as coisas. Então a pessoa tem que esforçar, esforçar, esforçar, mas é um aprendizado diferente, mais fraco*	

Categoria Aprendizagem		
Educando	**Excertos**	**Código**
G	*Porque, na verdade, quando você é criança, você está aprendendo do zero. Depois da velocidade que a nós já aprendeu muita coisa, já começou a aprender até a escrever errado, na verdade, a gente escreve muita coisa errado, para aprender de novo é muito difícil porque você já está acostumado a escrever, fazer coisas, falar, se comunicar com as pessoas. Desde pequenininho quando você vai aprendendo na escola, eles ensinam você de um jeito, depois de velho que você estudou até a quarta série, você parou, depois de dez, vinte anos, você voltar para escola, você vai ter que aprender aquelas mesmas coisas que as crianças aprenderam na escola é contínuo o mesmo aqui, aqui eles exigem mais comunicação. Você fala mais errado, escreve mais errado e eles ensinam e é mais difícil porque a gente não tem a mesma cabeça de uma criança.*	Diferença da aprendizagem da criança e do adulto
H	*Acho que era mais fácil aprender, né? Fazia o rabisco até chegar na série, assim. Então como fala, era mais puxado. Hoje a gente pega mais rápido. Insiste, mas...* *O primeiro ano eu acho que eu repeti uns quatro anos. Eu fiquei uns quatro anos no primeiro.*	
C	*A escola de criança sim. O aprendizado da criança para nós, da minha idade 54 anos. Eu, para mim, eu acho que eles vão mais rápido. Por quê? Porque a cabeça deles está bem melhor. Eu acho que o desenvolvimento deles são bem melhor. Eu penso assim. Agora, para a minha idade, nossa idade já está mais avançada, a gente tem muitos problemas, a gente vai para escola cansada porque a gente trabalha. Tem aquela dificuldade bem grande.*	
E	*Trabalhar. Trabalhava e não dava para vir para a escola.*	
F	*O que me dificulta a aprender mesmo é o cansaço, a preguiça. Às vezes, eu estou estudando, se eu vejo um amigo meu jogando bola, eu quero parar, quero ir jogar bola, quero jogar sinuca. Se eu vejo um amigo meu que estiver estudando eu paro na hora e venho para escola. Se eu vejo que estiver passeando e não estiver estudando, aí, eu venho para escola e falo assim: Ah! Depois eu termino. Só que, às vezes, fica na minha consciência, sabe? É melhor estudar do que ir ali. Só que, aí, eu tenho que correr para lá.*	O que dificulta a aprendizagem
H	*Se eu vir com a cabeça com problema de casa para escola, eu acho que é o que dificulta eu aprender as coisas.*	

Categoria Aprendizagem		
Educando	**Excertos**	**Código**
G	*Sei lá. O incentivo dos professores, o incentivo dos amigos, pegar um dia e "varar" para poder estudar. Explicar as coisas que eu falo, tem que se dedicar mais aos estudos. Olhar o que eles passam. Prestar mais atenção nas aulas. Brincar só na hora do intervalo mesmo, quando tiver que estudar tem que estudar porque se não você não consegue evoluir.*	O que ajuda a aprender
F	É que, às vezes, era para desistir umas 3 ou 4 vezes, já sonhamos em desistir, né? É que a gente está trabalhando, cansado, a gente *começa contar isso, já que você já pegou um número grande de faltas, você fala: Acho que eu vou falar para o professor que eu volto o ano que vem porque praticamente esse ano já não vai. Aí, ele manda a mensagem: "Não. Vem para escola, vem para fazer a prova, se não der para fazer hoje, faz amanhã. Vamos ver um dia certinho. Eu converso com a Diretora. Negócio de faltas, se tiver que fazer uma reposição ou trabalho..." Ele incentiva bastante. Se fosse outro professor eu já tinha desistido, já.*	
D	*Ajuntar as letras.*	
H	*Leitura ajuda bastante e a matéria, quando ela aplica um pouco mais. É bom para mim*	
H	*Sempre podendo ter um tempo de estudar em casa é bom. Ajuda, também, bastante. Não deixar só para fazer na escola. Arrumar um tempo para fazer em casa, quando tiver um tempinho, pegar livros e ler, procurar se informar mais das coisas.*	
E	*Pegar a ler, assim, não é não? Pegar e ler todo dia.*	
E	*Para ajudar mais. Ficar mais perto da professora. Não ficar em si, assim. Ficar na mesa.*	
A	*Vir todo dia na escola.*	
C	*Se eu tivesse mais tempo para ler. Que, às vezes assim. Que agora eu estou cuidando de um neném. Então é uma correria danada, que a bichinha não para um minuto, que ela anda, já, bonitinho, né? Então eu não consigo ler, mas quando ela dorme um pouquinho eu vou fazer um cabeçalho para ajudar quando eu chegar aqui já está pronto e eu vou fazer outra coisa.*	

AVALIAÇÃO EMANCIPATÓRIA NA EDUCAÇÃO DE JOVENS E ADULTOS: UM CAMINHO A SER CONSTRUÍDO DA EXCLUSÃO À EMANCIPAÇÃO

Categoria Aprendizagem		
Educando	**Excertos**	**Código**
B	*Eu queria ler muito.* *Se eu tivesse mais tempo. Mais tempo para mim estar lendo, para mim estar pegando meus cadernos, quando eu chegar em casa estar vendo ou que eu fiz e estar lendo aquilo que eu fiz. Aí, tudo reforça a mente da gente.* *Então, esse tempo eu não tenho. Porque eu chego em casa agora, eu deixo meu material lá e durmo. De manhã eu já pego a outra minha bolsa e vou trabalhar. Eu chego do meu trabalho e tomo banho e cato meu material e já venho pensando: Eu fiz isso, eu fiz aquilo. O que eu fiz à noite, na escola, no caminho eu venho pensando o que eu fiz. Eu falei: O que será que a professora, hoje, vai ter de novidade? Qual é o novo que ela vai passar hoje? Eu venho no caminho pensando, entendeu? E é assim. Eu penso assim.*	O que ajuda a aprender
A	*Para mim se eu puder aprender, em tudo um pouquinho, matemática, contas, essas coisas assim. Eu pretendo, pela idade que eu estou hoje, eu pretendia desenvolver na leitura para mudar no meu setor de trabalho. Eu acho que na minha idade, a pessoa não vai me tanto cansar, né? Porque o serviço é pesado, o serviço que eu faço.*	O que gostaria de aprender mais
H	*Como eu disse para Prô, tem outros alunos que ainda querem ser alguma coisa. Eu mesma voltei para a escola só para terminar o terceiro. Eu não quero fazer faculdade, nem nada, a não ser fazer um cursinho, aí, de vez em quando, mais para frente. Mas em relação a ir para uma faculdade, essas coisas, eu não tenho cabeça para isso.*	
B	*Eu quero aprender de tudo e mais um pouco. Eu quero aprender um pouco de Inglês. Eu pus minha neta no Inglês e morro de vontade de aprender a falar muitas coisa em inglês e eu ainda vou chegar lá.*	
C	*Eu queria aprender mais porque a vida exige.* *Ler uma Bíblia.*	
C	*Para aprender esse dirigir aí? Como você acha que você aprende a dirigir?* *Primeiro trabalhar para poder comprar um carro. E depois que eu comprar treinar para aprender.*	

Categoria Aprendizagem		
Educando	**Excertos**	**Código**
A	*Eu não sabia ler, lia muito fraco porque no meio de gente eu não sabia falar. Se eu fosse ler, eu não podia ler uma palavra mais alta que hoje eu posso ler. Uma coisa que alguém me der uma palavra mais alta hoje eu já posso responder a palavra. De primeiro eu não podia responder porque eu me sentia uma pessoa, assim, sem saber responder aquilo, ali. Graças a Deus eu fui na escola e com o esforço das professoras. Fora da escola comigo, a leitura, está ajudando, incentivando mais para eu, poder desenvolver mais, trazendo mais atividades, para ver se desenvolve.*	Percepção da aprendizagem
F	*Ah, melhorou cem por cento. Tinha coisa que eu não sabia fazer. Tinha muita conta que eu não sabia fazer, eu tinha, às vezes, forma mais fácil de resolver, mais fácil mas do jeito mais difícil. O jeito mais fácil a professora ensinou e melhorou cem por cento. A educação, a se comunicar, a dinâmica igual ele falou mesmo, sobre grupo, a gente todo mundo unido. Melhorou cem por cento.*	
G	*Ah, eu acho que melhorou bastante. Eu era muito burra em termos de escrever, tinha coisa que eu escrevia muito errado, agora deu uma melhorada, bastante, depois que eu comecei a estudar de novo.*	
D	*Um pouco, as letras. As letras, um pouco, não escuto, um pouco.*	
H	É uma coisa que a gente fica pensando: Ah! A gente não vai conseguir, né? Muita gente não vem porque: Ah! Já estou com a idade avançada. Essas *coisas, né? Mas é bom vir. Eu gosto muito e eu achava que eu também não ia chegar nem até o final, né? E graças a Deus, estamos aí, chegando ao fim.*	
H	*Desenvolver uma redação. Eu ainda tenho um pouquinho de dificuldade, mas eu consigo fazer.*	
B	*Eu estou muito feliz porque hoje eu já sei ler, o meu whatzap eu leio. Eu consigo escrever, mas eu como todos os "erres", os "eles". Eu esqueço muitas coisas, ainda, para escrever, mas quando eu não consigo escrever eu mando em áudio. Mas tudo que vem por escrito no meu celular hoje eu leio tudo.*	

Categoria Aprendizagem		
Educando	**Excertos**	**Código**
B	*A falar uma palavra mais correta. Porque eu falava, mas sempre tinha muitas palavras que eu errava. Falava metade da palavra. É como dizer assim: Uma xícara. Eu falava "Xicra". Não falava a xícara direito. Eu nem sei se está certo. É xícara?*	Percepção da aprendizagem
C	*Porque as coisas mais menorzinha eu ainda consigo ler. Tem coisa que é um pouquinho maior eu não consigo. Mas a professora me ajuda. "Essa fala assim, essa assim e essa assim". Então junta tudo para falar. Ai, às vezes, dá um nó. Mas eu consigo.*	
E	*Eu não sabia contas e já sei contas. Tem umas palavras que eu sei, já. Essa parte, aí, para assinar eu não sabia. Perdi o medo, para assinar.* *Tinha medo, tinha vergonha. Não tenho mais vergonha porque a escola abriu a minha mente, parte dos outros.*	
C	*Para mim, agora, está ficando mais orgulhoso. Estou conseguindo ler alguma coisinha.* *Tipo, assim, eu não sabia escrever meu nome todo, só sabia escrever N e agora eu escrevo N D A de J, todinho. E não precisa de nem ajuda mais. Nossa! Então estou gostando.*	

Fonte: organizado pela autora (2021)

Nessa categoria, em que foi tratada a aprendizagem, verificou-se que os educandos trazem a ideia de que os adultos têm mais dificuldade de aprender devido às preocupações, e que aprendem "errado" ao longo dos anos, de forma que fica "enraizado", portanto fica mais difícil aprender. Com relação a isso, neste estudo já foi colocado o fato de os educandos criarem estratégia de sobrevivência em que há necessidade de o educador compreender para fazer intervenções ajustadas.

Quanto à dificuldade de aprenderem, os educandos trazem os fatores externos, como se estivessem se desculpando pelo fato de não estarem aprendendo.

Para facilitar a aprendizagem, os educandos apontaram questões que remetem ao acolhimento e incentivo da escola, o que, de fato, é muito importante. Porém, ainda trouxeram a ideia de que a repetição garante a aprendizagem, bem como o "esforço". Não que não seja necessário o esforço, mas esse termo vem carregado com a conotação de que não se aprende porque não se esforça, e não que, muitas vezes, a proposta não esteja adequada.

Há uma expectativa de saber ler para saber falar corretamente, com uma forte entonação de que melhoraria na comunicação, nas questões profissionais ou outros, de forma que se colocam com dificuldade de comunicação oral, "sem a leitura".

Os educandos apontam as aprendizagens adquiridas no processo nos detalhes, como na quantidade de uso de letras.

b. Categoria Contextos das salas de aula da EJA

Quadro 46 – Categoria Contextos das salas de aula da EJA

Categoria Contextos das salas de aula da EJA		
Educando	**Excertos**	**Códigos**
C	*Quando só fala chuchu, né? Deus! Foi uma agonia terrível. Aquele monte de letras parecidas e eu: Ai meu Deus, professora! Eu não estou conseguindo não. E ela: Tenta de novo.* *Que era chuchu? Porque eu falei duas vezes. Eu sabia falar a primeira da frente, mas não conseguia falar a outra e ela falava: Mas não é a mesma coisa, N? Eu falei: É. Então é chuchu, né? Pois é. É sim, N. Foi muito legal. Espinafre, eu consegui, né?*	Situação na sala da EJA
A	*Vamos supor, se a professora passa bastante coisas na lousa e a gente não acompanha, ali, já é um atraso para gente. Porque se a gente desenvolver essa habilidade nas mãos e a mente melhor para se acompanhar é o que desenvolvia mais. Tem uns que reclamam: A professora passa muita coisa. Não é que ela passa muita coisa, a pessoa que é fraca porque não acompanha. O meu pensar é esse.*	
D	*Aqui senta do seu lado e manda escrever certinho para ver como você está bem. Está bem nas letras.*	
H	*Eu estou me saindo bem melhor. Eu tento, às vezes, fazer sozinha. Mas eu me sinto sempre à vontade de perguntar para professora corrigir, se está certo, se está errado. É bom sempre a gente perguntar para ter certeza.*	

Categoria Contextos das salas de aula da EJA		
Educando	**Excertos**	**Códigos**
C	(Sobre um passeio da escola) *O ano passado era para mim ter ido, né? Eu não fui. Meu esposo foi eu não fui, eu fui para casa. Aí, mas foi na cidade. Eu não jantei, eu não almocei. Já para ir né? Eu falei eu vou, eu vou ficar bem limpa. Eu fiquei com ansiedade demais de querer ir. Um lugar que eu nunca fui, né? Então eu passei muito mal. Aí, depois que todo mundo foi, que, aí, me aliviou, eu falei: Mas eu não vou comer nada e eu vou. E fui. Só tomei um lanchinho aqui e fui. Me mandei para lá e foi muito maravilhoso.*	Situação na sala da EJA
H	É uma coisa que a gente fica pensando: Ah! A gente não vai conseguir, né? Muita gente não vem porque: Ah! Já estou com a idade avançada. Essa coisas, né? Mas é bom vir. Eu gosto muito e eu achava que eu também não ia chegar nem até o final, né? E graças a Deus, estamos aí, chegando ao fim.	
E	*A professora falava para não ficar com medo.*	Diálogo
E	*Ah, fala de tudo. A gente fala de tudo. Um pouco aqui, um pouco aqui, em rodinha...* *Fala da saúde, da politica também fala. Cada coisa um pouco.*	
G	*Tem vários temas. A gente já discutiu sobre carnaval, a gente já entrou em guerra, passando a palavra, a gente só faz isso quando a gente está conversando.* *Nós conversamos sobre a nossa vida, nossos problemas, a professora dá conselho, a gente conversa, fala das matérias, a gente discute bastante. Que o professor é assim, às vezes ele também para e fala assim, várias vezes ele já chegou: - Me fala o que vocês estão gostando de tal matéria, o que está dificultoso para vocês? Como é que é? E a gente acaba criando uma roda de conversa.*	
F	*A gente participava bastante. Às vezes a gente não sabe de uma coisa, o colega fala, o colega não sabe e eu falo. Às vezes eu acabei uma matéria e já tem mais alunas ainda fazendo. Eu peço para o professor me ensinar uma coisa da Bíblia, até me passa umas coisas da Bíblia. Querendo, questões de esporte que tem aí fora. A gente vai conversando. Tudo que um pode falar, um fala, o outro fala, quando um não sabe o outro fala, dá opinião.*	

Categoria Contextos das salas de aula da EJA		
Educando	**Excertos**	**Códigos**
B	*Não. Porque a Prô não deixa nada. A Prô faz cada um fazer o seu. Ela não deixa nós ficar em turminha não. Só quando ela manda.*	Colaboração entre colegas
H	*Quando tem que fazer uma coisa, junta a sala. Nós ajudamos do jeito que der para ajudar um ao outro, para nós ajudar, né? Tem, aí, a amizade, a gente conversa bastante. Então é uma coisa que já ajuda bastante nisso.*	Colaboração entre colegas
G	*Tem uns que ajuda e tem uns que são bem reservados, que não gostam muito de conversar. Já eu mesmo gosto de me enturmar e bagunçar, né? Falar, brincar, estudar, mas tem aluno que não quer, quer ficar mais reservado, ficar no seu canto, quer fazer sua lição sozinho. Mas tem bastante aluno que gosta de se enturmar e fazer de outra forma.*	Colaboração entre colegas
D	*Eles ajudam eu, eu ajudo eles também. Procuro algumas pesquisas. Eles falam que eu sou muito bom nisso. No celular. Porque quando tem lição de casa, esses negócios. Aí, eu dou uma ideia e eles pensam e: Não, essa ideia é boa.*	Colaboração entre colegas
B	*Eu não sei. Às vezes, eu fico com vergonha de perguntar no dia. Mas eu acho que é normal. Mas logo em seguida alguém pergunta aquilo que eu queria perguntar, entendeu? Aí, eu fico de boa.*	Participação na sala de aula
C	*Se for, se tiver assunto ela faz. Fica as coisas normalmente. Geralmente, eu só... na aula, no tipo da física, né? Aí, eu já pergunto: Ah! Não dá para trocar porque hoje nós não está tão legal, vamos para o dominó. Aí, se eles acham que dá, tá bom, vamos todo mundo. Às vezes, não.*	Participação na sala de aula
D	*Eu fico observando e depois as leituras, quando eu pergunto eu falo para repetir de novo e, aí, vai indo.*	Participação na sala de aula
C	*De gentileza Eu gostei. Para mim foi bom. Foi muito bom eu gostei.*	Trabalho com Projeto
H	*O projeto esse ano foi muito bom. Nós fizemos um jornal do EJA, fizemos entrevista com o pessoa da escola, pusemos no jornal.*	Trabalho com Projeto
H	*Bem, esses dias ela pôs lá sobre o feminino. Que tem que luta se virou vítima. Se as mulheres hoje em dia se ajudam mais e em que relação. Isso foi discutido.*	Trabalho com Projeto

AVALIAÇÃO EMANCIPATÓRIA NA EDUCAÇÃO DE JOVENS E ADULTOS:
UM CAMINHO A SER CONSTRUÍDO DA EXCLUSÃO À EMANCIPAÇÃO

Categoria Contextos das salas de aula da EJA		
Educando	Excertos	Códigos
A	*Se trabalha com projeto* *Não lembro*	Trabalho com Projeto
F	*Ultimamente a gente está fazendo biomas. É esse tipo de projeto que você está falando?*	

Fonte: organizado pela autora (2021)

Nessa categoria, os educandos trouxeram importantes informações do contexto escolar. Na fala deles, ainda está presente a ideia de que os alunos têm que dar conta da lição que a professora passar, têm que acertar (por isso causa desconforto, muitas vezes, quando é chamado para ler em voz alta), devem se esforçar para entenderem sem perguntar.

A questão referente ao diálogo, ainda, para a maioria dos educandos, não foi trazida como uma presença marcante, uma vez que eles demonstram mais dificuldades para ter uma participação ativa, porém há relatos de interação entre os educandos de uma forma colaborativa.

O projeto da EJA, vinculado à proposta pedagógica, não foi citada pela maioria, e os que citaram relacionaram a uma vertente temática, e não de trabalho a partir da fala significativa.

c. Categoria Avaliação

Quadro 47 – Categoria Avaliação

Categoria Avaliação		
Educando	Excertos	Códigos
C	*Só agora sei que eu já sabia. Que um pouquinho eu perco mas o papel eu levei para casa. Eu não fui mais para escola, mas o papel ficou comigo, então, eu lembro do jeito que ela ensinou lá para mim. Então o "abc" sempre ficou na minha memória.*	Avaliação na escola regular

Categoria Avaliação		
Educando	Excertos	Códigos
B	*Então, a minha professora, nós estava com um caderno. Tinha tabuada e tinha uma cartilha abc e tinha o alfabeto "abcd". As nossas cartilhas que era um alfabeto bem grande. Que nós tinha que ler as consoantes e as vogais. Eu não esqueço nunca essa fase. Eu nunca me esqueci. Aí, a gente lia uma parte hoje. Quando era no outro dia ela tomava aquela lição que era aquilo que a gente tinha estudado. Depois ela colocava a gente para escrever sem ver o alfabeto, as letras. A gente ia fazer aquela letra: do "a" até onde estava marcado para gente estudar. Eu não sai da alfabetização, do "abc".* *Era medo porque eu via os outros que lia e eu não conseguia ler. Eu não conseguia sair dali. Eu não conseguia. A única coisa que eu aprendi foi o meu nome e nunca me esqueci de fazer o meu nome. Lá eu aprendi o meu nome e pronto. Nome do meu pai, da minha mãe eu nunca aprendi.*	Avaliação na escola regular
D	*Porque, lá, eles não tratam muito bem.* *Não. Só fala para sentar lá e copiar na lousa*	
F	*As minhas notas eram ruins porque eu não fazia as lições, saia para bagunçar. Naquele tempo eu era menino, não tinha responsabilidade. Meu pai, na verdade, estava sofrendo e, assim, eu não queria saber de nada, meu pai sofria então não tinha como ele me educar direito, sabe? Uma educação boa, se eu fizesse eu estava feito.*	
A	*Na escola? Vamos supor, se tem um aluno que ele é fraco no dever que tem que fazer. Vamos supor, eu sou fraco e o outro é mais forte só que ele vai valorizar aquilo que eu estou fazendo mais pouco, mais ruim e aquele ali está fazendo melhor. Está desenvolvendo mais.*	
G	*Era ruim porque a gente só pensava em bagunçar, a matar aula e a faltar. Eu era boa na escola, só que eu nunca ia, faltava muito, matava muita aula. A gente que estava começando a adolescência queria bagunçar, queria matar aula.*	

Categoria Avaliação		
Educando	Excertos	Códigos
A	*Essa avaliação é assim. Vamos supor, que eu vou fazer ela me passar texto para eu fazer e eu não dou conta daquele texto. E como eu não dou conta daquele texto, aí, eu sou mal avaliado. Quando eu não dou conta daquele texto, que eu respondo errado, passa a numeração errada, essas coisas assim.*	Avaliação na EJA
E	*Cada dia tem assim. A professora fala como é que eu estou.*	
F	*Hoje nossa avaliação está muito boa. Antigamente o professor pedia... na verdade, tem um trabalho, agora, de dois pontos que ele passou, se a gente era, já tem sete pontos já, na verdade, ela até já passou. Eu, devido a faltar uns dias e eu não fiz a prova, ainda tá faltando... eu estou com 6,8 não falta nem 2 pontos, que fala, né?*	
H	*Eu avalio que eu estou bem. Não falo: Nossa! Está ótimo, mas para mim eu estou bem. Melhor do que eu estava.*	
B	*Essa avaliação, ela dita umas palavras para você escrever. Depois ela dita uma frase para você fazer, seu nome, a sua idade. A data, o seu nome e a idade e, aí, ela dita as palavras. Como quer dizer: "macarrão", e, aí, você vai escrever "macarrão", o nome do macarrão todinho. Quando eu entrei eu não conseguia fazer nada. Na segunda...* *Essa última, eu estou ótima, muito bom. Porque eu consegui escrever a palavra "macarrão", só esqueci de um "r", é dois e eu botei um.*	
C	*A professora fala que eu estou, assim, do que ela fala pra mim fazer, tipo um arroz, sei lá, qualquer tipo de uma coisa, ela: Faz arroz. Então está bom. Então eu tento, lá, fazer. Às vezes falta letra, né? Mas ela falou: Está bem melhor do que da primeira vez.*	

Fonte: organizado pela autora (2021)

Nessa categoria, é possível observar que, quando se perguntava da avaliação na escola do regular, as experiências contadas não eram boas, pois trouxeram medo, a valorização de quem conseguia realizar as atividades e desinteresse. Nesse sentido, pode-se levantar questões sobre o porquê da escola não ter sido interessante.

Quanto à avaliação na EJA, é uma avaliação pautada pelo educador, mas há o reconhecimento de aprendizagem pelos educandos.

d. Categoria Importância da EJA

Quadro 48 – Categoria Importância da EJA

Categoria Importância da EJA		
Educando	**Excertos**	**Códigos**
B	*Ah! Então. Sempre fazia pelo número também. Mas eu nunca gostei de sair de casa para outra loja.* *Eu sempre saí e nunca me perdi. Nunca tomei ônibus errado. Sempre me virei.*	Vivências fora da escola
F	*Esse período que a gente retornou para escola eu tive que parar porque eu criava a minha filha. É um pouco mais difícil para a gente porque a gente tem que trabalhar, tem que cuidar da casa, tem que vir para escola. Só que é uma coisa necessária para a vida da gente para mais para frente, né?*	
C	*Eu faço assim: Eu vou para algum lugar. O que eu faço. Eu pego, meu filho, como eu faço para eu ir? Que ônibus que eu tenho que pegar? Que numeração que eu tenho? Então eles falaram para mim...* *Eles escreviam o nome do ônibus no papel e eu guardava comigo, só que eu decorava na minha cabeça. Quando eu batia o olho no nome do ônibus eu sabia que era aquele ônibus que eu tinha que pegar.*	
A	*Porque a gente passa muita vergonha. A gente é rebaixado. Às vezes, a pessoa vai fazer um serviço, a pessoa sente, a pessoa de quem vai pegar o serviço, o proprietário, eles acha que a gente não sabe, a gente já vai poder... Ah, isso aí é muito fraco e a gente faz um orçamento e as pessoas já não faz importância por causa da leitura, que para eles a pessoa é analfabeta, ele não sabe nada, ele não tem desenvolvimento nenhum.*	Situação de opressão que vivenciou
A	*Porque a leitura tem que aprender um pouquinho para a pessoa saber que a gente precisa falar um pouquinho melhor, precisa desenvolver mais. Se tratar, nesse sentido, que ele sabe que a pessoa não é analfabeta. Porque quando a pessoa acha que a pessoa é analfabeta ele já quer escravizar a pessoa, já quer aproveitar, desfazer, fazer pouco caso.*	

AVALIAÇÃO EMANCIPATÓRIA NA EDUCAÇÃO DE JOVENS E ADULTOS:
UM CAMINHO A SER CONSTRUÍDO DA EXCLUSÃO À EMANCIPAÇÃO

Categoria Importância da EJA		
Educando	Excertos	Códigos
A	*Vamos supor, na idade que eu estou hoje, 55 anos eu tento, eu tenho vontade de estudar, toda a vida eu tenho vontade de estudar, mas eu não tinha oportunidade porque o trabalho não deixava e outro que tinha vez que você caçava vagas nas escolas e as pessoas não me indicava direito. Tinha gente que indicava para um canto era para o outro, a gente ficava meio doido.*	Situação de opressão que vivenciou
D	*Porque, lá, eles não tratam muito bem.* *Não. Só fala para sentar lá e copiar na lousa.*	
D	*Desde de pequeno eu falava, assim, para as professoras e elas não estavam nem aí para o aluno.*	
B	*Estudei assim: ia uns dois dias, outro dia eu não ia e ia na roça. Porque não tinha como eu ficar indo na escola e, então, eu não aprendi nada.*	
C	*Estudei. No último mês mais ou menos, antes de início de ano, mas no máximo... minha mãe mandava eu ir, mas eu apanhava demais no banheiro. E eu batia também. Então nunca aprendi. E naquele tempo era mesmo uma farra, né?*	
B	*Entendeu? O nome dos meus documentos. Eu morria de vergonha porque quando eu ia fazer uma mamografia eu tinha que levar um filho meu para preencher para mim e dizer que eu não sabia fazer. E hoje eu chego lá: Eu posso fazer o que eu sei? E o que eu não sei você termina? Sim. Eu vou pegar a ficha e vou lá fazer o que eu sei. O que eu não sei eu peço para ela fazer.*	
C	*Porque eu perdi minha mãe e perdi emprego. Eu falei: Vou me afundar numa depressão, vou acabar com a minha vida agora. O que eu fiz? Vou não. Eu vou para escola. Vou procurar uma escola para estudar. E vim. No mesmo dia que eu vim fazer a matrícula, de noite eu vim para escola para estudar. E estou até hoje. Foi assim que eu fiz. E vou até o fim agora.*	Motivo de voltar a estudar
D	*Porque me faz distrair um pouco, também, para mim não ficar mais nervoso. Aqui eu distraio bastante.*	

Categoria Importância da EJA		
Educando	**Excertos**	**Códigos**
G	*Na verdade, assim, igual eu falei, eu parei na sexta série, eu tive que parar. Fui trabalhar, na verdade, eu sofri um acidente, e até agora, se não tivesse sofrido um acidente eu não tinha voltado a estudar. Como eu estou em casa e o INSS ainda exige muito, mas antes de passar no INSS eu já comecei a estudar.*	Motivo de voltar a estudar
H	*Às vezes, você vai assinar um papel. Tem que ler primeiro. A gente sabe disso. Porque, às vezes, a gente assina uma coisa e nem sabe o que está assinando. Então é bom porque ajuda bastante. A gente ter que ler primeiro para depois ver o que está fazendo.*	
B	*Se eu aprender mais, a falar mais, eu vou conseguir um emprego bem melhor. Estar no meio de gente e não me envergonhar de abrir a boca para falar, para conversar. Que eu não me envergonho hoje, aí, mais. Mas é bem melhor para mim se eu melhorar. Em termos de trabalho e tudo. Porque mesmo eu entrando em uma casa de família, por exemplo, se for um patrão de gente bem mais alto, eles exigem muito a gente conversar. Principalmente abrir porta, atende as visitas bem. Entendeu? Eles exigem isso muito da gente e eles preferem as pessoas que falam bem melhor e que tem um saber bem melhor.*	

Fonte: organizado pela autora (2021)

Nessa categoria estão concentrados os motivos pelos quais há a necessidade de atender o público da EJA, como já foi colocado ao longo deste estudo. Uma questão central é a situação de opressão sofrida pelos educandos que têm dificuldade de acessar seus direitos devido à falta de escolaridade.

Diante das análises, é possível realizar algumas confirmações referente às informações constantes no item 1.1 – Por que a EJA é importante?, no item 1.3.1 – Quais são as denúncias e os anúncios da EJA na Sociedade? E no item 2.2 – O que sabemos sobre a avaliação na EJA?

Como já foi colocado, devido à questão do tempo e outros fatores, não foi possível se chegar à realização de uma avaliação emancipatória, porém, percebeu-se com a pesquisa, a importância da escuta, do acolhimento, do diálogo, do conhecimento da forma como aprendem e da compreensão como os educandos entendem a sua aprendizagem, o acompanhamento da aprendizagem dos educandos pelos educadores e por eles mesmos; pois são caminhos que poderão levá-los a aprenderem melhor e, consequentemente, a um melhor resultado da avaliação de aprendizagem; porém, para se chegar à emancipação, há a necessidade da conscientização dos educandos da sua situação. Na visão de Demo (2000, p. 78), emancipação

> É um fenômeno teórico e prático ao mesmo tempo. Tem momento relevante na tomada de consciência crítica, quando o ser social, para além de algo estrutural, tem causas históricas nas quais pode entrar como vítima. Pobreza não é sina, mau-jeito, azar, mas injustiça. Sem a conscientização não aparece o reclamo emancipatório, porque o ser social ainda é objeto.

Para isso, Demo (2000) destaca que precisa ser motivada, mas não conduzida. No caso da Educação de Jovens e Adultos, o próprio trabalho com a Educação Popular pode trazer essa intencionalidade. Para emancipação, há necessidade de formação política de educandos, o que é um processo complexo e, para isso, primeiro, demanda formação para os educadores.

5.2.3.3 O tratamento dos resultados, a inferência e a interpretação do questionário inicial e final

O objetivo desses instrumentos era verificar se os encontros formativos dialogados com os educadores trouxeram novos elementos de reflexão acerca da avaliação. Dessa forma, optou-se por realizar as análises, num primeiro momento, a partir das quatro questões iniciais, confrontando as respostas do questionário final, por meio da nuvem de palavras.

Quadro 49 – Análise das respostas da 1ª questão do questionário inicial e final

1 – O que é avaliação?

Questionário inicial

Questionário Final

Fonte: organizado pela autora (2021)

A partir das nuvens de palavras, pode-se perceber a alteração da frequência da palavra "processo" pela palavra "educando", apesar de ainda estar em destaque. Duas palavras que remetem ao percurso desenvolvido durante os encontros são "aprendizagem" e "analisar", pois foi muito frisada a importância de analisar como o educando aprende.

Quadro 50 – Análise das respostas da 2ª questão do questionário inicial e final

2 - O que se leva em consideração para avaliar o educando?

Questionário inicial

Questionário Final

Fonte: organizado pela autora (2021)

Quanto à comparação das respostas entre o primeiro e o segundo questionário da pergunta 2, é notório o destaque para "conteúdo" no primeiro e as palavras "aulas" e trajetórias", indicando o percurso, o histórico, a intervenção ajustada no segundo.

Quadro 51 – Análise das respostas da 3ª questão do questionário inicial e final

3 – Como o educando de EJA compreende o processo de avaliação?

Questionário inicial

Questionário Final

Fonte: organizado pela autora (2021)

Quanto às respostas da pergunta 3, sobre a compreensão do processo de avaliação, em ambas aparece a palavra "não", de forma que não se chegou, ainda, a esse processo, que, certamente, necessita de maior período, para a elaboração de como poderia ser feito, já havendo, como foi visto, propostas de portfólio, autoavaliação. Aparece em tamanho muito pequeno, mas de grande importância para esse processo, a palavra "conscientização".

Quadro 52 – Análise das respostas da 4ª questão do questionário inicial e final

4 – O educando participa do processo de sua avaliação? Se sim, como ocorre?

Questionário inicial

Questionário Final

Fonte: organizado pela autora (2021)

Na pesquisa, foi proposto o acompanhamento dos educandos e nos últimos dois encontros foram definidos alguns educandos para esse processo mais detalhado, o que pode ter tido como resultado a palavra "processo" e "sim" na segunda nuvem.

Enfim, terminadas as análises documental e de conteúdo, o estudo, realizado a partir dos objetivos específicos, trouxe alguns resultados provisórios, visto que este trabalho abre caminhos para outras pesquisas que podem contribuir com a temática:

Quadro 53 – Quadro de Resultados Provisórios

Resultados Provisórios	
Objetivos Específicos	**Resultados Provisórios**
I – Analisar a relação do currículo crítico-libertador com a avaliação emancipatória	Há uma fragilidade em relação à aproximação da ação prática em todo o processo, pois isso foi apontado nas três análises: documental, na entrevista com os educadores e educandos.
II – Analisar a relação da categoria freireana dialogicidade com a avaliação emancipatória	O diálogo aparece com ênfase na pesquisa com os educadores, mas há necessidade de mais estudos para empoderamento dos educandos, nesse sentido.
III – Analisar a relação do processo de aprendizagem do aluno jovem, adulto, idoso da EJA com a avaliação emancipatória	A pesquisa trouxe contribuições importantes sobre a aprendizagem dos educandos da EJA, que certamente contribuem para a situação de emancipação dos sujeitos da EJA, porém para a emancipação ainda há necessidade de processos para transformação de educandos-objetos para educandos-sujeitos conscientes.
IV – Analisar contexto de realização de avaliação que se aproxime da avaliação emancipatória	A discussão do acompanhamento da aprendizagem dos educandos tanto pelo educador quanto pelos educandos apontou importantes caminhos para uma avaliação formativa, justa; porém, é necessário o trabalho com os educandos, da sistematização de suas aprendizagens junto a eles. Na entrevista com os educandos, eles reconhecem suas aprendizagens, mas remetem ao educador a avaliação, como o único que pode julgar. Deve-se levar em consideração ainda toda a questão referente à emancipação colocada no item acima.
V – Identificar possibilidades e dificuldades na realização de uma avaliação emancipatória na Educação de Jovens e Adultos	Algumas dificuldades apontadas, trazidas tanto pela análise documental, quanto pela entrevista com os educadores foi a documentação pedagógica, e organização do sistema que limita a avaliação em notas, menções, tempos definidos.

Resultados Provisórios	
Objetivos Específicos	**Resultados Provisórios**
V – Identificar possibilidades e dificuldades na realização de uma avaliação emancipatória na Educação de Jovens e Adultos	Outro desafio é referente ao trabalho de conscientização em que o próprio currículo crítico libertador traz, pois há necessidade de maior investigação em relação até que ponto, que etapa, está sendo possível colocá-lo em prática e por quê. Quanto às possibilidades, aponta-se o estudo realizado com as contribuições dos vários autores, em relação ao currículo, avaliação, EJA, pois fornecem subsídio teórico para a reflexão e ação. Para isso, há a necessidade de formação para os educadores. Mesmo com as dificuldades, há a possibilidade de pequenas ações de aproximação, nas brechas, conforme as realizadas neste estudo.

Fonte: organizado pela autora (2021)

Os seis encontros com os educadores foram de muito diálogo, reflexão e respeito, pois são profissionais comprometidos, curiosos, que contribuíram com os conhecimentos construídos neste estudo, bem como a pesquisa propiciou a eles esse momento. Essa questão está presente nas respostas dos educadores sobre a pergunta: "Você considera que as expectativas de aprendizagem em relação aos seus educandos são as mesmas do período anterior ao processo da pesquisa? Caso tenha modificado, explicite em que aspectos", no questionário semiaberto, os quais destacamos alguns excertos:

> Com certeza não, uma vez que passamos a compreender que cada um possui o seu tempo, as expectativas também serão distintas. (Educador 1).

> Apresentei mudanças, apesar de trabalhar com portfólio anteriormente, neste semestre procurei proporcionar oportunidades para que os alunos verificassem sua evolução. Mas não foi possível trabalhar com todos. (Educadora 4).

> Sim, mudaram. Antes era mais difícil enxergar cada um a partir dele mesmo. Considerar seu ponto de partida e refletir sobre sua evolução comparando-o com ele mesmo, tornou a avaliação mais justa para mim. Tenho que aprimorar meu olhar e minha prática, mas o pontapé inicial já ocorreu. (Educadora 5).

Não, mudaram. Conversamos muito sobre o objetivo da pesquisa e refletimos com os alunos sobre o fato de que os 'erros' podem e devem ser o início do aprendizado. (Educadora 16).

Na verdade, entrei em contato com alguns conceitos que me fizeram repensar todo esse processo, muito embora ainda tenha muitas dúvidas, acredito que a questão do "Tempo" e a questão da busca em criar uma forma de registro que o educando também visualize seus avanços e dificuldades, sejam dois aspectos significativos. (Educadora 7).

Assim, considera-se que foi um trabalho muito cuidadoso e significativo em relação à aprendizagem e à avaliação na Educação de Jovens e Adultos, realizado coletivamente.

Para encerrar a jornada, apresentamos um mapa do percurso metodológico da pesquisa.

Figura 10 – Mapa de Metodologia de Pesquisa

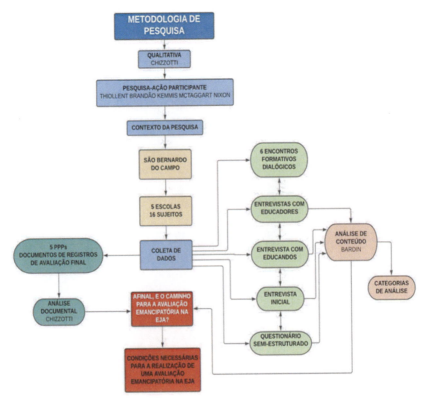

Fonte: construção da autora (2021)

AFINAL, E O CAMINHO PARA A AVALIAÇÃO EMANCIPATÓRIA NA EJA?: CONSIDERAÇÕES FINAIS

A alegria não chega apenas no encontro do achado, mas faz parte do processo da busca. E ensinar e aprender não pode dar-se fora da procura, fora da boniteza e da alegria.

(Paulo Freire)

O percurso deste estudo surgiu da problemática de um número considerável de educandos serem reprovados na EJA, o que levou a proposta de realizar uma pesquisa-ação participante, com o objetivo de construir caminhos para a realização de avaliação emancipatória nos cursos de Educação de Jovens e Adultos.

E afinal, o caminho foi construído? Um caminho reto, asfaltado, com endereço, certamente não; mas se chegou num caminho, cujo desenho ainda está sendo elaborado num mapa. A direção aponta um lado, mas está inacabado, sempre inacabado, redesenhado, com marcas apagadas pela borracha. Mas, mesmo assim, foi possível trazer algumas considerações.

A primeira consideração é em relação aos termos "emancipação" e "sucesso escolar". Emancipar-se é um ato que reconhece a condição de opressão e alienação dos indivíduos, numa situação de dominação, em que são considerados como objetos e se propõe a superação dessa condição, por meio da conscientização que se dá pelo desvelamento da realidade, transformando-a, de forma coletiva, como foi visto no decorrer do trabalho.

Nesse sentido, o sucesso escolar pode ter relação com a avaliação emancipatória, pois há necessidade de ampliação do conhecimento para isso, mas não pode ser sinônimo. A aprendizagem, como um direito inalienável, deve ocorrer durante a passagem escolar. Esses conhecimentos adquiridos são de extrema importância, pois podem contribuir para os indivíduos compreenderem melhor a sociedade e, também, para poderem interagir e interferir nela; além de todos os outros conhecimentos de várias áreas. Dessa forma, o sucesso escolar, que tem relação com a progressão, no caso da EJA em termos e ciclos. Não se nega a sua importância, pois traz condições de continuidade de estudo e de ampliação de oportunidades de emprego, além de contribuir para a formação da conscientização das pessoas.

Porém somente o sucesso escolar com a ampliação desses conhecimentos não garante que os indivíduos saiam da condição de alienação. Por vezes a escola até reforça esse estado. Por isso, ter sucesso escolar, tirar boas notas e passar do Termo I para o II, do Ciclo I para o II, não pode ser sinônimo de que houve uma avaliação emancipatória.

Então, para continuar nessa reflexão, retomemos o estudo em relação à opressão causada pela avaliação escolar da aprendizagem, que julgou e puniu muitos ao fracasso escolar, fazendo, ainda, com que os indivíduos se culpabilizassem por isso, além de condená-los a "ser menos" reconhecidos, menos valorizados, com limites de acesso à informação, de ir e vir, fazendo com que se tornem vítimas cada vez mais alienados com preocupação pela sobrevivência. Uma avaliação emancipatória na aprendizagem seria a superação dessa forma opressiva causada pela organização da escola. A ideia não é ninguém libertar ninguém, mas é de os educandos, junto com seus educadores, superarem essa organização opressora da escola por meio da sua própria avaliação de aprendizagem. Para isso, há um caminhar em relação à conscientização desse lugar que o educando ocupa na escola. Nesse sentido, há que se ter uma conscientização com o desvelamento dessa realidade, a construção da crítica dessa realidade e a transformação dos educandos de objeto a sujeito desse processo. Esse é o lado que o caminho para a avaliação emancipatória na Educação de Jovens e Adultos aponta.

Apresentado dessa forma, o processo parece simples, porém traz muitos desafios, pois a escola é caracterizada por uma cultura enraizada no imaginário da sociedade como um todo, além de ter uma organização de sistema inflexível, o que o torna excludente; outro desafio é referente ao currículo, por não trazer uma intencionalidade para a emancipação dos sujeitos.

Reconhece-se que algumas situações e realidades desfavorecem e limitam essas condições, pois a intencionalidade educacional tem objetivos contraditórios, porém,

> Se a nossa opção é progressista, se estamos a favor da vida e não da morte, da equidade e não da injustiça, do direito e não do arbítrio, da convivência com o diferente e não de sua negação, não temos outro caminho senão viver plenamente a nossa opção. Encarná-la, diminuindo assim a distância entre o que dizemos e o que fazemos. (FREIRE, 2000, p. 67).

Também se reconhece que não se pode ter a ingenuidade de o opressor ajudar o oprimido a se emancipar, conforme Freire. Quando um governo com uma visão progressista traz a proposta contra-hegemônica para uma rede de ensino, tem muitos desafios, de estrutura, de formação, de documentação, mas o desafio maior é a permanência dessa concepção na mudança de gestão.

Há, atualmente, um movimento na educação para que os indivíduos estejam mais capacitados, com o desenvolvimento de habilidades e competências para atual organização social. Porém, trata-se de um projeto de sociedade com a permanência da alienação, portanto que não leva à emancipação. Quanto a isso, existem ainda, como anúncio, propostas de política de governo, mas infelizmente não de Estado.

Nesse sentido, há caminhos de resistência. Um deles é encontrar brechas para trabalhar pela conscientização dos sujeitos nas discussões coletivas, inserção de conteúdos que suscitem essa discussão, por meio de textos, filmes, músicas e manifestações culturais, problematizando a realidade estática e opressora, além de outras possibilidades. A proposta é trabalhar a formação política com os educandos, mesmo que seja de forma gradativa, para que eles próprios também reconheçam e lutem pelos seus direitos. São brechas importantes para irrigar o terreno para discussões maiores. Esse é somente um exemplo de muitas outras ações que podem ser realizadas.

> Aprender a rede de relações sociais e de conflitos de interesse que constitui a sociedade, captar os conflitos e contradições que lhe imprimem um dinamismo permanente, explorar as brechas e contradições que abrem caminho para as rupturas e mudanças, eis o itinerário a ser percorrido pelo pesquisador que se quer deixar educar pela experiência e pela situação vividas. (BRANDÃO, 1986, p. 25).

Outros caminhos que poderão ocorrer em paralelo se referem ao estudo e à luta coletiva de disputa de currículo, espaço, políticas públicas e teoria, com participação em movimentos micros e macros, da escola ao Ministério da Educação, por meio dos sindicatos, associações, Fóruns EJA. É preciso, também, reconhecer que os educadores vivem um processo de opressão. O educador é cobrado pelos resultados, e há o receio de não ter ensinado, de negligenciar conteúdos. Sozinho é difícil, por isso ter parceiros fortalece.

Há realmente uma preocupação com os conteúdos a serem dados, pois são importantes. No processo da pesquisa, em diálogo com uma educadora, ela dizia: *"meu aluno tem direito de saber tudo, equação, os gêneros literários, pois depois ele vai precisar quando for ao Ensino Médio"*. Nesse sentido, há duas reflexões a fazer. A primeira é de que as pessoas têm ideia de que os educandos aprendem menos numa proposta diferenciada, o que é um equívoco, pois o conhecimento não está escondido. A diferença está na forma de como esses conteúdos serão tratados, e isso não é tirar o direito de aprender. Um segundo ponto é que há, sim, aprendizagens imprescindíveis na passagem escolar, como a leitura e a escrita, e outras que são base para consolidar outras aprendizagens e que podem ser trabalhadas a partir da realidade dos educandos, conforme o currículo com base na Educação Popular. Porém a educadora, em sua fala, referia-se a trazer, por exemplo, todos os conteúdos que se tem num 8º ano do ensino fundamental regular e dar ao educando trabalhador que se encontra no 8º termo, que tem menos tempo, pois o curso é semestral, e avaliar. Isso não é dar direito ao educando de aprender. Ninguém tem o domínio de todos os conhecimentos acumulados na história, mas as pessoas podem acessá-los, saber como encontrá-los, como estão relacionados uns com os outros, como usá-los. Isso é um direito.

Ainda em relação às considerações no percurso deste estudo, podemos destacar que, embora a pesquisa tenha sido realizada na rede municipal de São Bernardo do Campo, os conhecimentos obtidos, podem ser referência para outras redes de ensino, certamente, considerando os processos da avaliação emancipatória, para não reduzir o conceito a uma prática descontextualizada.

Outra consideração é de que a pesquisa tinha, como sempre ocorre com os pesquisadores em geral, intenção de percorrer caminhos mais longos, o que não foi possível devido à delimitação de tempo e condições de pesquisa. O estudo planejava analisar o processo de conscientização dos educandos para a discussão coletiva da organização dos processos de avaliação formativa nas escolas. Mas chegamos ao processo de acompanhamento da aprendizagem dos educandos tanto pelos educadores quanto pelos educandos. Dessa forma, fica a sugestão de continuidade deste estudo, além de outras questões, pois o caminho é infinito.

Nesse processo, avaliou-se que não é simples realizar a mudança da realidade opressora, conforme previsto na pesquisa-ação participante, nem é tão simples colocar em prática o que os autores trazem, pois depende de outros fatores, contextos, mas é uma possibilidade real.

As contribuições que podem ser deixadas, a partir deste estudo, conforme o item 2.4.1 – Por que e como realizar uma avaliação emancipatória na EJA?, são as condições que entendemos como necessárias para a realização de uma avaliação emancipatória da aprendizagem na Educação de Jovens e Adultos. Que condições seriam importantes para a escola realizar a avaliação emancipatória? E para o educador? Que conhecimentos são importantes? Quais são as condições para os educandos se emanciparem? Que condições são necessárias para a realização de uma avaliação emancipatória?

Escola:

- Avaliação emancipatória faz parte de um currículo numa perspectiva também emancipatória, libertadora, com base nos princípios da Educação Popular;
- Documentação, considerando os registros do processo de planejamento, relatórios e avaliação que devem estar de acordo com esses princípios.

Educador:

- Há a necessidade de compreender, respeitar e valorizar os conhecimentos dos educandos por eles e pelos educadores;
- Como ninguém se emancipa de uma situação de forma alienada, a proposta é de que o trabalho pedagógico se inicie com a curiosidade ingênua, passando para a curiosidade epistemológica com o desvelamento da realidade crítica, num processo de conscientização;
- É preciso compreender como o educando aprende, que recursos mobiliza para realizar as relações com os objetos de conhecimento;
- Nessa lógica contra-hegemônica, há necessidade constante de reflexão do educador, por meio de momentos formativos com seus pares, com opção clara em favor dos oprimidos e não dos opressores;
- O processo de emancipação não significa dar liberdade ao educando, mas é o processo intencional, de construção com o grupo de educandos. O educador deve caminhar de forma que favoreça a emancipação dos educandos, com sistematizações e instrumentos que possibilitem a tomada da consciência por parte dos educandos, referente a sua aprendizagem e o desenvolvimento de uma visão crítica do mundo;
- A relação entre educando e educador deve ser dialógica.

Conhecimentos:

- Os conhecimentos devem estar a serviço do desvelamento da realidade e da transformação dessa realidade em defesa da vida, do bem viver, da dignidade, da solidariedade, da justiça, para que se desenvolva a leitura crítica do mundo. Esses são os conhecimentos que importam.

Educandos:

- A avaliação será emancipatória para os educandos quando perceberem que os processos históricos de cada um não fazem com que uns sejam melhores que os outros e, com isso, passam a perceber que a comparação de resultados é sempre injusta, pois os pontos de partidas e as condições são diferentes; porém, isso não quer dizer que exista um ponto final, pois somos seres inconclusos. Ter consciência de que somos sujeitos históricos é libertador;
- A avaliação como uma forma de os educandos se perceberem enquanto sujeitos que:
  - aprendem;
  - conhecem caminhos de como aprendem;
  - conhecem os caminhos de como podem aprender mais;
  - sabem o que querem aprender e por que querem aprender;
  - acessem os seus direitos à cidadania.
- Os educandos participam do processo, são protagonistas;
- Os educandos se compreendem como parte da sociedade e, portanto, na ação coletiva para o bem comum, com o desenvolvimento da consciência política;
- Superem suas contradições, suas situações-limites.

Avaliação:

- A avaliação ocorre dentro de um processo de reflexão individual e coletivo, dialógico;
- Há a importância do acompanhamento do processo e do registro, tanto por parte do educador quanto do educando;

- Etapas importantes: conhecer a realidade concreta, realizar o estudo crítico desvelando a realidade opressora, apontando caminhos para a transformação dessa realidade.

Essas são algumas linhas desenhadas para que se promova a avaliação que emancipa os educandos. Mesmo não tendo todas as condições num primeiro momento, pode-se realizar aproximações sucessivas para o seu alcance. Poderão ter outros caminhos que se cruzam a este, e é possível relacionar muitos num complexo viário, pois vários estudos ainda poderão serem feitos a partir desse.

No caso desse, o caminho chegou ao fim. O percurso desde a primeira ideia, já provocada pela problemática, até o momento da finalização, foi de muito estudo e reflexão. Por vezes, parecia um caminho solitário, principalmente porque no período de sua elaboração fomos acometidos por uma pandemia.

Além da parceria nesse percurso, estávamos na companhia, também, dos autores, e como eles falavam! Principalmente Paulo Freire. Esse se sentava ao meu lado e me ensinava muito. Dizia-me: escreva isso, pois isso é importante; não se esqueça de fazer tal consideração. Talvez este estudo não tenha saído a altura de suas recomendações, nem de todos os autores aqui citados.

Mas foi um momento de muita aprendizagem e de contribuição aos interessados pela temática.

Outros caminhos nos esperam.

Sigamos!

REFERÊNCIAS

ALMEIDA, Adriana; CORSO, Angela Maria. A educação de jovens e adultos: aspectos históricos e sociais. *In:* XII CONGRESSO NACIONAL DE EDUCAÇÃO: EDUCERE. Curitiba, 2015. ALMEIDA, Adriana de; CORSO, Angela Maria. A educação de jovens e adultos: aspectos históricos e sociais. *In:* **XII CONGRESSO NACIONAL DE EDUCAÇÃO: EDUCERE, Curitiba.** 2015. p. 1283-1299.

ALVES, Érica V.; MAGALHÃES, André R. **Educar matematicamente jovens e adultos na contemporaneidade.** Curitiba: CRV, 2018.

ALVES, Laís Hilário *et al.* Análise Documental e sua contribuição no desenvolvimento da Pesquisa Científica. **Cadernos da FUCAMP**, v. 20, n. 43, 2021. Disponível em: http://www.fucamp.edu.br/editora/index.php/cadernos/article/view/2335. Acesso em: 12 jun. 2020.

APPLE, Michael. **Para além da lógica do mercado**: compreendendo e opondo-se ao neoliberalismo. Rio de Janeiro: DP&A, 2005.

APPLE, Michael. **Ideologia e Currículo.** Porto Alegre: Artmed, 2006.

ARROYO, Miguel G. Balanço da EJA: o que mudou nos modos de vida dos jovens – adultos populares? **Revej@ - Revista de Educação de Jovens e Adultos**, v. 1, n. 0, p. 1-15, 2007. Disponível em: http://nedeja.uff.br/wp-content/uploads/sites/223/2020/05/Balano-da-EJA-MiguelArroyo.pdf. Acesso em: 16 dez. 2019.

ARROYO, Miguel G. **Passageiros da noite**: do trabalho para a escola: itinerários pelo direito a uma vida justa. Petrópolis-RJ: Vozes, 2017.

BARCELOS, Valdo. **Avaliação na Educação de Jovens e Adultos**: uma proposta solidária e cooperativa. Petrópolis: Vozes, 2014.

BARDIN, Laurence. **Análise de Conteúdo.** Lisboa, Portugal: Edições 70, 1977.

BRANDÃO, Carlos Rodrigues (org.). **Pesquisa Participante.** São Paulo: Brasiliense S.A., 1986.

BRANDÃO, Carlos Rodrigues; CORREA BORGES, Maristela. A pesquisa participante: um momento da educação popular. **Revista de Educação Popular**, v. 6, n. 1, 25 set. 2007. Disponível em: http://www.seer.ufu.br/index.php/reveducpop/article/view/19988. Acesso em: 15 nov. 2019.

BRASIL. **Lei n.º 4.024, de 20 de dezembro de 1961**. Fixa as Diretrizes e Bases da Educação Brasileira. Disponível em: http://www.planalto.gov.br/ccivil_03/leis/l4024.htm#:~:text=LEI%20N%C2%BA%204.024%2C%20DE%2020%20DE%20DEZEMBRO%20DE%201961.&text=Fixa%20as%20Diretrizes%20e%20Bases%20da%20Educa%C3%A7%C3%A3o%20Nacional.&text=a)%20a%20compreens%-C3%A3o%20dos%20direitos,grupos%20que%20comp%C3%B5em%20a%20comu-nidade%3B&text=%C3%80%20fam%C3%ADlia%20cabe%20escolher%20o,deve%20dar%20a%20seus%20filhos. Acesso em: 14 ago. 2019.

BRASIL. **Lei n.º 5.692, de 11 de agosto de 1971**. Fixa as Diretrizes e Bases para o ensino de 1º e 2º graus, e dá providências. Disponível em: http://www.planalto.gov.br/ccivil_03/leis/l5692.htm. Acesso em: 13 set. 2019.

BRASIL. **Constituição de 1988**. Constituição da República Federativa do Brasil. Brasília, 1988. Disponível em: https://www.planalto.gov.br/ccivil_03/constituicao/constituicao.htm. Acesso em: 13 set. 2019.

BRASIL. **Lei n.º 8.069, de 13 de julho de 1990**. Dispõe sobre o Estatuto da Criança e do Adolescente e dá outras providências. Disponível em: http://www.planalto.gov.br/ccivil_03/leis/l8069.htm. Acesso em: 11 set. 2019.

BRASIL. **Lei n.º 9.394, de 20 de dezembro de 1996**. Estabelece as Diretrizes e Bases da Educação Nacional. Disponível em: http://www.planalto.gov.br/ccivil_03/leis/l9394.htm. Acesso em: 18 jan. 2019.

BRASIL. Ministério da Educação. Conselho Nacional de Educação/ Câmara de Educação Básica. **Parecer CNE/CEB 11/2000, de 10 de maio de 2000**. Diretrizes Curriculares Nacionais para a Educação de Jovens e Adultos. 2000a. Disponível em: http://portal.mec.gov.br/secad/arquivos/pdf/eja/legislacao/parecer_11_2000.pdf. Acesso em: 7 abr. 2019.

BRASIL. **Resolução CNE/CEB n.º 1, de 5 de julho de 2000**. Estabelece as Diretrizes Curriculares Nacionais para Educação de Jovens e Adultos. 2000b. Disponível em: http://portal.mec.gov.br/cne/arquivos/pdf/CEB012000.pdf. Acesso em: 14 jan. 2019.

BRASIL. **Lei n.º 11.494, de 20 de junho de 2007**. Regulamenta o Fundo de manu-tenção e Desenvolvimento da Educação Básica e de Valorização dos Profissionais da Educação. Disponível em: http://www.planalto.gov.br/ccivil_03/_ato2007-2010/2007/lei/l11494.htm. Acesso em: 18 jun. 2019.

BRASIL. **Lei n.º 11.947, de 16 de junho de 2009**. Dispõe sobre o atendimento da alimentação escolar e do Programa Dinheiro Direto na Escola aos alunos da educação básica. 2009a. Disponível em: http://www.planalto.gov.br/ccivil_03/_ato2007-2010/2009/lei/l11947.htm. Acesso em: 14 jul. 2019.

BRASIL. Ministério da Educação. Fundo Nacional de Desenvolvimento da Educação. **Resolução n.º 51, de 16 de setembro de 2009**. Dispõe sobre o Programa Nacional do Livro Didático para Educação de Jovens e Adultos (PNLD EJA). 2009b. Disponível em: http://pnld.mec.gov.br/public/download/resolucao.pdf. Acesso em: 15 mar. 2019.

BRASIL. Ministério da Educação. Conselho Nacional de Educação / Câmara de Educação Básica. **Parecer CNE/CEB n.º 6/2010, de 7 de abril de 2010**. Institui Diretrizes Operacionais para a Educação de Jovens e Adultos – EJA, nos aspectos relativos à duração dos cursos e idade mínima para ingresso nos cursos de EJA; idade mínima e certificação nos exames de EJA; e Educação de Jovens e Adultos desenvolvida por meio da Educação a Distância. 2010a. Disponível em: http://portal.mec.gov.br/index.php?option=com_docman&view=download&alias=-5366-pceb006-10&category_slug=maio-2010-pdf&Itemid=30192. Acesso em: 4 maio 2019.

BRASIL. Ministério da Educação. Conselho Nacional de Educação/ Câmara de Educação Básica. **Resolução CEB/CNE n.º 3/2010, de 15 de junho de 2010**. Institui Diretrizes Operacionais para a Educação de Jovens e Adultos nos aspectos relativos à duração dos cursos e idade mínima para ingresso nos cursos de EJA; idade mínima e certificação nos exames de EJA; e Educação de Jovens e Adultos desenvolvida por meio da Educação a Distância. 2010b. Disponível em: https://www.normasbrasil.com.br/norma/?id=113429. Acesso em: 4 maio 2019.

BRASIL. **Resolução CD/FNDE n.º 48, de 2 de outubro de 2012**. Estabelece orientações, critérios e procedimentos para a transferência automática de recursos financeiros aos estados, municípios e Distrito Federal para manutenção de novas turmas de Educação de Jovens e Adultos, a partir do exercício 2012. Disponível em: https://www.fnde.gov.br/acesso-a-informacao/institucional/legislacao/item/3849-resolu%C3%A7%C3%A3o-cd-fnde-n%C2%BA-48,-de-2-de-outubro--de-2012. Acesso em: 15 ago. 2019.

BRASIL. **Lei n.º 13.005/2014, de 25 de junho de 2014**. Aprova o Plano Nacional de Educação - PNE e dá outras providências. Disponível em: http://www.planalto.gov.br/ccivil_03/_ato2011-2014/2014/lei/l13005.htm. Acesso em: 12 jan. 2019.

BRASIL. Ministério da Educação. **Base Nacional Comum Curricular**: Educação é a base. Brasília: MEC, 2017.

BRASIL. Conselho Nacional de Educação. **Parecer n.º 11/2020, de 7 de julho de 2020**. Orientações Educacionais para a Realização de Aulas e Atividades Pedagógicas Presenciais e Não Presenciais no contexto da Pandemia. 2020a. Disponível em: http://portal.mec.gov.br/docman/julho-2020-pdf/148391-pcp011-20/file. Acesso em: 25 out. 2020.

BRASIL. Instituto Nacional de Estudos e Pesquisas Educacionais Anísio Teixeira (Inep). **Censo da Educação Básica 2019**: notas estatísticas. Brasília, 2020.

BRASIL. **Lei n.º 14.113, de 25 de dezembro de 2020**. Regulamenta o Fundo de Manutenção e Desenvolvimento da Educação Básica e de Valorização dos Profissionais da Educação (Fundeb), de que trata o art. 212-A da Constituição Federal; revoga dispositivos da Lei n.º 11.494, de 20 de junho de 2007; e dá outras providências. 2020b. Disponível em: http://www.planalto.gov.br/ccivil_03/_Ato2019-2022/2020/Lei/L14113.htm#:~:text=LEI%20N%C2%BA%2014.113%2C%20DE%2025%20DE%20DEZEMBRO%20DE%202020&text=Regulamenta%20o%20Fundo%20de%20Manuten%C3%A7%C3%A3o,2007%3B%20e%20d%C3%A1%20outras%20provid%C3%AAncias. Acesso em: 16 jan. 2021.

BRASIL. Ministério da Educação. Conselho Nacional de Educação/ Câmara de Educação Básica. **Resolução CEB/CNE n.º 1/2021, de 25 de maio de 2021**. Institui Diretrizes Operacionais para a Educação de Jovens e Adultos nos aspectos relativos ao seu alinhamento à Política Nacional de Alfabetização (PNA) e à Base Nacional Comum Curricular (BNCC), e Educação de Jovens e Adultos a. Disponível em: https://www.gov.br/mec/pt-br/media/acesso_informacacao/pdf/DiretrizesEJA. pd. Acesso em: 8 jun. 2023.

BRECHT, Bertold. **O Analfabeto político**. Disponível em: https://www.escritas. org/pt/t/14417/o-pior-analfabeto-e-o. Acesso em: 29 set. 2021.

CAPPELLETTI, Isabel Franch. Opções metodológicas em avaliação: saliências e relevâncias no processo decisório. **Roteiro**, v. 37, n. 2, p. 211-227, 2012. Disponível em: https://portalperiodicos.unoesc.edu.br/roteiro/article/view/2194. Acesso em: 16 dez. 2019.

CARTA de Brasília. Brasília, 2016. Documento produzido na Confintea Brasil +6, balanço intermediário da VI Confintea no Brasil, realizada entre 25 e 27 de abril de 2016. Brasília, 2016.

CATELLI, Roberto. O não lugar da EJA na BNCC. *In:* CASSIO, Fernando; CATELLI, Roberto. **Educação é a Base?** 23 educadores discutem a BNCC. São Paulo: Ação Educativa, 2019. p. 313-318.

CHIZZOTTI, Antonio. **Pesquisa em Ciências Humanas e Sociais**. São Paulo: Cortez, 2001.

CHIZZOTTI, Antonio. O cotidiano e as pesquisas em educação. *In:* FAZENDA, Ivani (org.). **Novos enfoques da pesquisa educacional**. São Paulo: Cortez, 2004. p. 85-98.

CHIZZOTTI, Antonio. **Pesquisa Qu1alitativa em Ciências Humanas e Sociais**. Petrópolis-RJ: Vozes, 2011.

CHIZZOTTI, Antonio. Políticas públicas: direito de aprender e avaliação formativa. **Práxis Educativa**, Ponta Grossa, v. 11, n. 3, p. 561-576, 2016. Disponível em: https://revistas2.uepg.br/index.php/praxiseducativa/article/view/8193. Acesso em: 14 jan. 2019.

CHIZZOTTI, Antonio; PONCE, Branca J. O currículo e os sistemas de ensino no Brasil. **Currículo sem Fronteiras**, Pelotas, v. 12, n. 3, p. 25-36, set./dez. 2012. Disponível em: http://www.educaretransformar.net.br/wp-content/uploads/2017/04/O-curriculo-e-o-ensino-no-Brasil.pdf. Acesso em: 14 jan. 2019.

CONCEIÇÃO, Jefferson José *et al.* **A cidade desenvolvimentista**: crescimento e diálogo em São Bernardo do Campo, 2009-2015. São Paulo: Fundação Perseu Abramo, 2015.

CONFINTEA VI. Sexta Conferência Internacional de Educação de Adultos. **Marco da Ação de Belém**. Brasília: Ministério da Educação/Unesco, 2010.

CNM, Confederação Nacional de Municípios. **FUNDEB**: o que o Município precisa saber. Brasília: CNM, 2014.

COSTA, Cláudia Borges; MACHADO, Maria Margarida. **Políticas públicas e Educação de Jovens e Adultos no Brasil**. São Paulo: Cortez, 2017.

DANTAS, Tânia Regina; LAFFIN, Maria Hermínia L. F.; AGNE, Sandra Aparecida Antonini (org.). **Educação de jovens e adultos em debate**: pesquisa e formação. Curitiba: CRV, 2017.

DAVID, Grazielle. Por que revogar a Emenda Constitucional 95. **Outras Palavras**, 19 jul. 2018. Disponível em: https://outraspalavras.net/sem-categoria/por-que--revogar-a-emenda-constitucional-95-2/. Acesso em: 27 jul. 2020.

DEMO, Pedro. **Pesquisa**: princípio científico e educativo. São Paulo: Cortez, 2000.

DESEMPREGO cai para 11,9% na média de 2019; informalidade é a maior em 4 anos. **Agência IBGE Notícias**, 31 jan. 2020a. Disponível em: https://agenciadenoticias.ibge.gov.br/agencia-noticias/2012-agencia-de-noticias/noticias/26741-desemprego-cai-para-11-9-namedia-de-2019-informalidade-e-a-maior-em-4-anos. Acesso em: 10 abr. 2020.

DESEMPREGO subiu para 17% no ABC após a crise da covid-19, aponta pesquisa da Universidade Metodista. **Repórter Diário**, 23 maio 2020b. Disponível em: https://www.reporterdiario.com.br/noticia/2824074/desemprego-subiu-para--17-no-abc-apos-a-crise-da-covid-19-aponta-pesquisa-da-universidade-metodista/. Acesso em: 23 maio 2020.

DIEESE, Departamento Intersindical de Estatística e Estudos Socioeconômicos. **Boletim Emprego em Pauta**, n. 9, agosto 2018. Disponível em: https://www.dieese.org.br/boletimempregoempauta/2018/boletimEmpregoEmPauta9.html. Acesso em: 29 mar. 2020.

DI PIERRO, Maria Clara. A educação de jovens e adultos no plano nacional de educação: avaliação, desafios e perspectivas. **Educação & Sociedade**, v. 31, n. 112, p. 939-959, 2010. Disponível em: https://www.scielo.br/j/es/a/Byj8LBb5ktqKfb-cHBJKQjmR/abstract/?lang=pt&format=html. Acesso em: 17 nov. 2019.

DI PIERRO, Maria Clara. O impacto da inclusão da educação de jovens e adultos no Fundo de Manutenção e Desenvolvimento da Educação Básica: um estudo em municípios paulistas. **Em Aberto**, v. 28, n. 93, 2015. Disponível em: http://www.emaberto.inep.gov.br/ojs3/index.php/emaberto/article/view/2524. Acesso em: 17 nov. 2019.

DUSSEL, Enrique. **Ética da Libertação na idade da globalização e da exclusão**. 2. ed. Tradução de Ephraim F. Alves, Jaime A. Clasen e Lúcia M. E. Orth. Petrópolis-RJ: Vozes, 2002.

EXTREMA pobreza atinge 13,5 milhões de pessoas e chega ao maior nível em 7 anos. Síntese de Indicadores Sociais. **Agência IBGE Notícias**, 6 nov. 2019. Disponível em: https://agenciadenoticias.ibge.gov.br/agencia-noticias/2012-agencia-de-noticias/noticias/25882-extrema-pobreza-atinge-13-5-milhoes-de--pessoas-e-chega-ao-maior-nivel-em-7-anos. Acesso em: 1 abr. 2020.

FALTA de recursos é a marca da Educação de Jovens e Adultos no Brasil. **Agência Universitária de Notícias**, 2019. Disponível em: https://paineira.usp.br/aun/

index.php/2019/12/12/falta-de-recursos-e-a-marca-da-educacao-de-jovens-e--adultos-no-brasil/. Acesso em: 15 ago. 2020.

FAZENDA, Ivani (org.). **Novos Enfoques da Pesquisa Educacional**. São Paulo: Cortez, 2004.

FEUSP, Faculdade de Educação da USP. **Escola sem Partido**. Professores da Faculdade de Educação da USP comentam o projeto "Escola sem Partido". Disponível em: http://www4.fe.usp.br/escola-sem-partido. Acesso em: 27 jul. 2020.

FÓRUM DE EDUCAÇÃO DE JOVENS E ADULTOS DO ESTADO DE SÃO PAULO. **Os desafios do fórum estadual de jovens e adultos do estado de São Paulo na nova conjuntura política**. 2020. Disponível em: http://forumeja. org.br/sp/sites/forumeja.org.br.sp/files/CARTA_PRINC%C3%8DPIOS_F%-C3%93RUM_EJA.pdf. Acesso em: 16 jan. 2021.

FÓRUNS DE EJA DO BRASIL. Carta de Belo Horizonte. *In:* XVI ENCONTRO NACIONAL DE EDUCAÇÃO DE JOVENS E ADULTOS. **Relatório Final do XVI ENEJA**. Belo Horizonte, 2020. p. 3-8. Disponível em: http://forumeja.org. br/sites/forumeja.org.br/files/Relat%C3%B3rio-Final-do-XVI%20Eneja-2019_1. pdf. Acesso em: 15 mar. 2020.

FREIRE, Paulo. **Alfabetização**: leitura do mundo, leitura da palavra. São Paulo: Paz e Terra, 1996.

FREIRE, Paulo. **Pedagogia da Indignação**: cartas pedagógicas e outros escritos. São Paulo: UNESP, 2000.

FREIRE, Paulo. **Pedagogia da Esperança**. Rio de Janeiro: Editora Paz e Terra, 2001a.

FREIRE, Paulo. **Política e Educação**: ensaios. São Paulo: Cortez, 2001b.

FREIRE, Paulo. **Pedagogia do Oprimido**. Rio de Janeiro: Paz e Terra, 2011.

FREIRE, Paulo. **Pedagogia da Autonomia**: saberes necessários à prática educativa. São Paulo: Paz e Terra, 2015.

FREITAS, Luiz Carlos *et al.* **Avaliação educacional**: caminhando pela contramão. Petrópolis-RJ: Vozes, 2014.

GADOTTI, Moacir. Educação de Jovens e Adultos: correntes e tendências. *In:* GADOTTI, Moacir; ROMÃO, José E. (org.). **Educação de Jovens e Adultos**: teoria, prática e proposta. 12. ed. São Paulo: Cortez, 2011. p. 35-47.

GADOTTI, Moacir. **Por uma Política nacional de Educação Popular de Jovens e Adultos**. São Paulo: Moderna: Fundação Santillana, 2014.

GADOTTI, Moacir. **A escola dos meus sonhos**. São Paulo: Instituto Paulo Freire, 2019.

GADOTTI, Moacir; ROMÃO, José E. (org.). **Educação de Jovens e Adultos**: teoria, prática e proposta. 12. ed. São Paulo: Cortez, 2011.

GALVÃO, Ana Maria de Oliveira; DI PIERRO, Maria Clara. **Preconceito contra o analfabeto**. São Paulo: Cortez, 2012.

GIL, Antonio Carlos. **Como elaborar projetos de pesquisa**. São Paulo: Atlas, 2002.

GIOVEDI, Valter Martins. Por um currículo crítico-libertador para a educação do Século XXI. **Cultura Crítica**, 2015. Disponível em: http://www.culturacritica.cc/2015/04/por-um-curriculo-critico-libertador-para-a-educacao-do-seculo-xxi/?lang=pt-br. Acesso em: 29 set. 2021.

GIOVEDI, Valter Martins. **Violência curricular e a práxis libertadora na escola pública**. Curitiba: Appris, 2016.

HADDAD, Sérgio; DI PIERRO, Maria Clara. Escolarização de Jovens e Adultos. **Revista Brasileira de Educação**, n. 14, maio/jun./jul./ago. 2000. Disponível em: http://www.scielo.br/pdf/rbedu/n14/n14a07.pdf. Acesso em: 7 jun. 2020.

HADJI, Charlie. **Avaliação Desmistificada**. Porto Alegre: Artmed, 2001.

IBGE, Instituto Brasileiro de Geografia e Estatística. **IBGE divulga perfil da Educação e Alfabetização de Jovens e Adultos e da Educação Profissional no país**. 2009. Disponível em: https://censo2010.ibge.gov.br/noticias-censo. html?view=noticia&id=1&idnoticia=1375&busca=1&t=ibge-divulga-perfil-educacao-alfabetizacao-jovens-adultos-profissional-pais. Acesso em: 10 abr. 2020.

IBGE, Instituto Brasileiro de Geografia e Estatística. **PNAD/Contínua**: Pesquisa Nacional de Análise de Domicílios Contínua. Rio de Janeiro: IBGE, 2019.

INEP, Instituto Nacional de Estudos e Pesquisas Educacionais Anísio Teixeira. **Matrículas na educação de jovens e adultos caem; 3,3 milhões de estudantes na EJA em 2019**. 2020. Disponível em: http://portal.inep.gov.br/artigo/-/asset_publisher/B4AQV9zFY7Bv/content/matriculas-na-educacao-de-jovens-e-adultos-cai-3-3-milhoes-de-estudantes-na-eja-em-2019/21206. Acesso em: 8 abr. 2020.

IRELAND, Timothy D. Revisitando a CONFINTEA: sessenta anos de defesa e promoção da educação de adultos. **Revista Brasileira de Educação de Jovens e Adultos**, v. 1, n. 1, 2013. Disponível em: https://www.revistas.uneb.br/index.php/educajovenseadultos/article/view/241/206. Acesso em: 6 abr. 2020.

KEMMIS, Stephen; MCTAGGART, Robin; NIXON, Rhonda. **The action research planner**: Doing critical participatory action research. [*S. l.*]: Springer Science & Business Media, 2013.

LEITE, Sandra Fernandes. **O direito à educação básica para jovens e adultos da modalidade EJA no Brasil**: um resgate histórico e legal. Curitiba: CRV, 2013.

LIMA, Ana; CATELLI JÚNIOR, Roberto (coord.). **INAF Brasil 2018**: Resultados Preliminares. Ação Educativa e Instituto Paulo Montenegro. 2018. Disponível em: https://acaoeducativa.org.br/wp-content/uploads/2018/08/Inaf2018_Relat%-C3%B3rio-Resultados-Preliminares_v08Ago2018.pdf. Acesso em: 10 ago. 2020.

LUCENA, Vinícius. Falta de recursos é a marca da Educação de Jovens e Adultos no Brasil. Agência Universitária de Notícias, 2019. Disponível em: https://aun.webhostusp.sti.usp.br/index.php/2019/12/12/falta-de-recursos-e-a-marca-da--educacao-de-jovens-e-adultos-no-brasil/. Acesso em: 20 set. 2021.

LUCKESI, Cipriano C. **Avaliação da Aprendizagem**: visão geral. 2005. Disponível em: http://www.ia.ufrrj.br/ppgea/conteudo/conteudo-2009-1/Educacao-MII/3SF/Art_avaliacao_entrev.pdf. Acesso em: 2 mar. 2021.

LUCKESI, Cipriano. **Avaliação da Aprendizagem Escolar**: estudos e proposições. São Paulo: Cortez, 2011.

MANZINI, Eduardo José. Entrevista semi-estruturada: análise de objetivos e de roteiros. *In*: SEMINÁRIO INTERNACIONAL SOBRE PESQUISA E ESTUDOS QUALITATIVOS, v. 2, 2004. **Anais...** Bauru: USC, 2004.

MARTINS, Izaura Naomi Yoshioka. **Avaliação na Educação de Jovens e Adultos em São Bernardo do Campo**: um caminho a ser construído da exclusão à emancipação. 2021. Tese (Doutorado em Educação: Currículo) – Pontifícia Universidade Católica de São Paulo, São Paulo, 2021.

MARTINS, Izaura N. Y. M. **Um breve panorama da educação de jovens e adultos**: um olhar sobre a realidade do município de Mauá. 2014. Dissertação (Mestrado em Educação: Currículo) – Pontifícia Universidade Católica de São Paulo, São Paulo, 2014.

MEC, Ministério da Educação. **CONFINTEA's Breve Histórico**. Disponível em: http://confinteabrasilmais6.mec.gov.br/images/documentos/breve_historico.pdf. Acesso em: 5 abr. 2020.

Medalha Paulo Freire. Portal Ministério da Educação, sem data. Disponível em: http://portal.mec.gov.br/index.php?option=com_content&view=article&id=17461. Acesso em: 20 abr. 2020.

OCDE/CERI. **Conférence internationale OCDE/CERI "Apprendre au XXIe siècle:** recherche, innovation et politiques". Évaluer l'apprentissage L'évaluation formative. Paris: OCDE, 2008.

OLIVEIRA, Giuliano Contento; VAZQUEZ, Daniel Arias. Florestan Fernandes e o capitalismo dependente: bases para a interpretação do Brasil contemporâneo. **OIKOS**, Rio de Janeiro, v. 9, n. 1, 2010. Disponível em: http://www.revistaoikos. org/seer/index.php/oikos/article/viewArticle/192. Acesso em: 15 abr. 2019.

O IMPEACHMENT da presidente Dilma Rousseff foi golpe ou crime? **Revista Galileu**, 2016. Disponível em: https://revistagalileu.globo.com/Sociedade/noticia/2016/11/o-impeachment-da-presidente-dilma-rousseff-foi-golpe-ou-crime. html. Acesso em: 27 fev. 2020.

ONU, Organização das Nações Unidas. **Declaração Universal dos Direitos Humanos**. 1948. Disponível em: http://www.mp.go.gov.br/portalweb/hp/7/docs/ declaracao_universal_dos_direitos_do_homem.pdf. Acesso em: 18 ago. 2019.

PÁDUA, Elisabete M. M. **Metodologia de pesquisa**: abordagem teórico-prática. Campinas-SP: Papirus, 2016.

PINTO, Neuza Bertoni. História das disciplinas escolares: reflexão sobre aspectos teórico-metodológicos de uma prática historiográfica. **Revista Diálogo Educacional**, v. 14, n. 41, p. 125-142, 2014. Disponível em: https://periodicos.pucpr.br/ dialogoeducacional/article/view/2293. Acesso em: 19 set. 2021.

PONCE, Branca Jurema; ARAÚJO, Wesley B. A justiça curricular em tempos de implementação da BNCC e de desprezo pelo PNE (2014-2024). **Revista e-Curriculum**, São Paulo, v. 17, n. 3, p. 1045-1074, 2019. Disponível em: https://revistas. pucsp.br/index.php/curriculum/article/view/44998. Acesso em: 12 jun. 2019.

POSSANI, Lourdes de Fátima Paschoaletto. **Educação de Jovens e Adultos**: um olhar sobre a exclusão. São Paulo: Articulação Universidade/Escola: 2007.

PREFEITURA MUNICIPAL DE SÃO BERNARDO DO CAMPO. Secretaria de Educação. **Diretrizes Curriculares da EJA de São Bernardo do Campo**. São Bernardo do Campo, 2012.

PREFEITURA MUNICIPAL DE SÃO BERNARDO DO CAMPO. Secretaria de Educação. **Documento Orientador 2019**. São Bernardo do Campo, 2019.

PREFEITURA MUNICIPAL DE SÃO BERNARDO DO CAMPO. Secretaria de Educação. **Diretrizes Curriculares da EJA e BNCC** – Refletindo sobre o currículo, Aula 3. São Bernardo do Campo, 2020.

RIBEIRO, Vera Massagão; CATELLI JÚNIOR, Roberto; HADDAD, Sérgio (org.). **A avaliação da EJA no Brasil**: insumos, processos, resultados. Núcleo de Estudos Educação de Jovens e Adultos Brasília: Instituto Nacional de Estudos e Pesquisas Educacionais Anísio Teixeira, 2015.

ROMÃO, José Eustáquio. **Avaliação Dialógica**: desafios e perspectivas. São Paulo: Cortez, 2011a.

ROMÃO, José Eustáquio. Educação de jovens e adultos: problemas e perspectivas. *In:* GADOTTI, Moacir; ROMÃO, José E. (org.). **Educação de Jovens e Adultos**: teoria, prática e proposta. 12. ed. São Paulo: Cortez, 2011b. p. 48-68.

ROMÃO, José Eustáquio. O olhar freiriano sobre o processo escolar. **Revista Pedagógica**, Chapecó, v. 18, n. 38, p. 77, maio/agosto 2016. Disponível em: https://bell.unochapeco.edu.br/revistas/index.php/pedagogica/article/view/3387. Acesso em: 21 dez. 2020.

SAUL, Ana Maria. **Avaliação Emancipatória**: desafio à teoria e à prática de avaliação e reformulação de currículo. São Paulo: Cortez, 2006.

SAUL, Ana Maria; DA SILVA, Antonio Fernando Gouvêa. A matriz de pensamento de Paulo Freire: um crivo de denúncia-anúncio de concepções e práticas curriculares. **Revista e-Curriculum**, São Paulo, v. 12, n. 3, p. 2064-2080, 2014. Disponível em: https://revistas.pucsp.br/index.php/curriculum/article/view/20907. Acesso em: 18 jan. 2020.

SILVA, Antônio Fernando Gouvêa. **A busca do tema gerador na práxis da educação popular**. Curitiba: Gráfica Popular, 2007.

SINPRO-DF, Sindicato dos Professores no Distrito Federal. **Governo reduz investimento na EJA e deixa a modalidade com os dias contados**. 2020. Disponível em: https://www.sinprodf.org.br/governo-reduz-investimento-na-eja-e-deixa--modalidade-com-os-dias-contados/. Acesso em: 15 ago. 2020.

SOARES, Leôncio (org.). **Educação de Jovens e Adultos**: o que revelam as pesquisas. Belo Horizonte: Autêntica, 2011.

STRECK, Danilo R.; REDIN, Euclides; ZITKOSKI (org.). **Dicionário Paulo Freire.** Belo Horizonte: Autêntica Editora, 2010.

SZYMANSKI, Heloisa (org.). **A entrevista na educação**: a prática reflexiva. Brasília: Liber Livro, 2004.

THIOLLENT, Michel. **Metodologia da Pesquisa-ação**. São Paulo: Cortez, 2011.

TOLEDO, Marcos; RAMOS, François. Reflexos do currículo oculto na construção da identidade e subjetividade do ser. **Revista Amor Mundi**, v. 2, n. 2, p. 15-21, 2021. Disponível em: https://journal.editorametrics.com.br/index.php/amormundi/article/view/58. Acesso em: 15 set. 2021.

TORRES SANTOMÉ, Jurjo. **Currículo Escolar e Justiça Social**: o cavalo de Tróia da educação. Porto Alegre: Penso, 2013.

VENTURA, Jaqueline. A noção de educação ao longo da vida. *In:* DANTAS, Tânia Regina; LAFFIN, Maria Hermínia L. F.; AGNE, Sandra Aparecida Antonini (org.). **Educação de jovens e adultos em debate**: pesquisa e formação. Curitiba: CRV, 2017. p. 53-71.

VILELA, Rosana Brandão; RIBEIRO, Adenize; BATISTA, Nildo Alves. Nuvem de palavras como ferramenta de análise de conteúdo. **Millenium**, v. 2, n. 11, p. 29-36, 2020. Disponível em: https://doi.org/10.29352/mill0211.03.00230. Acesso em: 13 out. 2021.

WALTER, Silvana Anita; BACH, Tatiana Marceda. Adeus papel, marca-textos, tesoura e cola: inovando o processo de análise de conteúdo por meio do Atlas.ti. **Administração**: ensino e pesquisa, v. 16, n. 2, p. 275-308, 2015. Disponível em: https://raep.emnuvens.com.br/raep/article/view/236. Acesso em: 14 mar. 2021.